U0330069

西方传统 经典与解释

Classici et commentarii

HERMES

HERMES

在古希腊神话中，赫耳墨斯是宙斯和迈亚的儿子，奥林波斯神们的信使，道路与边界之神，睡眠与梦想之神，亡灵的引导者，演说者、商人、小偷、旅者和牧人的保护神……

西方传统 经典与解释

Classici et commentarii

HERMES

施特劳斯讲学录

刘小枫●主编

尼采如何克服历史主义

——尼采《扎拉图斯特拉如是说》讲疏

Leo Strauss On Nietzsche's *Thus Spoke Zarathustra*

施特劳斯（Leo Strauss）●讲疏

维克利（Richard L. Velkley）●整理

马勇●译

华东师范大学出版社

华东师范大学出版社六点分社　策划

古典教育基金·"传德"资助项目

出版说明

1949年，已到知天命之年的施特劳斯执教芝加哥大学政治学系。自1956年起至去世(1973)，施特劳斯授课大多有录音。

施特劳斯去世后，部分录音记录稿一直在施特劳斯的学生们手中私下流传，并经学生之手进一步流传，其实际影响断难估量。本世纪初，部分记录稿的影印件也流传到我国年轻学子当中。这些打印的录音记录稿文字多有舛误，有些地方因油墨模糊字迹难辩，还有不少明显脱漏。

2008年，施特劳斯遗产继承人和管理人——施特劳斯的养女珍妮教授(Professor Jenny Strauss)和芝加哥大学"施特劳斯中心"(The Estate of Leo Strauss)主任塔科夫教授(Professor Nathan Tarcov)决定整理施特劳斯的全部讲课记录稿，并在"施特劳斯中心"的网站上陆续刊布，供天下学人分享。

2013年，本工作坊计划将陆续刊布的整理成果译成中文，珍妮教授和塔科夫教授得知此计划后，全权委托本工作坊主持施特劳斯讲课记录整理稿的中译，并负责管理中译版权。

本工作坊按"施特劳斯中心"陆续刊布的整理本组织迻译(页码用方括号标出)，翻译进度取决于整理计划的进度。原整理稿均以课程名称为题，中文稿出版时，为了使用方便，我们拟了简要的书名，并在副标题位置标明课程名称。

刘小枫

2016 年元月

古典文明研究工作坊

目　　录

施特劳斯讲学录整理规划

首席编者　塔科夫（Nathan Tarcov）

执行编者　麦基恩（Gayle McKeen）

李向利　译

施特劳斯不仅是著名思想家和作家，还是有着巨大影响的老师。在他的这些课程讲学录中，我们能看到施特劳斯对众多文本的疏解（其中很多文本他写作时很少或根本没提到过），以及对学生提问和异议的大段回应。在数量上，这些讲学录是施特劳斯已出版著作的两倍还多。对研究和修习施特劳斯著作的学者和学生们而言，它们将极大地增添可供参阅的材料。

1950 年代早期，由学生记录的施特劳斯课程笔记的油印打字稿，就已经在施特劳斯的学生们中间传阅。1954 年冬，与施特劳斯的[关于]自然权利（Natural Right）的课程相关的首份录音资料，被转录成文字稿分发给学生们。斯多灵（Herbert J. Storing）教授从瑞尔姆基金会（Relm Foundation）找到资助，以支持录音和文字稿转录，从 1956 年冬施特劳斯开设的历史主义与现代相对主义（Historicism and Modern Relativism）课程开始，该资助成为固定的[资金]基础。自 1958 年起至 1968 年离开芝加哥大学，施特劳斯在这里开设的 39 个课程中，被录音和转录成文字稿的有 34 个。从芝大退休后，1968 年春季、1969 年秋季和[接下来的]春季学期，施特劳斯在克莱蒙特男子学院（Claremont Mcn's College）授课，有录音（尽管他在那里的最后两次课的磁带已佚），他在圣约翰学院（St. John's College）四年的课程也有录音，直至他于 1973 年 10 月去世。

现存原始录音的质量和完整性差别很大。施特劳斯[讲课]离开麦克风时,声音会弱得听不到;麦克风有时也难以捕捉到学生们提问的声音,却常常录下门窗开关声、翻书声,街道上[过往]的车辆声。更换磁带时录音中断,[记录稿]就留下众多空白。施特劳斯讲课超过两个小时(这种情况经常发生),磁带就用完了。录音磁带转录成文字稿后,磁带有时被再次利用,导致声音记录非常不完整。时间久了,磁带[音质]还会受损。1990年代后期,首先是格里高利(Stephen Gregory)先生,然后是芝大的奥林中心(John M. OlinCenter,由John M. Olin Foundation设立,负责调查民主制的理论与实践)管理人,发起重新录制工作,即对原始磁带数码化,由Craig Harding of September Media承制,以确保录音的保存,提高可听度,使之最终能够公布。重新录制工作由奥林中心提供资金支持,并先后由克罗波西(Joseph Cropsey)和施特劳斯遗稿执行人负责监管。格里高利先生是芝大美国建国原则研究中心(Center for the Study of the Principles of the American Founding)管理人,他在米勒中心(Jack Miller Center)的资助下继续推进这项规划,并在[美国]国家人文基金会保存和访问处(Division of Preservation and Access of the National Endowment for the Humanities)的拨款帮助下,于2011年完成了这项规划,此时他是芝大施特劳斯中心(Leo Strauss Center)管理人。这些音频文件可从施特劳斯中心的网站上获得:http://leostrausscenter.uchicago.edu/courses。

施特劳斯允许进一步整理录音和转录成文字稿,不过,他没有审核这些讲学录,也没有参与这项规划。因此,施特劳斯亲密的朋友和同事克罗波西最初把[讲学稿]版权置于自己名下。不过,在2008年,他把版权转为施特劳斯的遗产。从1958年起,每份讲学录都加了这样的题头说明(headnote):

　　　　这份转录的文字稿是对最初的口头材料的书面记录,大部分内容是在课堂上自发形成的,没有任何部分有意准备出版。只有感兴趣的少数人得到这份转录的文字稿,这意味着不要利用它,利用就与这份材料私下的、部分地非正式的来源相抵触。郑重恳请收到它的人,不要试图传播这份转录的文字稿。这份转录的文字稿未经讲学人核实、审阅或过目。

2008年，施特劳斯［遗产］继承人——他的女儿珍妮（Jenny Strauss）——请塔科夫（Nathan Tarcov）接替克罗波西［承担施特劳斯遗稿执行人］的工作。此时，塔科夫是芝大奥林中心以及后来的芝大美国建国原则研究中心的主任，而克罗波西直到去世，已经作为施特劳斯遗稿执行人忠诚服务了35年。珍妮和塔科夫一致认为，鉴于旧的、常常不准确且不完整的讲学录已经大范围流传，以及［人们］对施特劳斯思想和教诲的兴趣持续不减，公开［这些讲学录］，对感兴趣的学者和学生们来说，会是一种帮助。他们也受到这样一个事实的鼓励：施特劳斯本人曾与班塔曼出版社（Bantam Books）签订过一份合同，准备出版这些讲学录中的四种，尽管最终一个都没出版。

成立于2008年的芝大施特劳斯中心发起了一项规划：以已经重新录制的录音材料为基础订正旧的文字记录稿；转录尚未转录成文字稿的录音材料；为了可读性，注释且编辑所有的记录稿，包括那些没有留存录音材料的［记录稿］。这项规划由施特劳斯中心主任塔科夫任主席，由克罗波西负责管理，得到来自维尼亚尔斯基家族基金会（Winiarski Family Foundation）、希夫林夫妇（Mr. Richard S. Shiffrin and Mrs. Barbara Z. Schiffrin）、埃尔哈特基金会（Earhart Foundation）和赫特格基金会（Hertog Foundation）拨款的支持，以及大量其他捐赠者的捐助。筹措资金期间，施特劳斯中心得到芝大社会科学部主任办公室（Office of the Dean of the Division of the Social Sciences）职员伯廷赫布斯特（Nina Botting-Herbst）和麦卡斯克（Patrick McCusker）大力协助。基于重新录制的磁带［修订］的这些记录稿，远比原有的记录稿精确和完整——例如，新的霍布斯（Hobbes）讲学录，篇幅是旧记录稿的两倍。熟悉施特劳斯著作及其所教文本的资深学者们被委任为编者，基础工作则大多由作为编辑助理的学生们完成。

编辑这些讲学录的目标，在于尽可能保存施特劳斯的原话，同时使讲学录更易于阅读。施特劳斯身为老师的影响（及其魅力），有时会显露在其话语的非正式特点中。我们保留了在学术性文章（prose）中可能不恰当的句子片段;拆分了一些冗长、含糊的句子;删除了一些重复的从句或词语。破坏语法或思路的从句,会被移到句子或段落的其他部分。极个别情况下,可能会重新排列某个段落中的一些句子。对于没有录音资料流传的记录稿,我们会努力订正可能的错误转录。所有这些类型的改动都会被注明。(不过,根据重新录制的录音资料对旧记录稿做的改动,没有注明。)我们在尾注中注明改动和删除的内容(不同的拼写、斜体字、标点符号、大写和分段),尾注号附在变动或删除内容前的词语或标点符号上。文本中的括号显示的是插入的内容。缺乏录音资料的记录稿中的省略号仍然保留,因为很难确定它们指示的是删除了施特劳斯说的某些话,还是他的声音减弱[听不清],抑或起破折号作用。录音资料中有听不见的话语时,我们在记录稿中加入省略号。[记录稿中]相关的管理细节,例如有关论文或研讨班的话题或上课的教室、时间等,一律删除且不加注,不过我们保留了[施特劳斯布置的]阅读任务。所有段落中的引文都得到补充,读者能够方便地结合[引述的所讲]文本[的内容]阅读讲学录。施特劳斯提及的人物、文本和事件,则通过脚注进行了确认。

　　读者应该谅解这些讲学录的口语特点。文中有很多随口说出的短语、口误、重复和可能的错误转录。无论这些讲学录多么具有启发性,我们都不能认为它们可以与施特劳斯本人为出版而写的那些著作等量齐观。

2014 年 8 月

英文编者导言

——施特劳斯、尼采和政治哲学史

维克利(Richard L. Velkley)

[xi]①施特劳斯早年就与尼采哲学有一种特殊关系。他说,从 22 岁到 30 岁期间,"我对自己从他书中所读懂的一切句句相信"。② 30 岁那年,他写道,"通过尼采,传统被连根拔起。传统完全丧失了其自明的真理",他发现这是一个具有解放性的事件,因为它意味着一个人可以自由地再次提出"如何生活的问题"。③ 在 1930 年代早期,施特劳斯将尼采与海德格尔共同视为这样的人物:他们揭示了"现代哲学的无根性",却仍然持守现代哲学的信念,即相信"现代哲学预设那些最基本的问题已经得到解答,因而它能够'进步'"。④ 这两位哲人揭示

---

① [译按]方括号中的页码是英文版的页码。

② 施特劳斯致洛维特(Karl Löwith)的信,1935 年 6 月 23 日,见《施特劳斯文集》(*Gesammelte Schriften*),三卷本,H. Meier 和 W. Meier 编(Stuttgart and Weimar: J. B. Metzler, 1996-2001),卷三,页 648。该信的英译,见《洛维特与施特劳斯之间的通信》("Correspondence, Karl Löwith and Leo Strauss"),*The Independent Journal of Philosophy* 5-6: 182-84。[译注]中译参施特劳斯等,《回归古典政治哲学:施特劳斯通信集》,朱雁冰、何鸿藻译,北京:华夏出版社,2006,页 244。

③ 《当代的宗教处境》("Religiöse Lage der Gegenwart"),见《施特劳斯文集》,H. Meier 和 W. Meier 编,卷二,前揭,页 389。英译见"Religious Situation of the Present,"见 *Reorientation: Leo Strauss in the 1930s*,Martin D. Yaffe 和 Richard S. Ruderman 编,New York:Palgrave Macmillan,2014,页 234。[译注]此文的中译,见施特劳斯,《门德尔松与莱辛》,卢白羽译,北京:华夏出版社,2012,页 42-64。

④ 施特劳斯致克吕格(Gerhard Krüger)的信,1932 年 11 月 17 日,见《施特劳斯文集》,H. Meier 和 W. Meier 编,卷三,前揭,页 406。[译注]中译参施特劳斯等,《回归古典政治哲学:施特劳斯通信集》,前揭,页 43。

了现代哲学特定的缺陷分别是：忽视追问何为最佳生活的苏格拉底问题（尼采），存在（Being）问题（海德格尔）。正如这两位思想家终结了现代哲学，他们也完成了现代哲学，他们"抵达之所正是苏格拉底的起点"。①

不过，他们两人也以不同的方式吸收了基督教传统。在尼采那里，这一点出现在他对良心的"诚实"（"probity" of conscience）的描述中。尼采思想中的基督教要素即便不是破坏了，至少也使他复兴希腊哲学原初典范的努力变得非常复杂。施特劳斯在1933年断言，尼采未能颠覆他与之斗争的力量，而柏拉图能让一个人"以更简单、更明确而且更原初的方式，提出尼采的问题，也是我们的问题"。② 带着这一洞见，施特劳斯开始回归前现代理性主义——他之前怀疑这一回归的可能性。③

在接下来的数十年中，施特劳斯深化了对政治哲学史的理解，强化了对位于前现代理性主义与现代理性主义的差异深处的那个核心问题的理解，即哲学的生活方式与政治环境的关系是一个天然的难题。施特劳斯得出了下述观点：现代理性主义尽管在强化进步信条[xii]（相信哲学或科学有能力且被要求解决人的根本问题）方面有一种"不彻底"的结果，它仍然是一位激进的创新者马基雅维利创立的。在论马基雅维利的书中，施特劳斯写道：

> 马基雅维利决定性地扭转了对哲学的理解，依照这一新理解，哲学的目标在于减轻人的负担或增进人的力量，或者在于将人引

---

① 施特劳斯致克吕格的信，1932年12月12日，见《施特劳斯文集》，H. Meier 和 W. Meier 编，卷三，前揭，页415。[译注]中译参施特劳斯等，《回归古典政治哲学：施特劳斯通信集》，前揭，页61。

② 施特劳斯致洛维特的信，1933年2月2日，见《施特劳斯文集》，H. Meier 和 W. Meier 编，卷三，前揭，页620-21。[译注]中译参施特劳斯等，《回归古典政治哲学：施特劳斯通信集》，前揭，页77-78。

③ Leo Strauss，《斯宾诺莎的宗教批判》（*Spinoza's Critique of Religion*），"英译本前言"，E. Sinclair 译，New York：Schocken，1965，页31。[译注]中译参施特劳斯，《斯宾诺莎的宗教批判》，李永晶译，北京：华夏出版社，2013年，页57。

向一个理性社会,这个理性社会的凝聚纽带和终极目标寓于它的每个成员被启蒙追求自利或追求舒适的自我保存。柏拉图的洞穴变成了"实质"(substance)。通过为所有人提供他们所希冀的善,通过成为所有人明显的施惠者,哲学(或科学)遂不再可疑或不再疏离于政治。①

施特劳斯认为,马基雅维利的"现实主义"或他对最佳政制理念和前现代哲学原则的批判,被随后的现代哲学传统继承,以减轻人的负担,从而克服哲人在古代所处的那种疏离和放逐的境况。施特劳斯将之归因于现代哲人的首要目标是实践,即施惠于所有人,尽管可能首先是施惠于哲人自身。这一实践目标,如果没有简单地取代了哲学核心的沉思活动,至少也超越了这一活动。

在施特劳斯的论述中,哲学预设的征服自然的任务要求将哲学思考的视野窄化到人类事业的现时历史领域。在这一前后相继的三波"浪潮"中,哲学对人类福利所负的实践责任不断增大,与之相伴随的是其理论基础不断向历史化加深。尼采是这一发展趋向的完成,尽管极为深刻,却充满矛盾。尼采的思想呈现出两个面相:一、彻底批判现代理性主义;二、现代哲学历史化的完成。

对施特劳斯的政治哲学史概念来说,尼采是一位至关重要的人物,当然也是哲学史的一位关键人物。在施特劳斯不合惯例的用法中,"政治哲学"是对哲学的政治处境的反思,或者是对政治与探究精神之间不可避免的紧张关系的反思(这个主题贯穿希腊的诗歌、史书和哲学,不过最突出的是苏格拉底),哲学与政治的这种紧张关系成为哲学不可缺少的出发点(但是在现代性历程中,一直忽视了这一紧张关系)。

在肯定了尼采处于核心位置(既完成了哲学历史化的过程又指出了一个新的开端)之后,[xiii] 施特劳斯赋予尼采一个突出的位置,类似于他在海德格尔的"存在的历史"(history of Being)上所处的位置。

① 见 Leo Strauss,《关于马基雅维利的思考》(*Thoughts on Machiavelli*),Glencoe, IL: Free Press, 1958,页 296。[译注]译文引自施特劳斯,《关于马基雅维利的思考》,申彤译,南京:译林出版社,2003 年,页 474,略有改动。

因此,在 1959 年和 1967 年的授课中,施特劳斯对尼采的双重特征(既彻底的现代又试图恢复古希腊的智慧)的反思,暗中推进了与海德格尔的尼采阐释的对话。

尽管这一点很少被领会到,但是,施特劳斯对尼采的阅读是上个世纪主要的哲学—历史探究。这一探究不仅是对尼采的一种独创性解释,同时,其核心也是对近代哲学的现代性基础和含义最重要的检省。下面的评论致力于为施特劳斯着迷于与尼采危险的双面性(the explosive duality)进行友好的竞赛提供初步的思考,关于这一竞赛从施特劳斯公开出版的著作中只能得到一些暗示。

从早年起,施特劳斯就认为尼采真正的关切是哲学而非政治。在后期的著述和授课中,施特劳斯逐渐确信,尼采重新发现了"苏格拉底问题",从而重新提出了献身于知识的生活的意义及善的问题,即便尼采本人拒绝将苏格拉底作为替代选择。① 但是,直至 1959 年上《扎拉图斯特拉如是说》的课程前,施特劳斯关于尼采最著名的公开说法是"什么是政治哲学?"(What Is Political Philosophy?)讲座结尾的结论,其中施特劳斯没有谈到苏格拉底与尼采的联系。②

施特劳斯关于尼采最著名的说法是,将尼采视作现代性"第三次浪潮"的发起者,当然这是一种严厉批评的口吻。然而,这一说法勾勒

① 参 Leo Strauss,《苏格拉底与阿里斯托芬》(*Socrates and Aristophanes*), New York: Basic Books, 1966,页 6-8([译注]中译参施特劳斯,《苏格拉底与阿里斯托芬》,李小均译,北京:华夏出版社,2011,页 4-7);《苏格拉底问题》("The Problem of Socrates"),见 *Interpretation* 22(1995),页 322-24(1970 年的讲座);《政治科学的起源和苏格拉底问题》("The Origins of Political Science and the Problem of Socrates"),见 *Interpretation* 23(1996),页 136-39(1958 年的讲座),[译注]这次讲座共六讲,第一讲的中译见施特劳斯,《苏格拉底问题与现代性》,刘振、彭磊等译,北京:华夏出版社,2016,页 304-316,后五讲的中译见施特劳斯,《古典政治理性主义的重生》,郭振华等译,北京:华夏出版社,2011,页 163-254。

② 《什么是政治哲学?》("What Is Political Philosophy?"),见《什么是政治哲学及其他研究》(*What Is Political Philosophy? and Other Studies*), Chicago: University of Chicago Press, 1988, 页 54-55([译注]中译见施特劳斯,《什么是政治哲学》,李世祥译,北京:华夏出版社,2011,页 44-46);《现代性的三次浪潮》("The Three Waves of Modernity"),见 *An Introduction to Political Philosophy: Ten Essays by Leo Strauss*, Hilail Gildin 编, Detroit, MI: Wayne State University Press, 1989, 页 81-98,11 章以下。[译注]中译见施特劳斯,《苏格拉底问题与现代性》,前揭,页 317-330。

了同时进行的在尼采课程上讨论的最重要的几个主题：

（1）在停留于19世纪对"历史意识"的发现的同时，尼采反对历史进程是理性的观点；

（2）尼采反对下述信念：相信真正的个人与现代国家和谐一致是可能的，从而由黑格尔的和谐（reconciliation）回到了卢梭的悖论（antinomy）；

（3）尼采认为，人类的生活和思想根本上依赖于创造一种视域，这种视域无需理性赋予其正当性；

（4）尼采认为，最伟大的人物都是视域的创造者，权力意志能解释这类伟人的活动；

（5）尼采关于创造性活动的呼吁是对那些应当彻底革新自己生活的人所讲，而不是对社会或国家所讲，但即便如此，尼采仍然希望真正的创造者形成一种新的高贵，从而能统治这个星球；

（6）尼采"运用他无与伦比的、用之不尽的言辞力量"，让他的读者憎恶所有现存的政治选择，却没有指出通向政治责任的道路，从而为法西斯统治做了准备。[xiv]作为一个补充，施特劳斯隐射了海德格尔，指出"权力意志的哲学困境在尼采之后导致了明确地拒绝永恒"。

在1959年讲授《扎拉图斯特拉如是说》的课程和1967年讲授《善恶的彼岸》、《道德的谱系》的课程中，出现了一种比1960年之前的著述中关于尼采的说法更为深入、更有好感的说法，这一倾向在1973年论《善恶的彼岸》的文章中愈发明显。① 施特劳斯谈到他从尼采那里多

---

① 参《注意尼采〈善恶的彼岸〉的谋篇》（"Note on the Plan of Nietzsche's Beyond Good and Evil"），首次刊登在1973年的 *Interpretation* 上，重印于《柏拉图式政治哲学研究》（*Studies in Platonic Political Philosophy*, Chicago：University of Chicago Press, 1983）。值得注意的是，这篇文章处于《柏拉图式政治哲学研究》的核心位置，依照施特劳斯对此书的谋篇，正好位于《耶路撒冷和雅典：一些初步反思》（"Jerusalem and Athens：Some Preliminary Reflections"）一文之后。1959年和1967年的尼采课程为这篇谜一般的文章投射了些许光亮。皮平（Robert Pippin）破解了这篇文章的一些谜，见《施特劳斯的尼采》（"Leo Strauss' Nietzsche"），刊于 *Principle and Prudence in Western Political Thought*, C. Lynch 和 J. Marks 编，Albany：State University of New York Press, 2016；朗佩特（Laurence Lampert）对这篇文章进行了细致的疏解，见《施特劳斯与尼采》（*Leo Strauss and Nietzsche*），Chicago：University of Chicago Press, 1996。

少学到了一些东西,而现代哲人中鲜有得到施特劳斯如此评价的哲人。

尼采是现代进步论和平等理想的伟大批判者,这是施特劳斯严肃对待的一个立场。尼采认为,现代学术和现代科学不能指引生活;人的生活在任何时代都需要一种关于目的和目标的等级制;现代的世俗无神论社会面临着精神和身体双重毁灭的前景。施特劳斯宣称,《扎拉图斯特拉如是说》的"前言"包含对现代非常深刻、全面的分析(见本书第二章)。最重要的是,尼采试图重新恢复哲学生活高于学者和科学家的生活的自然等级。这是尼采与柏拉图和苏格拉底最本质的联系,施特劳斯在 20 世纪 30 年代已经看到了这一点,但是现在这成了他的教诲的一个主题。因此,尼采以一种柏拉图式的方式意识到深刻的精神需要面具,哲学是严肃和戏谑的混合物,最深刻的思想躲避直接的交流和逻辑证明。

施特劳斯宣称,尼采的格言——"从现在起,心理学又是通往基本问题的必经之路了"——是对柏拉图的灵魂学的复兴。[1] 为了转向哲学生活,这种心理学需要探究具有哲人心性的灵魂的独特品性和这种灵魂在政治道德生活中的处境(政治道德生活既支持又禁止这类灵魂)。卢梭作为重申哲学与政治的疑难关系的哲人,是尼采在这个方面的现代前辈。莱辛(Lessing)也因其隐微技艺的教诲得到了施特劳斯的高度评价。

对柏拉图的关切位于施特劳斯的"古典自然正确"(classic natural right)这一不平常的用法背后。1959 年的尼采课程强调,尼采"试图从历史回到自然",因此尼采处于恢复古典自然正确的途中(见本书第一章)。[xv]用"古典自然正确"这个术语,施特劳斯提到了柏拉图德性的自然等级作为社会自然秩序的基础的说法,而哲学德性是德性的自

---

[1] 参《善恶的彼岸》,"哲人的偏见",第 23 节。参伯纳德特(Seth Benardete)的评论:"柏拉图的灵魂学是施特劳斯通向柏拉图的理念论之路;施特劳斯之路是通向《王制》之路",参伯纳德特,《纪念施特劳斯》("Memorial Speech for Leo Strauss"),见 S. Benardete,《灵魂探渊学:古典的诗与哲学的柏拉图式读法》(*The Archaeology of the Soul: Platonic Readings of Ancient Poetry and Philosophy*),Ronna Burge 和 Michael Davis 编,South Bend,IN: St. Augustine's Press,2012,页 376。

然等级的顶峰。① 尼采在此意义上恢复自然的努力极为矛盾,因为他试图基于拒绝将自然作为标准找到返回自然之路(见本书第一章)。自然的第一用法指诸生命的等级,第二用法指传统的、普遍主义的、非历史化意义上的自然。

尼采这一尝试的现代因素是独一无二的自己(the unique self)的概念。尼采将独一无二的自己理解为创造性解释的源泉,或者将其理解为从根本上反对普遍主义者的"权力意志"。换言之,尼采预设了历史性个体彻底的独特性,包括其伟大的创造性精神,这个概念远离了希腊人对自然的哲学理解。以此为基础,尼采在《扎拉图斯特拉如是说》中试图实现创造和沉思的最高统一,或自然与历史的最高统一。

作为最高的善、某种类似于柏拉图的沉思等级必须通过创造性意志实现,这一创造性意志取代爱欲成为一种独立的存在秩序(见本书第八章)。尼采提出通过意欲永恒复返来实现这一目的。意欲自身永恒的创造者从事自我认识或沉思创造性意志能实现的目标(见本书第十一章)。在一个意味深长的说法中,施特劳斯说,自然存在于创造性沉思中(见本书第十三章)。尼采试图凭靠这一思想以一种新的方式掌握自然的善和整全。

但是,尼采的这一努力不可避免地引出了下述问题:这一关于创造性的真理是一种自存的(亦即不是被创造出来的)真理吗(见本书第三章)?权力意志普遍地存在于自然中还是只存在于人的意志中(见本书第十四章)?即便尼采的努力很成问题,但尼采的尝试是有益的,因为"通过理解尼采,我们能够理解现代精神对自然正确最深刻的反对"(见本书第一章)。

引人注目的是,施特劳斯说,尼采"没有明显否认,而是某种程度

---

① 应当注意到,施特劳斯在这一意义上将自然正当视作一个问题而非一个无需怀疑的教条性答案。参《自然权利与历史》(*Natural Right and History*),Chicago:University of Chicago Press,1953,页7-8,29-30,125-26;《什么是政治哲学? 及其研究》,前揭,页38-39。最著名的是,施特劳斯提出了对《王制》中哲人王统治的反讽性读法。事实上,对施特劳斯来说,自然是一个问题这一观点恰恰将柏拉图和尼采联系起来而非将二人分割开来,尽管他们就这个问题提出了相异的表述。施特劳斯通过尼采的哲学理解成柏拉图式政治哲学的复兴,反驳了海德格尔将尼采哲学理解成柏拉图的形而上学的完成的做法。

上承接并致力于解决知识的问题和自然的问题",然而,"这不意味着他的思想是正确的"(见本书第八章)。施特劳斯坦率承认,尼采那包含了哲学、诗和宗教的"谜一般的视角"是"很难理解的"(见本书第九章)。与此同时,施特劳斯批评尼采没有顾及哲学的常识起点,而哲学唯有顾及到常识才能辨明自己的位置,尼采的这一缺陷与其过激的修辞有关。

施特劳斯指出,尼采从权力意志出发进行哲学思索,"我认为一个人不应该从这一点出发"(见本书第十四章)。[xvi]在晚年论《善恶的彼岸》的那篇文章中,施特劳斯限制了这种批评,他在文中就如在 1959 和 1967 两次课程上宣称,他更偏爱《善恶的彼岸》,因为它是尼采最美的一部作品。施特劳斯通过复述《瞧,这个人》(*Ecce Homo*)中尼采的自我评价来支撑他的这一看法:

> 《善恶的彼岸》恰好是"充溢灵感的"、"酒神颂般[狂放恣肆]的"《扎拉图斯特拉如是说》的反面,正如扎拉图斯特拉是极富远见的,而在《善恶的彼岸》中,眼睛却被迫去逼真地抓取那些最近的、即时的(在场的)和周围的东西。①

这种转变要求"武断地放弃扎拉图斯特拉所缺乏的各种天分——正是由于缺乏这些天分,扎拉图斯特拉才能成为扎拉图斯特拉:形式上、意图上以及沉默艺术上优雅的微妙在《善恶的彼岸》中处于最显著的位置",②《扎拉图斯特拉如是说》中则没有这些品性。

进一步的反思引向了根基性的自己或权力意志。1959 年的课程包含下述看法:尼采关切的是最高程度上调和希腊与圣经的智慧,这也是尼采的思想之所以极具深度同时又极为矛盾的根源(见本书第七

---

① 参 Leo Strauss,《柏拉图式政治哲学研究》,Chicago: University of Chicago Press, 1983,页 174-175;[译注]中译见施特劳斯,《柏拉图式政治哲学研究》,前揭,页 235。

② [译注]英文编者没有给出注释,此句引文同样来自 Leo Strauss,《柏拉图式政治哲学研究》,Chicago: University of Chicago Press, 1983,页 175。中译引自施特劳斯,《柏拉图式政治哲学研究》,前揭,页 235,有所改动。

章、第九章）。这提出了一个极为复杂的问题：宗教在尼采思想中的位置问题。施特劳斯认为，尼采不是一种宗教的创立者，但是《扎拉图斯特拉如是说》戴着一副宗教性教诲的面具（见本书第二章）。宗教性因素在尼采那里仅仅是一种修辞吗？用敬畏更高的人和人的高贵来取代上帝，这种敬畏是一种无神论的宗教形式（见本书第三章）。

对自己最高形式的敬畏显现于永恒复返中，后者类似于一种宗教学说（见本书第十章）。然而，与其说意愿永恒复返是一种有神论，毋宁说这一意愿是对上帝之死的一种回应，即将虚无主义思想转变为一种肯定（见本书第十一章）。创造者更高的意志寻求克服复仇精神，或克服意欲逃脱时间与道德的意志——此种意志位于征服苦难的计划和征服自然的希望背后（见本书第七章、第十二章）。为了克服意欲逃脱时间与道德的意志，对永恒复返的意欲肯定了自然的善和整全的善。

从这个意义来说，意欲永恒复返的意志呼唤一种能克服道德恐惧的古典的沉思概念。但是，尼采提出了下面这个问题：如果征服机运和除了渴望舒适的生活外，不渴望任何东西的末人值得追求，那么只对其卑贱欲望心满意足的人将变成什么（见本书第十章）？施特劳斯似乎认为存在一种古典思想无法预见的可能性：尼采看到生活的等级形式依赖于一个偶然的基础，因此必须通过一项意志行动为作为创造性沉思的自然或为高贵的生活方式继续存在下去重新谋划地基。

[xvii]如果这种高贵的生活方式不能被一种永恒的、理智的秩序所支撑，其未来只能仰赖创造性精神高贵的施惠行为。既然最好的人依赖于意志，哲人就有神圣的义务来保护最好之人的未来。最好之人的存在依赖于某些高级存在者的不寻常的善行，因此这些高级存在者的作品就类似于神的作品。施特劳斯暗示，尼采将哲人的这种责任与他对希伯来的禁令的尊重联系起来——这一禁令存在于《扎拉图斯特拉如是说》"论一千零一个目标"一章所说的价值标牌中——这一禁令确保一个民族的永恒（见本书第四章）。施特劳斯很可能认为，尼采因此洞见到了耶路撒冷与雅典之争中最深刻的问题。现代哲学中自己与个体的位置可能源于耶路撒冷与雅典之争，尼采可能揭示了这些现代

概念得以成形的核心原因。①

　　1967 年的尼采课程进一步强化了这一思想线索。② 同时，在 1959 和 1967 两次关于尼采的课程上，施特劳斯都推进了对海德格尔的尼采解读的思考，并在几个场合明显比较了海德格尔的解读和他自己的解读。在 1967 年的课程上，施特劳斯称海德格尔两卷本的尼采解读是通向早期哲人们的最佳指引。③ 施特劳斯将海德格尔视作尼采最重要、最有力的哲学继承者，④他同时发现自己因此有所教益，并同情地看待海德格尔批判尼采试图将哲学建基于权力意志之上。

　　即便如此，施特劳斯评论道，尼采提出了他最高的、同时自相矛盾的永恒复返思想，正是这一思想让尼采与海德格尔区别开来（见本书第十二章）。1959 和 1967 年两次课程共有的一个主题就是比较尼采努力回到自然与海德格尔的存在主义完全弃绝自然。施特劳斯探究了尼采哲学的困境能否以海德格尔的方式克服，或者另一种古典的选择

① 这个问题可以陈述如下：如果沉思性生活不能被一种永恒的、理智的宇宙秩序所支撑（如施特劳斯不止一次表述过的），那么现代转向意志的首要性、人为立法和创造不就是正当的吗？尼采是一个非常有教益的案例，因为他试图基于意志恢复沉思生活，并且可能为哲学的基础揭示了更深刻的必然性，其深刻程度远超在从马基雅维利到马克思的传统中能找到的东西。即便这是可能的，施特劳斯也不是尼采主义者，他采取了复兴苏格拉底式政治哲学的路径。

② 这也是"注意尼采《善恶的彼岸》的谋篇"一文的线索。

③ Heidegger，《尼采》（*Nietzsche*），Pfullingen：Neske Verlag，1961。英译见 *Nietzsche*，David Farrell Krell 译，四卷本，New York：Harper & Row，1979-1987。也参 Leo Strauss，《苏格拉底问题》，前揭，页 324："海德格尔是尼采最深刻的解释者同时也是其最深刻的批判者。海德格尔之所以是尼采最深刻的解释者，恰恰因为他是尼采最深刻的批判者。"施特劳斯的书信表明第二次世界大战结束之后他非常严肃地看待海德格尔的一切作品。参施特劳斯致克莱因的信，1949 年 8 月 1 日，见《施特劳斯文集》，前揭，卷三，页 598-599；致洛维特的五封信：1950 年 2 月 23 日，见《施特劳斯文集》，前揭，卷三，页 674；1951 年 12 月 21 日，见《施特劳斯文集》，前揭，卷三，页 676-677；1960 年 12 月 13 日，见《施特劳斯文集》，前揭，卷三，页 684-685；1962 年 3 月 15 日，见《施特劳斯文集》，前揭，卷三，页 685-687；1970 年 3 月 12 日，见《施特劳斯文集》，前揭，页 695-696。海德格尔 1961 年之前的一些作品已经含有对尼采思想的重要论述，著名的如《林中路》（*Holzwege*，1950）、《什么召唤思？》（*Was heisst Denken?* 1952）和《演讲与论文集》（*Vorträge und Aufsätze*，1954）。［译注］施特劳斯致克莱因的信，中译见《回归古典政治哲学》，前揭，页 345-346；致洛维特五封信，中译见《回归古典政治哲学》，前揭，页 349-350、360-361、400-401、424-425、463-464。

④ 施特劳斯书信中的探究强化了这一点，尤其是致洛维特的书信。

是否可能。基于这些反思,施特劳斯强调,尼采尝试调和希腊哲学与圣经是尼采的核心问题,海德格尔则忽略了这一点。在别的语境中,施特劳斯主张,尼采和海德格尔皆致力于这一调和的形式。①

　　上述反思表明,施特劳斯可能认为,海德格尔解读尼采的缺陷与一种错误的自我认识有关:海德格尔在尼采那里看到的可能只是他自己的影子。面对这两位思想家,施特劳斯有强烈的兴趣评价他们非凡的事业——为了超越现代思想转而寻求对希腊哲学提出新颖的解释,[xviii]他们的努力兼具学识广博和洞察力深邃的特征。因此,对那些被施特劳斯复兴苏格拉底—柏拉图的哲学所吸引的学生来说,充分理解为何尼采和海德格尔没有完全认同苏格拉底的生活方式,就是一项严肃且不可逃避的任务。

---

① 参 1956 年的讲座《存在主义》("Existentialism"),见 *Interpretation* 22(1995),页 303-20;和《作为严格科学的哲学与政治哲学》("Philosophy as Rigorous Science and Political Philosophy"),见《柏拉图式政治哲学研究》,Chicago:University of Chicago Press,1983,页 29-37。([译注]中译见,《柏拉图式政治哲学研究》,前揭,页 42-53。)更一般地说,施特劳斯认为现代理性主义(在施特劳斯看来,尼采和海德格尔以不同却相关的方式继承了这一理性主义)的人道主义(humanitarianism)是通过混合哲学与宗教、雅典与耶路撒冷而出现的。

英文编辑本说明

[xix]本次课程以研讨班的形式进行。施特劳斯先以一般性评论导入课程，然后一个学生阅读文本选段，随后是施特劳斯的评论以及回答学生的问题并评论。本次课程所用的尼采文本的英译本是 Friedrich Nietzsche, *Thus Spoke Zarathustra*, in *The Portable Nietzsche*, Walter Kaufmann 编译, Viking Penguin, 1954。本编辑本抄录了学生朗读《扎拉图斯特拉如是说》的段落，保留了原初的拼写。

这个课程没有录音带保存下来。本编辑本基于原初的誊写本而成，我们不知道誊写本的作者是谁。部分录音带的质量十分不可靠。整个第五讲由于根本无法听清而无法誊写，本编辑本中的第五讲依照唐豪瑟(Werner Danhauser)的笔记誊写而成。第十一和十四讲突然中断，表明余下的听不清。第十三讲和十四讲尤其具有挑战性。誊写者在某些情况下在括号中注明窗外有飞机飞过、某个学生的提问或朗读者所读文本听不清。在别的情况下，誊写者在誊写稿中留下空白。这位誊写者在有的地方插入了省略号，这兴许意味着录音带听不清，当然也可能不是如此。

我们以下述方式处理这些难题。保留誊写稿中的省略号并以粗体区分。空白和别的关于录音带听不清的注释以正常字体的省略号表示。有些情况下，编者提供了他认为缺失的词或句子应当是什么。这类插入用方括号表示。当听不清朗读者读的文本时，编者插入了相应的文本。

本编辑本没有注出对誊写稿的微小改动。例如，我们更正了一些错误动名词短语，调整了一些词的顺序，为了可读性插入了介词或连接词。一些不符合学术规范的残缺的句子得到了保留，拆分了一些冗长的句子，删除了一些重复的句子或词语。一些有违语法或打断思路的句子被移到别的句子或别的段落。在极少数情况下，重新整理了某个段落中的句子。

关于学生论文、研讨课主题、会议室和时间的细节被删除了，同时也没有注出，但是保留了阅读内容的分配。编者添加了注释用以辨识施特劳斯提到的人、文本和事件。

包括所有删除和插入内容的完整誊写本将在本编辑本出版后两年放在施特劳斯中心的网站上，也可以以此编辑本的出版价格得到这一完整誊写本的打印版。读者可以到芝加哥大学图书馆特色馆藏（Special Collections）的施特劳斯档案室查阅原初的誊写稿。

本编辑本由维克利（Richard Velkley）编辑，同时得到普利欧（Alex Priou）和麦基恩（Gayle Mckeen）的协助。

第一章 导 论

——尼采的哲学、存在主义和我们的时代

[1]施特劳斯：当我们说到自然正确(natural right)时，①我们所理解的是，这一正确(right)来自于自然，不可能来自于人、个体或社会。直到19世纪早期，人们普遍接受一种源于自然的正确(right)概念。今天，这一概念普遍受到了驳斥。如今人们说，所有的正确(right)都是历史性的：自然已经被历史取代。

自然正确(natural right)学说起源于古希腊。但是，希腊人对我们的经验和处境一无所知。因此，古希腊的自然正确概念貌似不适用于我们的处境，对我们分析和理解我们自身的处境也毫无帮助。我们被告知，我们所需要的是经验性的研究，以及基于这类研究提出政治政策。但是，这样做的困难在于，经验性研究的前提在于下面这个众所周知的根本性区分：事实和价值的区分。因此，社会科学家不可能提出任何政策。

社会科学家要是为了某些政策建议而做了价值判断，就不再是一名社会科学家。因此，我们不能向社会科学家寻求指导。那我们该怎

---

① [译注]natural right[自然正确]指人的生活方式的正确原则来自于自然，这是西方古典思想传统的标志。在现代思想中，right[正确]这个词的含义起了革命性变化：变成了"权利"——如今，人们凡事不追求来自于"自然"的"正确"，但追求来自于"自然"的"权利"。因此，在涉及现代思想时，natural right译作"自然权利"，在涉及前现代思想时译作"自然正确"。施特劳斯本次课程相当程度上在关注这一变化带来的后果。在涉及这个术语的含混性时，译者不厌其烦的附上了原文，并同时给出自然权利/自然正确的译文。读者在阅读相关段落时，需谨慎辨析这二者之间的关系。

么办？我们是否应该转而向当代哲学寻求指导？鉴于哲学本身既不受限于其与科学的独特关系，也不受限于当代哲学，所以哲学本应该意识到我们的处境的独特性。

当代哲学就是著名的存在主义。我清楚下面这个事实：还有一种所谓的哲学，即当今著名的实证主义。但是，大家公认实证主义不能为我们提供任何指导。实证主义不能澄清价值。另一方面，在哲学这个词古老的意义上，存在主义这种哲学宣称能给予我们指导。存在主义常常被说成是我们这个时代和我们的社会的哲学，这并非毫无根据的说法。那些不熟悉这一现象的人们会从巴雷特（William Barrett）的《非理性的人》（*Irrational Man*）这本书中获益，我认为这本书是英语世界中对存在主义现象最好的介绍。①

[2]存在主义无疑与西方理想的幻灭密切相关。进步信念崩塌，亦即不再相信一个民主的理性社会的可能性，人们原先相信一个自由的、平等的、完全理性的、富有公共精神的社会是可能的。我们所有人都熟悉这种幻灭感。对民主选举的冷漠态度就是一个很好的标志。大家想想精英主义（精英主义是一个不符合民主的概念），或者想想所谓的无名之辈（anonymity）的现象。

我只提到社会科学中众所周知的话题：《孤独的人群》、垮掉的一代（the Beatnik）、青少年犯罪。② 对这些现象最好最简单的理解是，伟大的公共理想不再能支配当今年轻一代的生活。另外一个术语是大众社会，以及伴随这种社会的大众文化。不管人们宣称这些术语仅仅是描述性的还是评价性的，它们都绝非纯粹的语言事件。去听这些术语和看这些现象，都意味着评价它们。大众社会、大众文化与技术之间有密切的联系。氢弹技术取得了巨大成功，随之而来的问题是，允诺在大

---

① William Barrett，《非理性的人：存在主义哲学研究》（*Irrational Man: A Study in Existential Philosophy*），Garden City，NY：Doubleday Anchor Books，1958。［译注］中译见巴雷特，《非理性的人——存在主义哲学研究》，段德智译，上海：上海译文出版社，2007。

② David Riesman, Nathan Glazer, and Reuel Denney，《孤独的人群》（*The Lonely Crowd*），New Haven：Yale University Press，1950。［译注］中译见理斯曼（David Riesman）等著，《孤独的人群》，王崑译，南京：南京大学出版社，2002。

地上实现人类幸福的科学技术是否会导致人类的灭绝。

上述所有这些现象和别的各种现象就位于所谓的存在主义哲学背后。然而,存在主义绝非仅仅是对人的存在处境的一种谴责或诊断,存在主义试图为我们提供一份更深刻的分析。我们暂且将存在主义作如下表述:一切人类活动的根基是明智的信念,这种信念是人的能力,用以掌控自身的命运。我们可以说,存在主义挑明了我们这个时代中普遍的不安所隐含的东西,挑明了当今这个实证主义时代所隐含的东西。大家都知道,当今的实证主义否定理性的力量,否定理性能够确立任何价值判断。

重复一下:存在主义断言,摆脱当今人类困境的根基在于明智的信念,这种信念是人的能力之一,唯凭借这种信念,才可以掌控自己的命运。存在主义已经促发了惊人的现代冒险,并导致了明显毫无解决办法的困境,这些困境是我们目前所面临的。这只是对我们所生活的这个世界上非常普遍和广为流行的现象的一个提醒。

但我们不会止步于此。我们想尽力理解存在主义,而不是仅仅复述它的内容。因此,我们必须超越流行的争论,转向它的源泉。存在主义最重要的源泉是尼采。之前我提到过,理解尼采对我们这些社会科学家来说有额外的益处,在这种理解过程中,[3]我们能够理解法西斯主义最深刻的根基。但尼采不是一个法西斯主义者。法西斯主义只是尼采所意指的东西的一个愚蠢缺陷。可以说,尼采与法西斯主义有某种联系,但尼采与共产主义毫无瓜葛,他与民主制也几乎没有联系。某种程度上,尼采是法西斯主义之父这个粗浅的表述含有真理成分。

尼采并不是一个存在主义者。存在主义的出现源于尼采和基尔克果(Kierkegaard)之间的对立,后者是丹麦的一位宗教作家。当今,自然正确(nature right)普遍受到拒绝,是基于下面这个观点:所有的正确(right)都是历史的。在19世纪的进程中,历史取代了自然。尼采正是从这个最根本的变化出发——他从下述历史主义出发:所有人类思想本质上是历史的(这一观点在整个19世纪已经变得极为浅薄,至少在欧洲如此)。

但是,尼采也洞察到这一观点的致命缺陷。因此,他试图从历史转向自然。某种程度上,尼采是恢复自然正确(natural right)、从而将自然正确与历史主义区分开来的必由路径。通过理解尼采,我们能理解现代思想中对自然正确最深刻的反对和最大的障碍。这就是我选择以阐释尼采的形式开这门课程的原因。更准确地说,我打算阐释的是尼采最著名的作品——《扎拉图斯特拉如是说》,尼采认为这是他最重要的作品。我使用的译本是考夫曼(Walter Kaufmann)的译本,属于《袖珍版尼采全集》。①

为了让大家更好地理解我即将展开的讨论,我想提醒大家回顾一下在我的《自然权利与历史》(*Natural Right and History*)中的某些论点。我不会在这里重复那本书的论证,那会显得非常枯燥。但我想简要提醒大家我在那本书里所做的事情。在那本书里,我试图表明,自然正确(natural right)是一个开放的问题,并不是如普遍认为的那样,自然正确是一个陈腐的问题。我通过梳理我们时代两种流行的学说——实证主义和历史主义——来尽力表明,自然正确依然是一个开放的问题。实证主义的典型特征在于断言,一切价值判断无法被理性认识,人的理性无法证明任何价值判断。历史主义认为,所有人类思想皆是彻底历史性的,因此自然正确是不可能的。

在阐明自然正确的问题还没有得到解决后,我试图以如下的观察澄清自然正确的全部问题所在:首先,自然正确是一个非常含混的术语,[4]因为这个术语在前现代与现代思想中所意指的东西极为不同。我会尽可能简单地复述这一点。在前现代的思想中,自然正确是人的目的。同时,前现代思想认为人是一种理性动物和社会动物。由于前现代思想将人理解为一种理性和社会动物,关于下面这些问题就会给出某些宽泛的暗示:一个完美的人应该具有什么样的行为和过什么样的生活。我们可以宽泛地说,这就是前现代关于自然正确的观点。

人作为一种理性和社会动物,幸福的含义就是实现人的终极目的和人的完美。我们所有人都使用幸福这个词,某种程度上任何时代的

---

① 《袖珍版尼采全集》(*The Portable Nietzsche*),Walter Kaufmann 编,New York:Viking Penguin,1954。

人都会使用这个词。古典哲人们,尤其是柏拉图和亚里士多德将幸福和人的完美视作一致。幸福并不意味着单纯的心满意足,而是意指理性之人的心满意足,是某种特定层次的心满意足。这隐含的意思是,一个理性的人除非已经达到了作为一个理性和社会动物应该达到的完美,否则他不可能感到心满意足。

现代自然权利(modern natural right)学说是怎样的呢? 它的出发点不再是人的目的,相反变成了人的起源,即人最基础和最为必需的要素:自我保存。当然,古典思想知道自我保存的必要性,但古典哲人们将其看作一个极为低下的需求。现代观点则将自我保存变成了人的唯一目的。但自我保存有不同的层次。单纯地确保自身活着并不能让我们满意,因此被扩大到舒适的自我保存。舒适的自我保存被理解为自我保存的单纯扩大。所以,我们可以这样说,在现代思想中,一端是单纯的自我保存,另一端是舒适的自我保存。这二者是现代思想确立人之权利(right)的含义的出发点。

现代自然权利学说的另一个构成因素是,通过追求幸福取代了幸福本身。当古代的思想者们谈论幸福时,幸福拥有着清晰且普遍的目的性含义。现代自然权利学说却宣称,幸福并不拥有一个目的性含义:每个人都对幸福有自己的理解,甚至同一个人在不同的情形下对幸福的理解也不同。在现代的解释中,对幸福的追求因此就意味着,对无论何种被理解的幸福的追求。从这点出发,这一原则就纯粹是主观的,且无法产生一个权利(right)概念。这一权利(right)概念是以如下方式出现的:[5]尽管幸福没有清晰的可限定的含义,依然存在获得幸福的某些普遍条件。无论你如何理解幸福,这些条件对于追求幸福来说总是独一无二的。当幸福本身纯粹是主观之时,幸福的条件却是普遍的。

这些现代概念的结果就是,它所强调的重点从义务完全转向了权利(right)。在传统的概念中,由于人之目的的首要性,生活的准则和行为的准则具有义务的特征。在传统概念的大多数情形中,权利(right)仅仅是被暗示出来的。然而,现代观点认为权利是准则,任何可能的义务都来自于权利。我只用列举的方式来提一下现代自然权利学说的另外一个典型的特征,即自然状态的概念。存在一种彼此孤立的个体生活于其中的前社会(pre-social)状态,但这些个体拥有权利。我们可以说,自然权利就是那些前社会中的人已经拥有的东西。由于缺乏自然状态中的人的这些权利,思想家们尽力表明,市民社会(civic society)这个组织不过是保卫这些权利的一种尝试。从我刚刚对现代和前现代的自然正确/权利学说的分析,可以推论出,霍布斯和洛克之间的差异不再是一种根本的差异,而是一种在实践方面的差异。我认为,霍布斯、洛克和卢梭是现代自然权利学说最伟大的代表。

在《自然权利和历史》中,我试图阐明的对这整个问题更为重要的一点是,阿奎那(Thomas Aquinas)、柏拉图和亚里士多德之间的差异。这点之所以重要,是因为依照当今最为流行的看法,古典自然正确(classic natural right)学说的代表是阿奎那。阿奎那的自然正确学说无疑是对柏拉图和亚里士多德更为完整的发展。但下面这个看法也非常普遍:阿奎那与柏拉图和亚里士多德的差异史为根本。阿奎那详细阐释了柏拉图—亚里士多德主义的教海,但这之间依然有一个根本差异。我会尽力解释清楚这一点。阿奎那使用的核心术语是自然法(natural law)。可以说,亚里士多德和柏拉图根本没有使用过这个术语。(从字面上讲,这个说法不准确,自然法这个术语在柏拉图那里出现过两次,但从未具有阿奎那使用它的那种含义,在亚里士多德那里则从未出现过这个术语)。① 这一差异有什么重要意义?

首先,这个问题关涉行为的准则,关涉行为的准则的认识地位。依据托马斯主义的学说,行为准则学说并不是阿奎那独有的,[6]但阿奎那是最著名的一位,这些准则是一种与生俱来的能力,我们可以宽泛地称这种能力为良知。人拥有一种能力,这种能力属于他的本性,从而知道人之行为的准则。其次,托马斯主义的自然法学说提到,自然法源于神圣的立法者上帝所立之法。托马斯主义学说中的这些基础假设是柏拉图和亚里士多德所没有的。

---

① 参施特劳斯,《柏拉图式政治哲学研究》,前揭,页 138-40([译注]中译见《柏拉图式政治哲学研究》,前揭,页 183-186)。施特劳斯指的是《高尔吉亚》(Gorgias)483e 处和《蒂迈欧》(Timaeus)83e 两处,同时指出亚里士多德《修辞学》(Rhetoric)1373b4 处提到了来自于自然的法。

关键在于,依据柏拉图—亚里士多德的教诲,并不存在普遍有效的行为准则,但是存在普遍有效的人之目的的秩序——一种普遍有效的目的等级。在柏拉图—亚里士多德那里并不存在与十诫的对等物。之所以提出这一差异,是因为它对于思考下面这一点很重要。亚里士多德主义传统与其影响力一样久远,尤其是在中世纪。这一传统由两个流派构成,最著名的是阿奎那所代表的;另外一派是哲学史家们都知晓的阿威罗伊主义传统,是阿拉伯哲人阿威罗伊(Averroes)身后所诞生的流派。运用阿威罗伊主义的教诲,对于获得亚里士多德哲学的真正教诲是有益的。这并不是说,阿威罗伊主义的教诲就是必然正确的解释,而是暗示我们不能想当然就假定托马斯主义的解释是正确的。

我想提到我那本书中的第四点——我在那本书中并没有详细解释这一点,而是略为提及——是我称之为的现代性的三次浪潮。① 现代思想开始于16和17世纪,它在17世纪提出了现代自然权利学说,后来它被称之为人权学说。

我所谓的第一次浪潮是由霍布斯和洛克所代表的。这一次是对传统教诲的彻底修正,但它依然是一种自然正确的教诲,甚至是一种自然法教诲。但卢梭打断了这一传统,随之被以康德为起点的德国哲人们继承。在第二次浪潮中,自然从关于正确(right)的思想中消失了。当康德谈论道德法时,他将其称之为与自然法敌对的自由律法。康德认为,自然法类似于牛顿学说中的法则,道德法与自然毫无关系。我们可以说,在现代性的这一阶段中,自然被理性简单地取代了,因为对康德来说,道德法仍然是理性法。这一浪潮始于卢梭和康德,结束于黑格尔和黑格尔的一些学生。

在第三次现代性浪潮中,不仅是自然,还有理性,都在为道德确定方向的过程中被抛弃。第三次浪潮无疑始于尼采,[7]当然,我们还生活于这一浪潮中。在这个阶段中,任何意义上的普遍标准都被抛弃。前现代的思想认为,甚至第一、第二次现代性浪潮,真实的标准必须是

① 施特劳斯的这一观点,在他去世后才公开出版,见《现代性的三次浪潮》,前揭,页81-98。[译注]中译见施特劳斯,《苏格拉底问题与现代性》,前揭,页317-330。

普遍的标准这一点不言而喻。但在第三次浪潮中，普遍标准的必然性和可能性都被否定了。这就是我在早先关于自然正确问题的讨论中做的事情。

为了充分准备这个讨论，还有一些事情我必须解释清楚。但我认为，首先需要充分解释，为何研读尼采对我们尤其重要。

我的解释以下述考虑开始。如果就我们的主题翻阅浩瀚的文献，会发现什么才是真正关键的问题，即自然正确的概念为何不再是可理解的或合理的？现代自然权利理论的根源是什么？我们会给出下述答案。自然正确概念基于这一假设——自然为我们提供了标准。这暗示自然是好的。但我们如何能知道这一点？

传统的说法是，"美好生活是依照自然的生活"。为何依照自然的生活就是美好的生活？我们如何能知道自然是好的？难道不能说，自然是邪恶的，是一个低劣的半神（demigod）的产品吗？——就如从前某些淳朴之人认为的，那位邪恶之神与一位善神完全不同。当人们说自然是好的，他们的言外之意是，自然是可理解的，在自然和人的思想之间有根本的和谐。我们或许可以从这个论证的这一部分开始。此时，那个问题再次出现：我们是如何知道的？这不足以说，我们某种程度上认识自然事物和试图认识它们，要比表明在自然和人的思想之间有某种自然的和谐更好。作为一个基本命题，它并不清晰。

笛卡尔（Descartes）从这个命题开始：或许这个世界是一个邪恶精神的产品，这个邪恶精神希望欺骗我们；或者我们居住在一个邪恶精神创造的幻想的世界中；或者自然是这样一个邪恶精神的产品，如果我们不能确定我们的根据，我们就不能严肃对待这一可能性。换句话说就是，让我们别再信服古代思想家们的观点。如笛卡尔所做的，让我们处于最大程度的怀疑之中，让我们从事一种普遍的怀疑，怀疑一切事物。自然是好的这一观点，或许仅仅是一个浪漫的假设。

但是，笛卡尔随后说，严格意义上，我们只有从事一种普遍的怀疑，我们才能到达绝对的肯定和绝对的清晰。即使邪恶的精神希望欺骗我，我也必然是一个有意识的存在。我作为一个有意识之人的全部明晰性就是"我思故我在"的含义。[8]笛卡尔清楚地解释了这一点：那个假设出来的邪恶精神仅仅用来澄清整个问题——他本人当然不相信这个假设。他说,如果你用自然的原因取代了邪恶的精神,换句话说就是,用我们今天所谓的科学取代邪恶的精神,依然有同样的困难。

为何应该用机械因果论来攻击一种能够看到整个世界真实之所是的思想?因为在你所思和真实之间没有必然的和谐。因此,笛卡尔试图预先解决这个知识问题。笛卡尔给出的答案是,在所有情形中,思或知的自我意识是绝对肯定和绝对清晰的。笛卡尔断言,我是一个有意识的存在,我不会被欺骗,我等待欺骗者或一个欺骗性宇宙的把柄的出现。然而,不可能存在无所不能的欺骗者。即便存在欺骗,意义、清晰和明显的知识也总是在其可能性中得到了预设。笛卡尔从他关于谬误的学说中得出这个结论:如果我坚持我的清晰和明白的知识,以及当我懂得"我思故我在"后拥有的知识种类,如果我仅仅主张我清晰且明白地感知到的东西,如果我不允许我的意志对我的赞成施加任何影响,那么我就不可能上当受骗。换句话说,自然或许是坏的,但理性不可能是坏的。

自然是坏的,理性不可能是坏的这一观点也反映在现代自然权利学说中,其源头是霍布斯。霍布斯将自然状态作为他思考的起点。自然状态是前社会人生活的一种状态,在这种状态中,人的生活低贱、粗野和短命。① 人天生处于邪恶的状态中。自然将人隔离开来。除非在社会中,否则人不能获得善。人应该感恩整个社会,而不是感恩自然。

这意味着什么?自然是坏的,自然是某种需要被克服的东西,用后来的术语就是,自然必须被征服,自然是敌人。但是,霍布斯依然教导了一种自然正确(natural right)学说。他说,自然决定标准。这一标准的特征是什么?我们可以说,在霍布斯看来,自然提供给我们的标准是一种消极的标准,这一标准告诫我们什么应该被克服,某种程度上它也为我们指明了克服自然的方向。

卢梭极端化了霍布斯的这一论点,因此他也几乎毁灭了这一论点。如霍布斯和他的学生认为的,如果自然人是前社会的,那么自然人也是

---

① 参 Thomas Hobbes,《利维坦》(*Liviathan*),第 13 章。

前理性的。由于理性、语言和社会之间的关系,如果自然人是非社会的,那么他不可能是理性的。自然人是前社会的,前理性的,用卢梭自己的话来说,自然人是愚蠢的野兽。[9]任何人都可以从中得出这一结论——自然根本不可能为我们提供任何标准,但卢梭没有如此推论。从一个还不是人的自然人那里,我们能得到什么指引呢?

不要因为我们自己做了这个推论,就嘲笑卢梭的这一疏忽。我们应该问这个问题,即为何卢梭没有得出这个微不足道的结论?因为卢梭依然确信,如果他抛弃自然的标准,他将找不到任何标准,他依然确信传统的观点。但是我们先暂时忘记卢梭,我们自己看看,如果人真的是一种愚蠢的野兽,且自然不能提供任何标准,如何能找到一种标准?

我之前提到过笛卡尔,以及笛卡尔的一个观点——自然可能是坏的,理性则不可能是坏的。不是自然,而是理性提供标准。只有符合纯粹理性的知识才是绝对真实的。我们拥有纯粹理性的知识,而不是自然的知识,因为我们关于自然的知识依赖于感官知觉。我们也不拥有关于灵魂的纯粹理性的知识,因为我们关于灵魂所知道的依赖于内在的感知,洛克和其他人称之为自省和向内观照。纯粹理性的知识绝对不会依赖于事件或任何别的经验,我们只拥有道德法的知识。道德法,也就是自由之律法,与自然法相敌对。这是康德的观点。理性取代自然,成为人类的标准。

我必须提到的第二点是,依据卢梭的分析,人天生不是理性的,而是一个粗野的、愚蠢的野兽,但具备变成理性存在者的可能性。人天生所拥有的东西是可能性(possibility)。卢梭称之为可完善性(perfectibility)。我们也可以称之为可塑性(malleability)。人是最具可塑性的粗野之物。正是由于这种可塑性,人才能获得理性。理性是获得的,而不是人类天然的禀赋。这就是理性的起源。如今这些观点显得微不足道,因为你们所有人都在进化论这一信仰之下长大,但你们一定不能忘记,进化论是100年前达尔文的学说。进化论作为一种科学的学说,要比卢梭这一根本性的考虑晚得多。

因此,理性具有一种起源,这一起源极具重要性。因为某种程度上,下述观点依然广为流行:人的特征是理性,且如果理性具有一个起源,那么,这就是你们能够思考的最重要的事件;它在这个时代有了一个名字,叫历史(History)。所以,我们可以说,历史的本义以及大写的历史,就是理性的起源,或理性的命运。[10]我们可以这样说,卢梭不仅开启了理性应该取代自然从而为人提供标准的可能性,而且开启了历史应该取代理性和自然从而为人提供标准的可能性。

　　我还想补充一些信息。当你们谈论波斯或中国或其他你们所知的任何国家时,在浩瀚的文献中,你们当然会发现对历史以及大写的历史的提及。历史(historia)这个词是一个希腊词,它仅仅意指探究,一种特定的探究,换句话说,通过询问他人探究之前发生的事情。当然,你们知道一些无需询问别人的探究。例如,如果你们探究青蛙的消化系统,你们不必询问别人。但存在某些只能靠询问他人才能进行的探究。例如,你们所出生的房子在哪里,现在又是谁在居住,你们就必须询问你们的父母。当探究更久远的岁月发生了什么,并且没有文字留下或者留下了文字但无法阅读时,例如在你们出生之前发生了什么时,你们只能靠询问他人来知晓。因此,历史这个词具有了探究过去的衍生含义,历史是过去的记录,是过去的知识,这是我们依然处于其中的历史的简单且常识性的含义。

　　但也有一种含义完全不同的历史,这一历史概念非常晚近,这一历史概念并不意指一种探究或研究知识的方式,而是意指知识的对象,现实的一个维度,或者无论你们如何称呼它,即所谓的历史进程(the his-torical process)。历史哲学这个词,在一种更为有趣的意义上,不是指一种研究历史的探究性哲学,不是研究历史知识的哲学,而是一种所谓的历史进程的哲学,这种哲学将历史看作一个客体,即将历史看作现实的一个维度。

　　这件事情是非常晚近的。奥古斯丁(Augustine)在他的《上帝之城》(City of God)中发明的某种类似于历史哲学的东西是另外一回事。奥古斯丁所发明的东西是非常重要的,但那是一个非常繁复和艰难的问题;并且,如果把大写的历史归于任何从未使用这个词的思想家,我们就没法看到这个假设——存在大写的历史这回事——的重要性。我下面给出一个简单的分析。人们毫不犹豫的谈论《旧约》的历史哲学。

但是通过一个简单的观察就可以说,希伯来语中没有历史这个词,更不用说在探究意义上的历史。希伯来语中现在使用的历史这个词是希腊语的历史那个词。这向你们表明,那一假设是多么成问题。人们并不是在所有时代都用历史这个术语来思考。

对于历史这个概念的出现,卢梭起了重要的作用。[11]回到我一般的论证上来。卢梭这位思想极为丰富的思想家,开启了两种可能性。一个人不必喜欢他,据我所知,有很多强大的理由不喜欢他。如果你认为卢梭不仅导致了唯心主义哲学,而且导致了浪漫主义的所有形式,那么,在尼采之前没有第二个思想如此丰富的人。最丰富的思想家并不必然是最深刻的思想家,这是另外一回事,但这也是我们必须思考的事情。卢梭是孕育了下述思想的思想家:他同时开启了理性取代自然、历史取代自然这两种可能性。

我还将提到卢梭采取的第三种方式。某种程度上,第三种方式在那两种可能性之前。这第三种方式就是他正式地修正了霍布斯和洛克的学说。经卢梭修正后的学说是一种现代自然权利学说,这一学说不同于霍布斯和洛克的自然权利学说,但从结构上看,其根本性的特征与霍布斯和洛克的学说是同一种。但卢梭的自然权利学说大大超越了霍布斯和洛克的学说。卢梭从霍布斯和洛克那里接受的自然权利学说基于这个假设:最首要的是自我保存。卢梭对这一假设做了简单的反省。如果自我保存是最基本的权利,那么我们提前就预设了生活的善,以及存在的善。如果自我的存在都不值得珍视,为何应该珍视自我保存?我们如何知道自我保存就是存在的善?

卢梭说,自我保存之善是存在者在情感上所经验到的。存在者的情感与理性没有丝毫关系。依据卢梭的看法,这种情感能与作为一个整体的自然亲密交流(communion)。存在者情感的经验是对自我保存的关心的基础。这可能是卢梭思想中最根本的预设,他思想的全部要点都集中于这个句子上——存在者的情感来源于对自我保存的关心。那么,以何种名义关心自我保存? ——是文明,是整个文明进程。

然而,我们面临一个根本的困境:目的和基础之间的冲突。文明进程的目的是确保自我保存得以实现。在存在者的情感和文明进程之间有一个无法根除的冲突。在幸福和为追求幸福而付出的努力之间有着根深蒂固的冲突。幸福只能是被给予的而不是获得的,然而为了永久地活着,为了追求永久的自我保存,我们毁灭了经历文明自身所应有之义的可能性。幸福和追求幸福的努力不相容。[12]换句话说,征服自然是一种自我防卫。卢梭对文艺和科学的批判,即对文明的批判,在经过某些重要的修正之后,导致了当今的存在主义。

现在我要回到我之前提到的要点上——理性和历史是自然的代替者。这一思想从康德到黑格尔那里得到了充分的发展,他们二人以各种各样的方式处理了这个问题。可以将他们的反思所导致的结果表述如下:历史的进程是理性的进程。由此将到达一个顶点,这个顶点就是历史进程的终结,在那时,自然权利及其政治的运用将完全显露出来。历史进程导致了一个我们可以称之为普遍明晰的绝对时刻,至少在这些试图指引历史方向的思想家的思想中达到了这样一个时刻。

历史进程不受理性的引导,它却导致了理性的胜利。理性具有一个起源,并不是人与生俱来的东西,因此理性拥有自身的命运,这个命运不受理性的控制,它屈从于历史。我希望你们已经看到了一个重大的问题。这个问题尤其为德国思想家们所关注,尤其为黑格尔凭借如下假设所关注。他如此假设:理性屈从于历史的命运,秘密地受理性控制。黑格尔称之为"历史中的理性的狡计"(the ruse of reason in history):似乎只有盲目的行为和盲目的变化,但在这些盲目的变化中,理性自身是有效的。这是历史进程中的理性目的论,但这个目的论与任何自然的目的论有本质不同。

黑格尔的体系意味着理性主义的胜利。历史中的每一事物都是理性的。所有的不和谐都已经被解决,也不会再有恶。当然还有死刑之类的东西,但它们仅仅是善的例证和附属因素。彻底的理性主义意味着彻底的乐观主义。那么,显而易见的是,只有历史已经是完成了的,它才能够是理性的;因为,如果历史不是完成了的,我们就不可能看到历史的理性(reasonableness)——我们无法知道将来可能发生的事情。黑格尔关于历史已经完成的观点,很自然地引起了一少部分人强烈的反对。最著名的人可能是马克思。马克思和其他人提出了这个要点:

当今的世界上依然有很多恶,因此说完全理性的社会已经实现,毫无道理。

黑格尔的反对者要求一个开放的未来。历史必须被感知为一个未完成的和不可完成的进程。这也是黑格尔之前的观点。[13]但是在黑格尔之前和在黑格尔之后严肃地持有这一观点有极大的差异。黑格尔提出了下面这个假设:个体是他所在的时代之子。这个奇怪的表述是什么意思?难道不是你可以从某个人的穿着打扮上识别他的形象吗?黑格尔的断言何以如此重要?人在其最高的和最纯粹的思想中是其时代之子……①

假如历史是开放性的——如某些人认为的——将会怎样?假如我们就生活在这一历史之河的中间,将这个假设推至极端,我们思想的原则将会变成什么?在这样的状况下真理如何可能?可以公正地说,尼采首次看到了这一困境。尼采接受了历史主义的观点,即人在其最高的思想中是彻底历史性的。在那个时代,这种情形在黑格尔之后的智识人中间或多或少是普遍的。但尼采首次看到了真理的可能性变得成问题,这一变化的根源就在于所谓的历史经验。

尼采首次在其题为《论史学对于生活的利与弊》(Advantage and Disadvantage of History)②的文章中拓展了这一困境。这篇文章是《不合时宜的观察》(Untimely Meditations)中的第二篇。当一个人读尼采后来为他的著作所写的前言时,会发现他很少提及这篇文章,而这篇文章是尼采早期作品中最为著名的一篇——这非常有意思。尼采似乎没有看到,这篇文章后来显示出来的划时代的重大意义和影响力。

那么,他在这篇文章中做了怎样的分析?他承认,历史相对主义是真实的。人类所拥有的思想还没有哪一种不被证明需要彻底的修正。我们从未拥有过一种真理。这种历史相对主义是真实的。然而,他随后谈论了某些理论上不真实却致命的真理:若我们全然处于暂时的和相对的原则下,我们就无法生活。尼采建议一种暂时的、临时的方法,

---

① 誊写者指出,此处由于更换录音带导致录音中断。
② 完整的标题是" Of the Advantage and Disadvantage of History for Life ",是《不合时宜的观察》四篇论文中的第二篇。

这一方法让我们想起柏拉图。也就是,让我们将非相对主义(nonrelativism)当作一种高贵谎言。但这并不是尼采所说的意思。尼采是一个太过于现代和诚实的人。他说,要是没有一种根本性的谎言和一种根本性的虚构,我们就无法生活。

但尼采没有仅仅止步于此,他还提出了另外一个选择,可以表述如下:历史相对主义是真实的这一说法究竟是什么意思?一般而言,只有接受了这些假设的人才这样说,但依然有一个需要严肃面对的问题,并且这个问题才是真正关注历史的史学家所面对的关键问题。如果史学家依据历史相对主义行事,他将不可能成为一个史学家。怎样会这样?持有历史相对论者的史学家将价值和原则的变化看作是一个全景图,[14]他必须完全站在历史进程之外来观察历史进程。因此,他就不会被影响了历史人物的那些东西所影响,他也无法进入和理解某个时代的精神。

换句说话,历史相对论者的历史叙述不真实。之所以不真实,是因为他们基于对历史人物完全虚假的理解。举个简单的例子。如果你不是一个音乐家,你能写一部音乐史吗?当然不能。如果你自己不过哲学生活,你能写一部哲学史吗?当然不能。如果你不能被生活的艰辛所触动,你如何能够理解那些被生活的艰辛所触动的人们?当然,这不是解决方法,它仅仅是对这一难题的提示。

但如果某人详细阐释历史相对主义,某种程度上尼采进行了这一阐释,他就会面临下面这样的事实:在两种真理之间有一个区分,尼采后来的继承者们认为,这一区分就是客观真理和主观真理的区分。科学和史学所关注的真理是客观真理。但这一客观真理不能给予我们真正满意的历史。它仅仅给予我们外部的事实。只有基于时代的生活经验,才能获得真正的理解——这一理解是一个主观真理。那么,就需要更为精确的定义。即便你只是谈论生活的经验,我们也已经暗示了一个难题:人们的生活经验差异极大,在这个层面上就会导致历史的理解的条件——历史的理解意味着对人类所有过去和现在事物的任何理解——需要极为广博的人类经验,这要远远超出任何种类的统计资料。

但与下面这些问题比起来,这个问题还微不足道:推动历史人物的东西是什么？什么推动时代中的个体？用我们时代的话来说，这个东西就是他们对价值的信仰。用更接近尼采所说的意思来表达，就是对未来的想象（image of a future）。他们使用了一个在尼采之后杜撰的又受到尼采启发的术语：由一项事业（project）来构建他们的未来。人们只有受这样的一个事业的引导和鼓舞，才能理解任何其他也受这项事业鼓舞的人们。在这里，你们看到主观真理包含在某人拥有这样一个事业和为这个事业的献身之中。

这就是存在主义者对尼采的解释，但这一解释没有考虑到尼采的根基，我们将会看到为何尼采没有以那种方式进行推论。但是，此处的难题是什么？显然，客观真理只有一个。例如，米开朗琪罗（Michelangelo）诞生的日期，出生的小镇之类。但这绝不是那些对米开朗琪罗着迷之人的兴趣所在。对于理解米开朗琪罗的作品来说，[15]不可能只有一个客观真理。对米开朗琪罗的作品的理解只有在下述情形下才可能：这个人某种程度上被某种东西所激发，这种东西类似于激发米开朗琪罗的东西，依然需要献身于一项事业。但必然存在众多这样的事业，因此存在众多对这些事业的献身。

换句话说，主观真理必然是一种多元的真理，也许在不同的个体之间不会必然有差异，但在不同的可能性之间则有差异。换句话说，就关涉人的真理而言，唯一可谈论的真理是主观真理。但是，主观真理不可能是单一的真理。不过，我们在某种程度上预言它必须是单一真理。就事实和据其本性而言，主观真理不是那种对所有人都具有意义的真理，因为它没有就事物的本质说任何东西。这就是尼采在那篇有益的文章《史学对于生活的利与弊》中所呈现的最基本的问题。在某种意义上，这个问题贯穿了尼采的一生。在《扎拉图斯特拉如是说》的一段评论性的言辞中，我们会发现这个问题，在那里呈现了作为真理的追求者的扎拉图斯特拉和作为真理的仆人或诗人的扎拉图斯特拉之间的对立，这对应着客观真理和主观真理。

这是一个从未被解决的问题，尼采在后来的岁月中就致力于解决这个问题。将尼采和所有存在主义者区别开来的东西是非常表面的东西，即他对希腊人的敬重。尼采的职业是古典语文学学者。在他对希腊人的敬重当中,他将文化设想为对自然的理想化,有人禁不住会说,尼采将文化设想为能使自然臻于完美的东西。那么,问题就来了:一方面,关于人的真理、关于正义的真理、关于正确(right)的真理,必然拥有一种自由事业和自由创造的特征;另一方面,尼采认为,人的目标必须植根于自然中这一点是必要的,也就是说,人的目标必须符合自然。

这是尼采的根本困境:尼采试图找到返回自然的路径,但是却站在现代的基础上试图将自然设想为标准。如果我们进入自然的思想,进而全力克服这一困境,我们将更好地理解,在我早先陈述的那个简单问题中所暂时地表达出来的东西,即,我们为何应该假设,自然应该为我们提供标准?这难道不是希腊人以及希腊人的继承者们的一个武断假设?或者,要求重新将自然作为指引性原则有何必然性?这就是这门课程的大体意图。

第二章 恢复作为伦理准则的自然

——《扎拉图斯特拉如是说》的"前言"

[16]施特劳斯：我要重复一下上次课的要点。自然正确(natural right)在当今受到了普遍的反对。根本原因在于这样一种信念：自然没有为我们提供对与错的指示，同时自然也根本不具备这种能力。自然被设想为在伦理上是中立的。如果我们返回现代思想的源头，我们将面临可以被表述为如下的假设性主张：我们所有人都知道，自然可能是一个邪恶精神的作品，所以我们都知道自然是恶。由于给定了这个假设，要谈论自然正确就不可能。自然在根本上是恶这一观点在常识性概念——征服自然——中得到了暗示，因为，除非你认为自然是敌人，否则你无法谈论对自然的征服。自然是恶这个观念，不仅仅是笛卡尔假设出来的一个奇思妙想，它还是一种极有生命力的思想，正如征服自然这个说法所暗示出来的那样。

在现代思想的进程中，理性和历史取代了作为一个核心概念的自然，理性和历史是某种与自然绝然不同的东西。在黑格尔那里，理性和历史已经达成完美的统一。历史是理性的历史，且历史是理性的作品。历史进程是理性的，如果它还没有完成，就无法被理性所认识。历史进程已经完成，也就是说，所有理性的和实践的问题原则上都得到了解决。当然，这种解决只是原则上的解决，每个孩子在成长过程中都有他自身需要解决的问题，但这在哲学上不再具有重要性，哲学已经提供普遍的解决方式，个别问题的解决方式在哲学那里可以找到。

黑格尔的体系导致了强烈的反对。反对者的核心论点可以表述如下:历史是未完成的且不可能完成,但这是老旧的观点,是前黑格尔式的观点。但黑格尔那些新的对手们接受了黑格尔的一个关键假设,即个体在各个方面都是他的时代之子,尤其是在最重要的方面——是他的时代的思想之子。所有的思想都是彻底历史的。[17]绝不可能有自然的标准,也就是说,不可能有超历史的标准,因此,尤其不可能有自然正确。

在 19 世纪的西方世界,这一观点变得越来越被普遍接受,不过在德国要比西方其他国家更早一些。在其他西方国家,功利主义直到 20世纪仍然流行,但是基于这个假设:历史是未完成的且不可能完成,而且所有的思想都是彻底历史性的。如此,我们就没有置身于历史进程之外的可能,而且这个历史进程必然迟早会让我们遗忘最高的原则。此处出现了一个巨大的难题:如果所有的思想都是历史性的,或如某些人说的,所有的思想从历史角度看都是相对的,那么,真理如何可能?用最简单的方式表述就是:所有思想都是历史性的这个断言本身不意味着它在未来会被遗忘,这个断言意味着它本身就是终极论断。

尼采在他的早期名为《史学对于生活的利与弊》的作品中处理了历史主义的这个问题。这促使他开始着手旨在恢复自然的事业,将自然看作一个在伦理上具有指导作用的概念。但这项事业在尼采那里困难重重,他面临巨大的、可能是令人绝望的困难。但是,通过理解这些困难,我们将获得一个更好的得以进入自然正确(natural right)问题的视野,因为尼采遇到的困难并不能归因于他这个独特个体的任何特质,如你们知道的,即他最后疯了,相反,这些困难应归因于尼采所坚守的现代原则。即使从尼采的精神状态中得到了任何暗示,我们也将其看作绝然无趣的事情置之不理,不会丝毫看重这些暗示。因为这些简单的解释毫无益处。

在《史学对于生活的利与弊》中,尼采非常接近地提出了历史相对主义后来的解决之道,这一解决之道是奠基性的,有着划时代的意义,即现在所谓的存在主义。存在主义的观点可以表述如下:存在一种客观真理,即科学,它在伦理上是中立的。但也存在一种与伦理相关的主观真理。在伦理上中立的客观真理会使人逐渐变得麻木;主观真理则是一项事业,是献身于这项事业之人的自由事业,且只有这样的一项事业能够赋予生命以意义。

尼采的问题可以暂且表述如下:他宣布的自由事业,尤其是他在《扎拉图斯特拉如是说》中提出的自由事业与自然之间有什么联系?尼采的理想——他的事业——是来源于自然抑或仅仅是一项自由事业?自然本身能否如尼采构想的那样成为一项自由事业?至此,不仅这个问题的答案,[18]而且对这个问题的理解都依赖于尼采本人说了什么。

我刚才给出的评论以及上次课的评论,只服务于一个目的,即为了证明下面这个建议是正确的:我们应该研读尼采,因此也应该研读他的《扎拉图斯特拉如是说》。因为尼采本人说这本书是他最重要的作品。我们旨在获得更大的明晰,当然不是搞清楚关于尼采本人的那些特殊的问题,而是为了澄清自然正确问题。

那我就不再拖延,立刻转向《扎拉图斯特拉如是说》,但我不得不首先更深入地评述一下这部作品。这本书不是一部学术式的作品,也不是通常意义上的哲学作品。要是说这本书是一部诗歌集兴许是错的,不过,依据尼采本人的说法,我们可以说这本书是一部灵感迸发之作,有人可能会说,这本书只是一部灵感迸发之作。

这本书由四部分构成,尼采分四次完成,每次花了十天时间,这只能认为是某个精灵——一个善或恶的精灵——降临到了他身上。对那些严肃的人——我希望我们就是这样的人——来说,尼采如此写作的实际后果就是,这本书非常难以理解。某种程度上,要是没有尼采其他作品的帮助,这本书无法理解。因此,我不得不求助于尼采其他的作品,尽管尼采自己说,他的其他作品无法与《扎拉图斯特拉如是说》等量齐观。因此,我将主要集中讨论《扎拉图斯特拉如是说》。

依据尼采自己的建议,他别的作品可以划分为三个不同的时期。尼采在早年带着极大的希望,期望在瓦格纳(Richard Wagner)的精神那里革新德国文化,尼采终其一生都尊敬这个人,但他仅仅是在哲学生涯的开始时崇拜过瓦格纳。尼采是一名古典语文学学者,如果他那时没有开始忧心别的问题的话,他本来可以变成他的时代最伟大的古典语文学学者。在尼采的第一个时期,他试图将对瓦格纳的尊敬与他对古代事物的理解联系起来,并且试图将瓦格纳的歌剧理解成源于希腊肃剧的同一种现象的新形式。他的处女作《悲剧诞生于音乐精神》(*The Birth of Tragedy*),以及《不合时宜的观察》,可以归属于他充满希望的第一时期。

之后尼采经历了希望的幻灭,转向德意志浪漫主义的反面,他这一时期的作品献给伏尔泰(Voltaire),他转向了西方的实证主义。这一时期的典型特征是心理学分析和一种揭露性的、破坏性的分析,这一时期的时间跨度要远超过另外两个时期。这一时期最著名的作品是《人性的、太人性的》(*Human, All Too Human*)、《朝霞》(*The Dawn of Morning*)和《快乐的科学》(*The Gay Science*)。

[19]第三时期以灵感迸发之作《扎拉图斯特拉如是说》开始。这一时期的作品是《扎拉图斯特拉如是说》,以及之后的作品。可以说,《扎拉图斯特拉如是说》之后的作品意在以平淡无奇的形式清楚地说出《扎拉图斯特拉如是说》以更高的形式所表达的东西。我仅仅提到这些作品的少数几部:《善恶的彼岸》(*Beyond Good and Evil*)、《道德的谱系》(*The Genealogy of Morals*)、《偶像的黄昏》(*Twilight of the Idols*)、《敌基督》(*Anti-Christ*)。在我看来,《善恶的彼岸》是尼采最好和最漂亮的作品,但在尼采本人看来,这本书要比《扎拉图斯特拉如是说》低一个水准,仅仅是《扎拉图斯特拉如是说》的导引。

首先来关注书名。你们都看到,书名叫《扎拉图斯特拉如是说—— 一本为所有人又不为任何人所写之书》(*Thus Spoke Zarathustra: A Book for All and None*)。尼采通过扎拉图斯特拉之口传达教诲。尼采为何要选择一个代言人?他为何要选择扎拉图斯特拉?在他后来的书《瞧,这个人》中,他给出了这样的解释:扎拉图斯特拉是古老的波斯宗教的创建者,是道德主义的始祖,是这一观点的源头:善与恶之间彼此冲突,且正是这种冲突让万物存活。① 这位最为卓越的道德主义者,最具诚实和理智真诚的思想者,由于看透了道德主义的虚

---

① 参《瞧,这个人》,"为何我是一种命运"("Why I Am a Destiny"),第 3 节。

幻特征,他变成了凭靠理智的真诚克服道德主义的人。

扎拉图斯特拉是一种宗教的创建者。有人可以说,尼采的扎拉图斯特拉也是一种超越基督教、超越《圣经》的新宗教的创建者,这解释了这本书中众多章节的圣经式语调。例如标题,在路德的《圣经》德语译本中时不时会出现"如是说",但在希伯来语或英文译本中则没有与之对应的词。无论如何,贯穿全书的对《圣经》的影射是故意而为。某人可能会说,这本新的圣经没有任何神圣的启示,仅仅是一种人类的教诲。对《圣经》的模仿是对《圣经》的效仿,是一种反讽性的效仿,是对宗教的反讽性创建,或是对创建宗教的准备。一个人也可以说,这是一种需要有所保留的信念,不需要严肃对待。这也可以解释我们在这本书中时常会发现的伪造的迹象。不过,这似乎是不可避免的,因为尼采是一个哲人,而作为一个哲人不可能——不管是严肃地还是半带反讽地——创立一种宗教。

但是,尼采为何选择一个代言人?为何不用他自己的名字呈现他的教诲?他为何需要一个代言人,或说需要一个面具?尼采和扎拉图斯特拉之间是什么关系?在《道德的谱系》的第二篇论文的结尾,尼采暗示他不是扎拉图斯特拉。扎拉图斯特拉要比尼采更为年轻和更为有力。[1] 在《瞧,这个人》中,[20]尼采将扎拉图斯特拉描述为一种类型、一个理想——尼采的一个理想。[2] 某人可以说,扎拉图斯特拉意味着尼采的最好之人。扎拉图斯特拉既是又不是尼采。他被描述为一个超人,一个神。

副标题是"一本为所有人又不为任何人所写之书"。一本为所有人所写的书是容易理解的,即这不是一本学术著作,不是只为学者写的书。反现代学术的倾向贯穿了尼采的全部作品,我们随后将发现尼采对学者的严厉批评。在《不合时宜的观察》中,他已经攻击过受过教育的或学者和没受过教育的人之间形成的鸿沟,依据尼采自己的说法,这一鸿沟是文艺复兴和人文主义的结果。

---

① 参《道德的谱系》,第二篇论文,第 25 节。
② 参《瞧,这个人》,"道德的谱系"。

与之相反,尼采渴求一种最高意义上的技艺,一种为所有人服务的技艺,他曾经相信在瓦格纳那里可以找到这种技艺。在同一语境下,他也谈到了"回归自然"(return to nature)。回归自然和回归民众的经典代表是卢梭,尼采在他的全部作品中以一种奇怪的方式与卢梭类似。"一本为所有人写的书"在某种意义上又不为任何人所写,是基于这个理由:因为这本书由尼采自己的思考和思想构成,这些思想无法与任何人交流,当然也就不适用于任何人。我相信,这就是副标题的含义。

如果你想寻求尼采后期的真理概念的含义的某些证据,在所有重要的事务上,那一真理都是一种彻底个体性的真理,因此绝不可能完整地与人交流。你们应该读读《善恶的彼岸》的最后一条格言,在那里,尼采以一种极为漂亮的方式提出了这个问题。

这部作品的绝大部分内容是由"扎拉图斯特拉的演说"构成。这些演说前面是"扎拉图斯特拉的前言(Vorrede)"。我们首先思索这个"前言"。他在群山中间与动物们一起待了十年,在孤寂中安享幸福。他从山顶下到平原的路上,碰到了一位友好的隐士。到达位于平原上的那座城市后,他向聚集在集市上准备观看一种流行的高空钢索舞蹈的民众讲话。在他对民众直接讲话时,扎拉图斯特拉遭遇了彻底的失败。他让自己变得极为可笑,就像一个小丑。

比起扎拉图斯特拉的道德演说,民众更喜欢索上舞者那令人期待的表演。索上舞者出场了,但受到小丑的捉弄和干扰,因此他从高空掉了下来,摔断了脖子。扎拉图斯特拉安慰了这个将死的人,并背走了他的尸体。在出城的路上,他遇到了另外一个隐士,但这次遇到的隐士一点也不友好,相反脾气很暴躁。在他埋葬了尸体并离开后,他意识到他需要活的同伴,这些同伴不同于索上舞者的尸体,[21]也不同于那些群众,他曾尽力向后者演说,但失败了。

与他的"序言"不同,扎拉图斯特拉的演说尝试找到活的同伴,而"序言"是直接向民众宣讲。如果你们翻看译本的44页,第6段:

于是,扎拉图斯特拉在此结束了首次讲话,人们称之为"序言"。①

所以,扎拉图斯特拉的"序言"在《扎拉图斯特拉如是说》的"前言"的第5节这里就结束了。扎拉图斯特拉的"序言"与尼采的"前言"不一样。② 扎拉图斯特拉的"序言"只是他对民众的讲话。这部分讲话由两部分构成,处理了两个不同的主题,第一个主题是超人,第二个主题是末人。扎拉图斯特拉身边有两种动物。他遇到了两位隐士以及别的一些事情。这暗示,要么选择成为超人,要么选择成为末人。但第一部分讲话被细分为两个部分,这两个部分并不彼此排斥,另外,扎拉图斯特拉和两位隐士、扎拉图斯特拉和他的两种动物,总是构成三部分。

"前言"之后的第一篇演讲恰好谈论的是三种变形。尼采所暗示的是,存在超越或此或彼、超越决定和意志的某种东西。决定和意志的行为是更大的整全的一部分。扎拉图斯特拉的"序言"之前是尼采的"前言",也由两部分构成。

第一部分是,开篇扎拉图斯特拉在太阳升起时的自白,以及他在下山途中碰到一位友好的隐士,与其进行的对话。他说了什么? 在隐士的对话中,扎拉图斯特拉注意到,隐士竟然还不知道"上帝已死"。这一可怕的命题传达了《扎拉图斯特拉如是说》的"前言"的前提和这整部作品的前提。我们必须首先试着理解这意味着什么。这个命题是仅仅作为一个断言出现的,也就是说,一种无神论信条的断言,这是一种与别的信条一样的信条。但这只在某种意义上才是真实的。让我们看看平行的段落。

---

① [译按]为了便于读者查阅,译文将英文编辑本所引的英译本页码全部改成了中译的页码,以随文夹注的形式注出。中译采用黄明嘉、娄林的译本,见尼采,《扎拉图斯特拉如是说》,黄明嘉、娄林译,上海:华东师大出版社,2009。
② [译注]这里需要区分《扎拉图斯特拉如是说》这本书的"前言",扎拉图斯特拉本人的"序言"、尼采的"前言"。《扎拉图斯特拉如是说》的"前言"名为"扎拉图斯特拉的前言",但是扎拉图斯特拉本人的"序言"在前言第5节已经结束了。尼采的"前言"位于扎拉图斯特拉的"序言"之前。施特劳斯下文有述。

朗读者［读文本］：

　　但扎拉图斯特拉站在那里未动，那身体恰好跌落在他身边，已经跌伤摔坏，但还未死。俄顷，跌伤的人苏醒过来，见扎拉图斯特拉就跪在身边。他最终开口问道："你在这里干什么？我早就知道，魔鬼会向我伸腿。现在魔鬼要拖我进地狱了；你想阻止他吗？"

　　"以我的荣誉担保，朋友，"扎拉图斯特拉回答，［22］"你所说的一切都不存在：没有魔鬼和地狱，你的灵魂将比你的肉体死的更快：什么也别怕！"（"扎拉图斯特拉前言"，页45）

施特劳斯：你们在这里看到与上帝已死的断言类似的例子。魔鬼和地狱并不存在。扎拉图斯特拉在此处给出了一个附加评论，这个评论为理解上帝已死的断言的基础提供了些许线索。他对那个将死之人说"以我的荣誉担保，魔鬼和地狱不存在"。扎拉图斯特拉没有说"我们不知道地狱和魔鬼"或"我们不知道上帝存在"。他将这两种断言看作否定性的断言。那么，上帝已死的断言的基础是什么？他的意思是，"如果存在地狱和魔鬼，我就无法尊重我自己"。

　　我再详细地解释一下这一点。只有在一个由上帝所造的世界上，魔鬼和地狱才可能存在。如果上帝主动创造了魔鬼和地狱或者默许了它们的存在，那么上帝不可能是最完美的存在。这是关于仅凭"以我的荣誉担保"所暗示的东西有些离题的表述。当然，无论如何这都无法解决这个问题。回到与第一位隐士的对话：这位神圣的隐士，一个虔诚的人，指责扎拉图斯特拉下到人类那里去。隐士问："你为何要下去呢？"扎拉图斯特拉回答，"我爱人类。"然后这位圣者说，

　　我为何要遁入森林、荒郊？难道不是因为太爱人类吗？现在我爱上帝：人类，我是不爱了。我以为，人类是一个太不完美的东西。（页32）

现在,让我们试着理解这次对话。尼采所暗示的是:爱上帝会贬低爱人类。此处清晰地表明了这一点:圣经要求人类用整个心灵、整个灵魂和全部力量来爱上帝,并且要求人类要像爱自己那样爱邻人。尼采是现代思想家中以爱人类的名义反对上帝的为数不多的哲人之一。可以说,他们将爱上帝转向了爱人类。这是一个古老的故事,尤其是在德国。背离黑格尔学派的一批人中,最著名的可能是费尔巴哈,他的两本关于宗教本质和基督教本质的书在 19 世纪 30 年代造成了不小的骚动,这种反叛的基础是以爱人类的名义反对上帝。这一无神论还有别的形式。

我们必须首先理解,扎拉图斯特拉的无神论或者说尼采的无神论的典型特征是什么。"上帝已死",这就是论点。"上帝已死"意味着上帝曾经是活的。尼采的无神论是一种历史的无神论。曾经有过一个时代,信仰上帝是好的和有益的,但那个时代一去不返了。人的力量增强很多,借助对上帝的信仰和对这种信仰的反对,[23]人的地位也大大提高。人现在已经到了这样一个阶段,他最近新获得的地位与对上帝的信仰水火不容。这就是《善恶的彼岸》的"序言"所暗示的东西。

当我们谈论尼采的无神论的独特性时,我们必须要考虑的第二点是,《扎拉图斯特拉如是说》开头扎拉图斯特拉对太阳的自白所暗示的东西。扎拉图斯特拉凝视着太阳,并赞美太阳。太阳被视作一个仁慈的有生命的存在。可以说,扎拉图斯特拉将太阳看作一个神,尽管他没有这样说。也可以说,扎拉图斯特拉用一种诗化的概念、理想化的概念来赞美太阳。扎拉图斯特拉对太阳的赞美,基于对太阳无生命和有害的特征的忽视。太阳作为光明和生命的原因而受到感激。尼采的无神论具有感激的特征,它绝不是一种简单的反叛。

我要提到的第三点是,"上帝已死"意味着我们的爱必须是对人类的爱。由此顺理成章的变成了仅仅对人之幸福的关切,变成了对人之完全的心满意足的关切。这是第一个结论。扎拉图斯特拉对这个主题是怎么说的?扎拉图斯特拉的第二部分讲话谈论了这个主题。我们必须读一下这个讲话,因为从各个方面来看,它都非常重要。

朗读者[读文本]：

当扎拉图斯特拉说罢，又凝视众人，沉默。"他们站在那里，"他向自己的内心说，"他们在那里发笑：他们不理解我，我的口不是为了这些耳朵准备。

难道必先毁坏他们的耳朵，以便他们用眼睛听吗？难道必须像擂鼓或像劝人忏悔的说教者那样高声宣讲吗？抑或，他们只相信呐呐而言者吗？

他们有某种引以为傲的东西，他们把这东西叫做什么呢？他们称之为教育，这使他们在牧羊人面前十分出众。

所以，他们自然不愿意听到"轻蔑"这个词施于己身。那我就说说他们的骄傲。

我要对他们说，最可蔑视的东西：就是末人。

扎拉图斯特拉对众人如是说：

人确立其目标的时候到了，人播种其最高希望的种子的时候到了。

他的土地依旧充足。可这土地总有一天会贫瘠，耗尽，再也长不出高树。

呜！人不再射出超越人的渴望之箭，这时代来了，它的弓弦已经忘记嗖嗖作响。

我告诉你们：人们内心必须混乱，方能诞生一颗跳舞的星辰。我告诉你们：你们内心仍旧潜藏着混乱。

呜！人不再会诞生任何星辰了，这时代来了。呜！最可蔑视的人的时代来了，这样的人不可能更多地蔑视自己了。

看呀！我让你们看看这末人。

"什么是爱情？什么是创造？什么是渴望？什么是星辰？"末人如是问道，眨巴着眼。

大地在他的眼里变小了，末人使一切都变小了，他在大地上蹦蹦跳跳。他的族类不会灭绝，犹如跳蚤；末人寿命最长。

"我们发明了幸福"——末人说，并眨巴着眼。——

他们离开了难以生活的地带:因为他们需要温暖。人们还爱着邻人,并与邻人相互抚摩:因为人们需要温暖。

他们视疾病和不信任为罪过:人们小心翼翼地行走。被石头和人绊得跌跌撞撞的人,真是个傻子!

间或吃点毒药,这制造了安逸的梦。但毒药过多又造成了安逸的死。

人们依旧在劳动,因为劳动是一种消遣。但人们心存谨慎,使消遣不致伤害自己。

人们不再贫困,也不再富有:二者都过于烦恼。谁要统治? 谁要服从? 二者都过于烦恼。

没有牧人也没有羊群。人人需求同一,人人都一样:谁若感觉不同,就自觉进入疯人院。

"从前,整个世界都是疯狂。"——他们中最优雅的人如是说,并眨巴着眼。

人们很聪明,知道发生的一切:所以他们嘲笑不止。人们依旧相互争吵,但旋即和好——否则会败坏肠胃。

人们在白天有自己的小快乐,在黑夜也有小快乐:但他们崇尚健康。

"我们发明了幸福"——末人说,并眨巴着眼——("扎拉图斯特拉前言",第5节,页41-44)

[24]施特劳斯:这就是尼采的描述,我相信你们对这种无神论印象深刻,这是一种极为庸俗的无神论,尼采了解、蔑视和反对这种无神论。如果你们想公正地对待尼采,可以说尼采大脑中所思考的无神论不仅仅是西方世界一般而言的庸俗无神论,而且还有共产主义的无神论,尽管马克思宣称,真正的创造性只有在没有牧人也没有羊群的最后阶段才会发生。事实上,我们能够确定,共产主义这个最后阶段将是所有创造性的终结,因为那时将不再有任何必然性(necessity)去激励创造。

尼采所要说的东西是这样的:无神论作为一种在西方世界存在的

重要力量,其在欧洲的大陆国家要比在盎格鲁—撒克逊国家更是一种可见的力量,这种无神论要比历史上曾经存在过的任何一种都要低级。上帝之死使得人最大程度上的退化变得可能,即退化成末人,这是迄今为止最大的危险。然而,另一方面,尼采主张,上帝之死也让一种更高级的超越人类的人变得可能。尼采称之为超人,并不是指超越人类的上帝——上帝由于其绝对的完美而压抑人,而是指超越人类的人。

当今有人用 over-man 来翻译 übermensch,不能指责这样不对,因为作为喜剧漫画的一个形象的超人已经完全改变了"超人"这个词的含义。但是,我更喜欢依照字面的翻译 super-man,因为在阅读尼采时,必须忘记喜剧漫画中的那个超人,还因为 super-man 这个翻译让我们想起超越人类(super-human)的含义。尼采尽力保留 super-man 这个词中 super-human 的这一形容性含义,某种程度上他用超越人类来指一种高贵的人。超人是一种超越了人类的人。

超人的对应者是末人。依据扎拉图斯特拉或尼采的观点,现代人站在一个岔路口,要么选择走向末人,要么选择走向超人。到目前为止,人已经不再可能;我们必须逐渐看清尼采这样断定的理由。首先,我们必须理解尼采用"超人"所蕴含的意思。扎拉图斯特拉关于超人的演讲由两部分构成,我们必须从每一部分都摘取一些来读。

朗读者[读文本]:

当扎拉图斯特拉来到这个紧靠森林的市镇,他发现市场上已聚集着许多人:因为有人预告,可观看一位索上舞者的表演。扎拉图斯特拉对人们如是说:

我给你们教授超人。人类是一种应该被超越的东西。你们都做了什么以便超越呢?

[25]迄今,一切生物都创造了某些超越自身的东西:难道你们愿做这壮潮中的落潮,宁愿退化为动物而不为超人吗?

对人而言,猿猴是什么? 一种可笑的动物,或一种痛苦的羞耻。人之于超人也是如此:可笑之物,或痛苦的羞耻。

　　你们走过了由蠕虫变人的道路,可是在你们之中,有许多方面仍是蠕虫。你们曾是猿猴,可现在的人比任何一种猿猴更猿猴。("扎拉图斯特拉前言",第3节,页34—35)

施特劳斯：你们看到,尼采在此处影射了著名的进化论,而尼采认为这一进化论理所当然。人身上依然有蠕虫和猿猴的因素,因而需要一个超越人的进化目标。但扎拉图斯特拉用"应该"来强化这一进化目标——人不应该仅仅成为一个人。扎拉图斯特拉在与第一位隐士的对话中提及的爱人类,不是指他已经爱着人类,而是允诺要爱人类。人依然太过接近于野兽,人必须彻底克服他的野蛮和兽性。人必须远离野蛮。但是要去向何方？走向纯粹精神？当然不是。

　　尼采在随后和整本书使用的表达是"忠诚于大地"。没有唯心论,没有禁欲主义,没有对这个世界、大地和生命的否定。就此,我们获得了下述暂时性的理解:只要人还信仰上帝,他们就会渴望彼岸世界和彼岸生活。他们的生活根本上是禁欲的,罪感包裹着他们,他们在自我否定中看到了善。

　　现在,让我们转向无神论,并首先思考一番,在末人那里达至顶峰的这一低级形式……[更换磁带]不是自我保存,而是自我实现,一种自我奉献的含义。尼采运用了to squander oneself[浪费自身]这个极端术语。这个术语的意思不是其表面的意思,而是献身于某种使命的意思。现在让我们看看扎拉图斯特拉"超人"讲辞的第二部分。

朗读者[读文本]：

　　扎拉图斯特拉凝视众人,感到奇怪。他如是说：

　　人类是一根绳索,连接在动物和超人之间——绳索悬于深渊上方。越过去是危险的,路径此途是危险的,向后回顾是危险的、发抖和站立不稳都是危险的。

　　人类之所以伟大,是因为他是一座**桥梁**,而非目的:人类之所以可爱,是因为他是一种**过渡**,一种**坠落**。("扎拉图斯特拉前

言",第 4 节,页 38)

[26]施特劳斯：你们看到在第二部分讲辞中,没有超人学说与进化论之间的联系,甚至没有对任何"应该"的影射。尼采在此处谈论依据传统被命名的东西,即在不涉及起源问题、进化问题或别的东西的情形下,谈论人的本质。人是超越性的存在,超越于动物的存在,是悬于深渊上方的绳索。如果人没有沿着这条道路走向他的目的、走向超人,人就没有忠于他之所是。可以说,超人就是人的目的,就是人的自然目的。

我还要继续阐释"前言"。扎拉图斯特拉的下降就像柏拉图《王制》中苏格拉底的下降,但与《王制》中的苏格拉底不同,扎拉图斯特拉的下降没有受到任何强迫。他的下降完全出于自愿。扎拉图斯特拉受到激发并不是基于任何需要,而是受到馈赠的激发,即受一种由于自身的丰盈和他对人类的爱的激发。他的责任是无限的,并不是他自己的命运要求他下降,而是人类的命运要求他下降。为何会这样？当你们阅读关于超人讲辞的第一部分时,你们必定会被尼采对疯狂的赞颂震撼。依照尼采本人的命运来看,这是非常奇怪的。不过,这还不是很充分,因为在尼采很久之前,有一个理智完全清醒健全的人,也写下了对疯狂的赞美,这个人就是柏拉图。① 对疯狂的赞美,对中庸、节制和审慎的反对贯穿了超人讲辞的第一部分,我们必须尽力理解这一点。这一点如何与人之本质联系起来？

人是悬于深渊上方的一条绳索,人没有任何不变的东西可以谈论。人的行动的出发点不是野兽,而是没有目的。人没有决定性的本性,在人的本性中也没有任何固定不变的点。人之所是或人将成为什么,完全依赖于人的选择,即依赖于人的意志。由于给定了这样一个情境,人就必须在超人和末人之间做一个选择。如扎拉图斯特拉在其"序言"中说的：人的生活依然毫无意义,其意义全赖你的选择。只有在你做出选择之后,你的生活才有意义。或者如他之前说的："你们应该说,超

---

① 对照柏拉图,《斐德若》(*Phaedrus*),244a。

人是大地的意义。"超人不是大地自身天然具有的意义。在《扎拉图斯特拉如是说》"前言"的结尾,扎拉图斯特拉与两种动物——鹰和蛇,它们是他在山上孤寂生活的朋友——谈话。鹰是最骄傲的动物,蛇是最狡猾的动物。我们或许可以说,鹰和蛇取代了《新约》中著名的鸽子和蛇。① 在尼采自己的评论中,对这一思想有一个简单明确的表达,他将超人描述为具有基督灵魂的凯撒。②

　　总之,这就是"前言"所包含的东西,但我们必须尽力将这些东西与我们更为熟悉的社会科学联系起来。[27] 社会科学以人为对象。依照社会科学,人是什么? 当然不是如亚里士多德所认为的那样人是理性动物。因为亚里士多德理解的理性动物,拥有一种自然的完美和命数。依照社会科学的概念,在人与野兽之间没有任何本质的差异。时不时地你们就能听到这一表达:人是一种动物,这种动物使用语言符号。这就是整个差异。很明显,在对人的理解与当我们运用"人性"(humanity)这个词时所暗示的理解之间没有任何联系。我们的理解中,人能够获得一种人所具有的特定本性,我们称之为人性。本质上,这与人之所以成为人的那种独特特征相关。当你仅仅将人说成一种使用语言符号的动物时,那么在人与人性之间就没有关系。

　　扎拉图斯特拉背着索上舞者的尸体离开那座市镇,将尸体埋在了一个空心的树干中,因为他想防止狼群侵害。这就是人性的一个简单行动。依据社会科学奠定的人之概念,我们能有理解人性的各种形式的可能性吗? 更无需说,要是从社会科学的视角出发,尼采所说的末人在各方面都不会受到反对。因为,依据社会科学的基本假设——所有价值都是平等的——看来,末人的价值与任何别的价值一样,无所谓可辩护或不可辩护。由于这个基本假设,似乎就只有一种公平的方式来解决价值的冲突。我知道,当今的社会科学不再承认这一点,但一代人之前这一点得到了含蓄的承认:多数人的意志。因为,公平地处理所有平等的价值的唯一方式,就是多数人的意志。你们能公正地看到,如果

————————

① 《马太福音》10:16:"我差你们去,如同羊进入狼群,所以你们要灵巧像蛇,驯良像鸽子。"

② 尼采,《权力意志》(*The Will to Power*),第 983 条格言。

考虑对应的选择,如少数人的意志,就会发现,让少数人的意志做出决定是不可行的。

换句话说,由于这个原则———一切价值平等,就导向了这一实践必然性:偏爱末人。比起任何苛刻的理想,人们更愿意接受舒适的自我保存的信条。但是,那些坚信舒适的自我保存是最高标准的社会科学家们,也说"不,我们还渴望别的东西"。他们称这种"别的东西"为创造性。但由于谈论创造性,这些社会科学家们就要服从那些知道何为创造性之人的判断。因为,这些社会科学家们用创造性所意指的东西,是某种还没有穷尽这个词的意义的东西。一个人必须到处寻找并见到曾经存在过或现在还活着的那类极为稀少的有创造力之人。且不管尼采无论有何种缺点,[28]尼采就是那些知道何为创造性之人中的一个———"人的内心必须混乱,方能诞生一颗跳舞的星辰"(页42)。比起教育系统中的某些部门所做的,这是一个更有意义和更富有启发的表述,尽管充满了诗意。

一个人也可以表述如下:社会科学不言而喻的前提假设是,人无限可塑,并且尼采可能同意这一点。但是,准确地说,正是因为这一点,我们渴望知道,人依然可以被称之为人的最低水平是什么样的,以及人的最大可能是什么。我们可以暂时说,超人和末人就是描述人之可塑性的最大化和最小化的尝试。

同样地,社会科学出于预测的目的,集中于对当代社会的分析。可以以狭隘的和宽泛的方式来进行这种分析。狭隘的方式,例如,讨论芝加哥市中心和郊区的人口趋势;宽泛的方式(这是必须要做的),在比较当代社会的普遍特征与以往时代社会的普遍特征的基础上,进行反思。在这样一种分析中,任何人都不能对这一事实保持沉默———当代社会是所有曾经存在过的社会中第一个世俗(secular)社会。在任何时代,都存在世俗主义者,但大多数人从未成为世俗论者。这一世俗主义可以更为惊人地、也是更准确地表述为无神论。

如果有谁详细解释无神论的概念,就会发现,这个概念不仅仅是一种理论断言,而且是一种天堂居于大地上的积极概念,人们能够建立这一地上天堂,因为人们不再思考一种真正的天堂:一种消除了苦难的天堂。因为建立地上天堂这种无神论概念是一种强有力的社会力量,所以问题不可避免地变成了如何判定事物,如何赋予事物意义。

要是没有透彻了解尼采所说的东西,所有这些问题都不能得到恰当地阐释。因为尼采是在建立地上天堂这一趋势变得势不可挡时,第一个分析这种趋势的人。尼采的分析要比别的人,例如托克维尔(Tocqueville),更为深刻,理解的也更透彻。现在让我们转向第一篇演讲,这篇尤其重要。时刻要记着:尼采的整个论证都基于"上帝已死"这个假设,这是一个无法证明,只是纯粹假定的假设。尼采这样做的理由,部分出现在《扎拉图斯特拉如是说》中,部分出现在其他作品中。

第一篇演讲叫"论三种变形"。在阅读这篇演讲之前有必要做一个简单的导引性评论。"前言"已经说过,给定的假设是上帝已死,人类必须面对这两种非此即彼的选择:[29]要么成为超人,要么走向末人。人类再也不可能仅仅保持传统的人性定义所认为的人之状态。"何以会如此?"是一个漫长的问题,而这个问题会逐渐显露出来。

现在,在第一篇演讲中,尼采区分了三个阶段:第一个阶段是上帝活着时的阶段,第二个阶段是上帝死后的阶段,第三个阶段是超人的阶段。换句话说,尼采现在更为准确地给出了在他看来现代文明所蕴含的意思。在第一个阶段,人类的道德以服从于"你应该"为特征;第二个阶段的特征是反叛"你应该"。在第一个阶段,人们知道,或相信自己知道,什么是好,什么是坏。第二个阶段是消极的,在简单的虚无主义中达至顶点。第三个阶段,即超人阶段,超越了反叛,再次成为积极的阶段。

这一规划与另外一种三阶段论学说惊人的相似,即与孔德(Comte)的三阶段学说相似。孔德是实证主义的创建者,尼采给予了他很高的赞美。① 孔德说,人类思想经历三个发展阶段:神学阶段、形而上学阶段、科学或实证阶段。神学阶段是中世纪所在的阶段,形而上学阶段是 17 世纪和 18 世纪,实证阶段是 19 世纪。

---

① Auguste Comte(1798-1857),实证主义之父,在《实证哲学教程》(*Course on Positivist Philosophy*,1830-1842 出版)一书中提出了人类知识的三阶段论。

此外,神学阶段也是实证的。在神学阶段中,人们依据坚定的信仰,能够做出决定。形而上学阶段是破坏性的革命阶段,革命的顶峰是法国大革命。实证阶段会让人们有能力形成一个有序的、与革命相区别的社会,在这个阶段科学思想已经完成。但是,在尼采的三阶段论和孔德的三阶段论之间有差异。在尼采那里,三个阶段不是人类理智的不同阶段。尼采谈论的是变形,例如,精神的变形,精神与理智不同。存在三种变形——他没有说存在三种形式,或三种精神(Geist)。精神先于三种变形。

朗读者[读文本]:

我给你们说说精神的三种变形:精神怎样变为骆驼、骆驼怎样变为狮子、狮子怎样变为孩子。

强大的、有负载能力的精神,内含敬畏,它有许多沉重之物:他的强大要求负载沉重、甚至最沉重之物。

什么东西沉重?有负载能力的精神问道,它像骆驼一样跪下,愿意尽量负载。

你们这些英雄们,什么东西最沉重呢?有负载能力的精神如是问,我可以驮载,我的强大会愉悦于这种驮载。

[30]这是不是:精神的自我贬抑、刺伤骄傲的自我贬抑?精神是不是在炫耀它的愚蠢,以嘲讽它的智慧?("论三种变形",页55)

施特劳斯:英雄性精神先于整个变形过程。出于某种原因,总是屈服于一位上帝或一个主人的英雄性精神要求拥有最严格的主人——这就是英雄性精神的困境。在这篇演讲中,尼采仅仅讨论了后圣经时代的变形。先于圣经和基督教的时代低于这整个问题的层次,因为前者先于神圣的上帝。异教不只有神圣的诸神可以谈论。圣经宗教是第一个阶段,这个阶段最完美的存在、所有的完美都来自于神。尼采称第一个阶段是骆驼,意味着最顺从,它承载和接受任何负重,而最高的负重也最为严苛：你应该。圣经的上帝要求人用整个心灵、全部力量和整个灵魂来爱他。

第二个阶段的象征是狮子，在这个阶段"我意欲"代替了"你应该"。这个阶段是唯一的否定阶段，是对"你应该"的反叛，但不创造任何新的价值。此处出现了一个特别的困境：扎拉图斯特拉为何没有谈论人的意志？换句话说，最后一个阶段，孩子所象征的肯定阶段的典型特征不也是意志？在此处找不到答案。尼采在此处所想到的那种思想，就是他在散文体作品中所称为的虚无主义，①一种无所欲求的思想或欲求离开此世的思想。依据尼采的分析，对圣经上帝的反叛最终导致了虚无或死亡。尼采对虚无主义的表述是"没有什么是真实的，一切都被允许"。狮子在此处用来描述承受反叛上帝所导致的虚幻和反叛上帝时的肆意独断。

朗读者［读文本］：

> 可是，我的弟兄们，请告诉我，狮子无能为力的事，孩子怎么能完成呢？他能吗？为何猛狮必须变成孩子呢？
> 孩子无辜、健忘，是一个新的开始、一种游戏、一个自转的轮子、一种初始运动、一种神圣的肯定。（"论三种变形"，页57）

施特劳斯：在狮子的阶段，精神丧失了它的意志，变得有缺陷。但在最后一个阶段——孩子阶段，你们再次看到，精神拥有了意志，所以，第二个阶段中意志的缺席，并没有排除意志在最后一个阶段的极端重要性。

［31］我将尽力解释这一点。"你应该"意味着超越的、永恒的上帝，这是最完美的存在。但最完美的存在者所创造的必朽的存在——世界和人却不完美。换句话说，不完美的世界和人作为必朽的存在者

---

① 施特劳斯此处所指并不确定，因为尼采似乎从未直接将精神视作虚无的。不过，施特劳斯兴许想到的是《善恶的彼岸》的"序言"和第10节。

与永恒的上帝形成了对比。从这一视角出发,人的故乡在另外一个世界。在这个世界上,人将自己看成是一个流浪者或被放逐者。他拒绝这个世界的恶和罪。这种思想也可以被描述为良知。良知并不是一个希腊词,而是一个圣经词,尤其是基督教的词。严苛的和脆弱的良知把这个世界看成是恶的和有罪的。请想一下,十诫中最后一诫"不可贪恋财产",和登山宝训(Sermon on the Mount)给出的解释。①

尼采并不是在《扎拉图斯特拉如是说》中,而是在其他作品中发展了这种观点:对圣经的上帝的信仰挫败了这种严苛的良知,最终转向了对这种良知的基础的反对,变成了理智的良知或理智的诚实,从而导致了对基督教教义的反叛,但基督教的道德依然受到偏爱。经典的表达形式就是"没有一个牧人的一群羊"(页43)。牧羊人被抛弃了,但保留了牧羊人的世界。人成了一个世界微不足道的一员。

现代世界在凭借道德主义与基督教教义决裂之后,被资本主义化,由此必然导向末人。这种现代世俗化与反禁欲主义取代了圣经信仰的位置。其经典表达形式是"让我们在地上造一个天堂"。但尼采说,如果你们现代人将自己描述为反禁欲的,你们就大错特错了。你们这个世俗化的世界是彻底禁欲的。对我们来说,这似乎不再是矛盾的,因为韦伯的《新教伦理和资本主义精神》(*The Protestant Ethic and the Spirit of Capitalism*)使得这一观点众人皆知。常识看法是资本主义精神为人的享乐提供所有资源,这一进程与前现代的那种世俗化极为不同。与之相反,韦伯在尼采看法的基础上认为,如果我们更为细致地思索资本主义精神,我们就会发现,它极为禁欲。尼采试图通过现代自由思想者,亦即现代科学的例子来表明这同一件事,他将现代的自由思想者们看作中世纪的僧侣,不过是没有穿僧侣服的僧侣。

再举一个例子。卢梭和叔本华的例子。他们认为,人的善内在于同情之中。我们在这种观点中再次发现了没有圣经上帝的圣经式怜悯。这就是尼采争论的要点,现代道德是圣经道德的遗物,却得不到圣

---

① 登山宝训没有讨论到十诫的第十条,不过《马太福音》5:27–30谈到了十诫第七条"不可奸淫"。施特劳斯可能提到的是这一段,在《马太福音》5:27–30尤其断言基督徒应当追求来世生活,将这个世界当作罪恶的世界加以拒绝。

经上帝的支持。因此,这种道德极端地无所依凭。[32]一旦现代理念无所依凭这一点大白于天下,人们将不再拥有任何目标。前现代理念已经彻底被遗弃,并已是一个死物。现代理念将自身展现为源自圣经传统的不正当的战利品。一旦这一点众人皆知,人将不再有任何目标。没有什么是真实的,任何事都被允许——这就是虚无主义。

但这种虚无主义不仅仅限于道德领域,而且蔓延到科学领域。科学证明基于假设,不仅是基于经过实验显明有效或无效的假设,而且科学最根本的假设也是经过实验得出的,例如因果律。另外,由于历史相对论的出现,现代科学就不再是科学,而是一种特殊的历史现象。其结果就是彻底的无家可归或世俗化。圣经上帝提供的避难所一去不返。按照虚无主义,狮子的特征具有一种强烈的破坏性,那么在尼采看来,驱使狮子进行破坏的动力是什么? 并不是狮子邪恶,也不是狮子具有破坏习惯,而是良知导致的结果,良知是圣经信仰所产生的,且具有理智诚实的特征。在这个阶段,全部已知理念的基础是欺骗和肆意专断。照尼采的看法,要想回到古典思想已经不再可能。他这样说:

> 所有早期的人们都拥有真理。我们当前面对历史的新态度就是确信没有任何一个时代拥有真理。

也就是说,"我们无法拥有真理。"①换句话说就是,所有早期的时代都非常天真,然而这些时代永远地一去不返。彻底的启蒙也就是彻底的盲目。因此,人们所面临的非此即彼的选择就是,要么成为彻底堕落的人,即末人,满足于身体的需要,失去自足或自尊的可能性;要么选择尼采所谓的创造新价值,这就是孩子的象征所暗示的。

为什么是孩子? 孩子不再进行任何反叛,对反叛他毫不在意,某种意义上,孩子对过去毫无意识。在一个决定性的方面,创造是彻底新颖

---

① 施特劳斯似乎译自尼采《遗稿选》(*Nachlass*)中1880年春天写的一句。引文的第一句事实上应位于最后,施特劳斯在翻译时所作的微小改动已经被指出了。原文见 Friedrich Nietzsche,《考订版尼采全集》(*Sämtliche Werke: Kritische Studienausgabe in 15 Bänden*),Berlin:de Gruyter,1967-77,卷九,页52。

的。新价值绝不是过去的衍生物。生活的意义必须源自人本身。这些新价值的创造并不为一个预先存在的目的服务,因为新价值的创造本身就是目的。因此,创造过程毫无目的,是一种游戏、一种玩耍,一种新的开始——新价值的创造受什么引导?受对古老价值的失败的认识引导,尼采将其浓缩为一句经典表达:上帝已死。同时,新价值的创造也受到这一意识的引导——古老价值的失败导致末人的出现。

第三章　作为创造者的自己

——《扎拉图斯特拉如是说》卷一,章1-8

[33]施特劳斯：我想更完整的阐发末人概念的含义,因为要是没有理解末人,就不可能看到,尼采为何如此关切末人的可能性。基督教的道德不再有基督教上帝的支持,一个抛弃牧羊人的世界,这意味着无政府主义式的自鸣得意再加上苦难的消除。地上的天堂意味着,社会的或政治的享乐主义和功利主义。就如我前面凭记忆所引述的话,

> 仅仅安全地、快乐地活着,受国家的保护却不受国家的监管的活着,是人最简单的,也是最高的目的。①

这是对尼采用末人所意指之物的真实说明:国家衰微、不再有统治的政府,仅仅有与行政相关的事物。整个人类不过是生产和消费的单一联系,生产和消费也包括像艺术之类事物的消费。换句话说,所谓的人之创造性的持续发展,现在,这一点在生产和消费意义上已经发生,同时艺术失去了它原初的意义。

上帝之死的真正结果是这一点:人变得彻底地无所依凭、无所遮

---

① 引文源自哈维洛克(Eric Havelock)的《希腊政治的目由气息》(*The Liberal Temper in Greek Politics*), New Haven：Yale University Press, 1957。施特劳斯在《古典政治哲学中的自由主义》("The Liberalism of Classic Political Philosophy")一文中评论了哈维洛克的这本书,见 Leo Strauss,《古今自由主义》(*Liberalism Ancient and Modern*), Chicago：University of Chicago Press, 1968,此句引文出现在 64 页。

蔽——人再不能寻求上帝的保护,但苦难依然存在。除了某种程度上由于盛行无所限制的破坏,人变得越发肤浅外,技术文明的进步不断带来各种变化。令人激动和充满刺激的娱乐消遣天天都有。人处于彻底的裸露状态,不再有神告诉人什么是好,什么是坏,什么是善,什么是恶。不再有任何东西可以告诉人这一点。也不再拥有善恶、好坏的知识。没有什么是真实的,一切都被允许。

上帝之死的首要后果是人逐渐滑向末人,第二个后果是虚无主义。虚无主义者某种程度上知道,满足于最低水准就是末人(sub-human)。但人的价值与对上帝的信仰相关,因此人丧失了自身的根基。相较于末人的另外一种选择是超越人类之上——这就是超人的含义。[34]超人的理想是积极追求新价值。首先,上帝已死,也就是说,所有传统的价值和理念不再可信。其次,末人是人最极端的堕落。扎拉图斯特拉的演讲不仅详细阐明了超人的意义——一切事物都依赖于超人,而且某种程度上证明了"上帝已死"这个假设。在下次课上,我们必须看看,超人更为精确的含义究竟是什么,弄清楚尼采对超人理想的证明。我们必须着重面对这个问题:为何必需要超越人?为什么超越人的水准是必要的?

上帝已死的断言没法通过任何论证来证明。可以说,是基于扎拉图斯特拉的自尊,才做出这一断言,尤其是基于扎拉图斯特拉的一种坚定的信念——正是他的自尊(self respect)让他无法放弃这种坚定的信念。基于这一假设而引发的两种非此即彼的选择就是,要么成为末人,要么成为超人。末人是没有牧羊人的畜群,满足于舒适的自我保存,不再具有自我蔑视和自尊的可能性。

简单地说,就是放弃任何超越人的可能性。另外一种选择是超人,也就是说,一个具有超人本性的人,不必在自身之外的地方寻求自尊。我们在"前言"中读到的关于末人的表述,一般来说,是对我们的时代及其发展趋势最简洁也是最深刻的批判。在扎拉图斯特拉的第一篇演讲中,他讨论了他称之为的精神的三种变形。那里讨论的精神的三种形式只是后基督教时代的可能性,而不是前基督教时代的可能性。这意味着,尼采某种程度上接受了前基督教时代的精神的可能性,例如古典哲学所呈现的可能性——我们随后会渐渐地看到这一点。

那么,这三种变形是什么? 第一种变形的象征是骆驼,相信永生的神是最完美的存在。人的伟大就在于顺从,即服从"你应该"或顺服于神。第二种变形的象征是狮子,是反叛的阶段。由于受基督徒良知的驱使,基督徒的良知已经变成了理智的诚实,从而转过来反对信仰,拒绝对上帝的信仰。这一阶段的危险在于,放弃成为超人的可能性,也就是走向末人。并且,在一个更深的层面上,末人成为被厌恶的对象,是虚无主义的,根本没有任何目标,就如尼采在别的地方说的:"与其说人不渴求任何东西,毋宁说是不再有渴求。"① 虚无主义者是这样一种人,他渴求虚无。第二个阶段的经典表达是"我意愿"(I will)。[35]最后一个阶段的象征是孩子,孩子是新价值的创造者。这些新价值就是超人的价值。尼采在这个阶段没有运用诸如"你应该"、"我意愿"之类的表达,但可以说基于一个平行类比,这一阶段的经典表达是"我是"(I am)——但《扎拉图斯特拉如是说》中没有陈述这一点。

此处引出下述问题:第一,超人更为精确的含义是什么? 第二,超人为何无法离开不同于末人的人和人类? ——末人显然被理解为低于人和人类。另一种问法是,所有传统理念的基础都被现代思想摧毁,其顶峰就是无神论,这一说法是否真实? 尼采给出了两个极为不同的原因:一个是,能适用于所有物种的宇宙论原则——进化论,迄今为止,超越每个物种的全新的可能性就应该是一种超越人的可能性。在字面上这不是真实的,因为从生物学上讲,超人依然是一种人。另外一个也是更重要的原因涉及人独特的品性:人是悬于深渊上方的绳索。人必须超越自己。

现在,我将转向第二篇演讲,标题是"论道德讲席",这个标题不能译成"论道德教诲"。因为显而易见的是,尼采心中所想的是"讲席",他思考的不是道德教授或道德教师,而是他们所占据的"讲席"——是一种无生命的、木质的东西,其含义是,道德教师们无法与他们所占据的"讲席"区分开。这篇演讲纯粹是批判性的,反对一种几乎业已消失

① 参尼采,《道德的谱系》,第三章,1 和 28 节。

殆尽的传统道德教诲。

那么,这样做有何意图? 这篇演讲的论点如下:传统道德教诲将睡眠视作目的,这是道德本身所要求的。道德之所以是善的,凭借的是这一事实——道德有益于良好的睡眠。这样做的证据是什么? 某人可以说,这是对传统的道德传授方式的可笑攻击,但尼采这样做必定有某种意图。例如,如果你们细读 62 页倒数第 2 段,就会看到一个简洁的经典表达:"这些睡眼朦胧的人有福了"。有福意指一种死后的灵魂状态。除了为死后的生活做准备,生命没有任何意义。

但是,尼采此处心中所想的那些哲人们,并不相信死后的生活,但他们一定程度上赞同基督教道德。他们将生活设想为对死后生活的准备。生活本身没有任何活力,不过是对死后睡眠的准备,生活毫无意义。这就是尼采归咎于哲学传统的东西。[36]那么,有没有任何证据可以支持尼采的观点? 一位著名的道德教师曾经在柏拉图的《苏格拉底的申辩》中说过这一点。当苏格拉底在讨论人死后所发生的事情时,他给出了一个评论——死后要么会继续活着,要么是一种无梦的睡眠。随后,苏格拉底说,如果死后是一种无梦的睡眠,该是多么美好。①这是一个历史事实,但尼采没有非常严肃地对待这一点。

尼采心中所想都可以表述如下:他意图要表明的观点是,道德就是幸福,幸福是灵魂的安宁。这一点可以被夸大为,要不惜一切代价实现灵魂的安宁。在过去,人们探求人的处境是否允许灵魂的安宁。人的处境,也就是指人是悬于深渊上方的绳索这一处境。传统的观点是,沉思能够获得灵魂的安宁。但,依照传统所理解的沉思,是一种依然被创造出来的价值,且劣于新价值的创造。如扎拉图斯特拉前面说的,新价值的创造要求灵魂的混乱,这是一种与灵魂的安宁相反的一种状态。

第二篇演讲几乎不含有任何肯定的东西,除了结尾处的评论。

朗读者[读文本]:

---

① 参柏拉图,《苏格拉底的申辩》,40d—e。

他的智慧叫做:醒着是为了安眠。真的,倘若生活没有意义,倘若我不得不选择无意义,那么我也认为,这是最值得选择的无意义了。("论道德讲席",页62)

施特劳斯:倘若生活没有意义,倘若我们不得不选择无意义,这暗示生活有某种意义,不是指一种死后生活的意义,而是生活本身就具有意义。我们如何知道这一点? 生活本身的意义源于何处? 此处没有回答。

我们转向第三篇演讲,标题是"论信仰彼岸世界的人"。这个标题是一个双关语。德语 Von den Hinterweltern 意指世界的后面,但 Hinterweltern 听起来很像 Hinterwälder,后者意指森林之后,指来自蛮荒之地的人。但从字面上讲,人们死后的世界被视作是神的创造。因此,他们说,死后的生活之所以具有意义,是因为死后的世界是神的创造。人是出于神的荣耀而被造的。这个世界是最完美的存在者的作品,因此作为最完美存在的神绝不需要这个世界,因此,创造丝毫不能增加神的完美。要是创造能促进神的完美,这位最善之神就有义务创造这个世界,创世就不再是一种恩典。因此,这个世界的完美毫无可取之处,同时,神的创造被说成是他的爱和他的善的行为。[37]因此,实际上,神由于其创世行为变得完美。但是,这个被造的世界要低于神的完美,在这个意义上,这个被造的世界是不完美的。

所有这些要点都需要一个冗长的评注,但尼采用极为简洁的语言浓缩了所有这些要点:

这个世界,这个永不完美的世界,一个永远矛盾的映像,缺憾的映像——对不完美的造物主来说,是一种醉心的乐趣——我曾以为世界就是这样。("论信仰彼岸世界的人",页64)

我之前暗示了尼采所想的这个问题:这个问题内在于这个断言——世界是最完美的存在者的作品,但他丝毫不需要这个世界。上帝没有创造人。作为创造者的上帝,这个最完美的存在者,是人的作品、人的暴怒或人的疯狂,就如同所有的神都是人的作品。人由于这种不完美而所遭受的苦难,才构想出位于天堂中的绝然完美的存在者。天堂不过是人在地上生活的一种反映。这位非肉身性的神不过是肉身性的人的反映。人对肉身和大地的不满源于他的疾病和堕落。信仰来世之人说,神、神的启示是理解万物的钥匙。如果万物皆是被造的,那么理解某物最终意味着,将其作为被造之物来理解,因此,也就是理解创世过程本身。但是,神并不言说,只有人在言说。言说、理解和阐释可能仅仅是人的理解。因此,上帝作为理解万物的钥匙的位置被自我(the ego)取代了,自我成了万物的尺度和价值。这个自我创造尺度,做出价值评判。

尼采在此处浓缩了现代思想中的根本转折,这一转折尤其发生在19世纪早期的德国,德国思想家们创造了自我(the ego)来取代创造之神的位置。但现在这一德国传统发生了一个重要变化。自我属于一个寓于身体中的存在者,它不是纯粹的精神。自我整个属于大地。自我作为一个身体性的和大地性的存在者,不同于一种纯粹的精神,现在它成了所有意义的源泉。因此,自我就是所有意义的源泉,也是所有可能的意义的源泉。

否定身体和大地,或者禁欲主义的精神将身体和地上的生活看作天堂中纯粹精神的准备,所以,这种禁欲主义的精神对所有意义具有破坏性,因为意义只能凭借自我、身体和大地给出。要是选择否定身体和大地无异于自杀。尼采仍未确立生命和大地具有一种意义,意义必须靠自我来创造。尼采仅仅确立了所有可能的意义的条件,即非禁欲主义的条件。这就是第三篇演讲的大体内容,[38]接下来,我转向第四篇演讲,因为第三篇和第四篇构成了一个整体。

第四篇演讲的标题是"论蔑视肉体者"。到目前为止,尼采的论证已经从上帝转向了自我,模仿了从前现代思想到笛卡尔、康德或费希特的转变。在下一篇演讲中,自我的概念经过了彻底的修正。不过,这种修正在这一章就发生了,从这一章明显可以看出,自我不是至高的,自我属于一种寓于身体中的存在,自我整个地属于大地……

无论如何,自我暗示了一种思想主张或精神。换句话说,自我是一种表面现象。自我受尼采称之为的自己（the self）的控制。因此，全部意义的源泉就不是自我——自我仅仅是一个暂时的阶段——而是自己。创造本质上不是意识的创造，因为自己本质上不是意识。尼采在这里给出了一个极端陈述——自己就是身体。我们不得不提出两个问题：为何自我不是自己？为何自己是身体？

首先，尼采所理解的自我存在于一个有名称的、普遍的、有功能的世界中，这是为所有人都拥有的一个世界。自我不具有个体的独特性，因此自我不具备那种能让人成为最好的能力，不具备"创造力的独特性"。① 在自我最宽泛的意义上，它属于习俗，因此区别于自然。尼采如果能继续自由地使用这些传统的区分，他本来能断言这一点：从自我到自己就如同从习俗到自然。在《善恶的彼岸》第 17 条格言，他称那种比自我更深刻的东西为本我（id）。你们一定听过那个表达。但尼采所理解的本我与弗洛伊德所理解的南辕北辙。后面，我会就此处相关的东西，反思尼采和弗洛伊德之间的差异。

自己是人创造力的核心，且与肉体密不可分。不存在一种普遍的、非个体的人的精神性（human spirituality），例如歌德的精神性不同于莎士比亚的精神性。要是不涉及具体的官能性（sensuality），就不可能有精神性。例如，莎士比亚和歌德感受气味的方式对应着这两人在纯粹理智上的差异。人之中的创造力核心与他的自己不可分离，尼采进一步说，这一创造力核心就是人的肉体。这根本讲不通，除非将其倒过来。你的肉体并不仅仅是在空间中存在、由一堆器官构成，可以解剖开来进行研究、生理学意义上的肉体，你的肉体同时也是一个自己。这里的肉体含义要远远超出解剖学家和生理学家们所理解的肉体含义。[39]如果你们读一下这篇演讲的第 4 段：

> 肉体是一种伟大的理性，是具有一种意义的一个复合体，是一场战争和一次和平，是一个畜群和一位牧人。（"论蔑视肉体者"，页 68）

---

① 参尼采，《不合时宜的观察》，"作为教育者的叔本华"，第 3 节。

你们就能看到,肉体也含有一种统治性的要素———一个畜群和一位牧人。这一统治性因素并不指大脑、心灵或一个人肉体的任何部位。所以,尼采的肉体概念某种程度上不同于超科学(the super scientific)的肉体概念。依照人是最狡猾的野兽这一说法———这暗示在人和野兽之间没有本质的差异,只有程度上的差异:人只是最狡猾而已;"你自己就是你的肉体(thyself is thy body)"这个表达与尼采的另外一个表述具有同样的情形。① 尼采也说过,人是那种还没有被划定界限的野兽,其德文表达是 festgestellt。② 人不像其他存在物那样,具有一种清晰的本质———人是悬于深渊上方的一根绳索。我们或许可以说,在他反对唯心论的争论中,尼采做出了太多的让步,从而导致了粗俗的自然主义。

但这还不充分。照尼采的说法,人不是上帝的造物;人是进化过程的产物。然而,作为价值的创造者,人也是"第一因",但同时人又是一个产品,一种效果。这并不是比喻式表达,尼采的意思非常严肃。怎么会这样?进化及其类似之物是各种理论,它们是因果原则和范畴原则的应用。用来理解事物的范畴才是第一原则,而非进化是第一原则。尼采提出了纯粹的认识论问题:不存在纯粹的认识,只有人的认识,这种认识造福于人的身体。

因此,人的认识就是进化过程的产物,同时,这一看法为任何可能的对进化过程的理智建构提供了准则。自己取代自我的位置,成为了一种第一因,但它却不是第一因本身。如我们在后面会看到的,尼采意识到了这一困难。总结一下:神的位置先是被自我取代,然后自己又取代了自我的位置。自己而非自我才是人的核心。只有自己才渴望创造超越自身的东西,而不是自我,因为自我不具备创造力。也就是说,自我处于通往超人的中途,恰是在超人这里,人的创造性达到了巅峰。

前四篇演讲构成了一个整体。在我转向接下来的演讲前,我要总结一下这四篇演讲。当尼采谈论自己时,心中所想的现象是传统所谓的"灵魂"。现代哲学或现代科学的出现,是通过将灵魂割裂为两部分

---

① 参尼采,《偶像的黄昏》,"一个不合时宜者的漫游",第 32 节。
② 参尼采,《善恶的彼岸》,第 62 节。

而实现的:[40]意识或自我,物质或身体。严格来说,暗示灵魂不存在的人是笛卡尔。有生命的存在是机械物,原先作为生命原则的灵魂,不过是纯粹机械的原则,也就是说没有灵魂这种现象。但是在某些存在物的情形中,或者说仅仅在人的情形中,这些机械运动过程,伴随着表象、错觉和意识。也就是说存在意识和物质。尼采说,在这个方面,只有他回到了前现代的观点——灵魂存在,存在着潜意识。因为意识和灵魂之间的差异在于灵魂的本质不是意识的本质,尼采通过宣称存在不可等同于意识的潜意识,超越了传统的观点。

这就是尼采和弗洛伊德之间的差异。精神分析学家承认潜意识的存在,并且限定了它的范围,但这并不意味着,潜意识无法成为完整的意识。尼采那里所暗示的对精神分析学反对的论证如下:精神分析学是一门科学,或者宣称是一门科学,但科学的本质在于有能力实现无限进步,因此,绝不可能有最终的知识,绝不可能有最终的科学知识可以运用在潜意识上。潜意识绝不可能成为完整的意识。

更进一步说,还有一个相对重要的差异,尼采理解的自己和本我具有创造能力。我们可以说,灵魂采取了造物主上帝的特征,且是本质上神秘难测的上帝的特征。因此,灵魂就变成了尼采意义上的自己。我们可以说,自己就是灵魂中的自由深渊。创造性意味着有能力创造完全不可预见、不可预测之物。这意味着,预测不可能简单地就成为人类知识的目标,否则,严格地说,不可预测之物将仅仅具有暂时性的位置。我们的经验是,人所做的事情没有一件是可预测的,这适用于每一种技艺的产品,即便是政治事物也如此。谁能够预测我们时代最重要事件或铁托主义(Titoism)的现象——包括未来有趣的可能性呢?① 没有人可以。

总之,我们做出发现不是凭靠预测,而是凭靠事物的本性。一般而言,"存在是难捉摸的"(being is elusive)。尼采的这个表述攻击了传统关于存在的看法——在传统看来,存在是可理解的(intelligible)。当

---

① 铁托主义是南斯拉夫社会主义联盟共和国总统铁托(Josip Broz Tito,1892-1980,1953-1980 任南斯拉夫总统)的学说。

然,发展到当今阶段的现代科学也暗示了传统关于存在的观点,但意义变得彻底不同——在现代科学看来,只有在无限进步的意义上,存在才是可理解的,因此你可以准确地说,存在是难捉摸的。如果某物在无限进步的意义上是可理解的,[41]那么它就变得不可理解了,因为依据无限进步的定义来看,这一进程不可能完成。但这是当今科学概念的矛盾所在,尽管这一点还没有得到清晰地阐述。

尼采之所以认为,自己是难捉摸的,是因为对他来说,存在和活着是同一件事。因此,通过说自己是难捉摸的,尼采实际上就是在说,存在是难捉摸的。我再次引证尼采的一个表述:"所有之前的人们拥有真理,我们当前面对哲学的新态度是确信从没有一个时代拥有过真理。"①这是正确的吗?"上帝已死"这个表述暗示了尼采要表达的意思。在传统的神学看来,上帝善于隐藏,是神秘难测的。但这个隐藏的上帝完美地认识了自己,也就是说,在上帝自身之中是完全可理解的;上帝仅仅对人而言不可理解。因此,圣经的观点赞同传统哲学的观点。至于哲人,始终都是怀疑论者,这种怀疑主义至少明显地暗示,我们不拥有知识。但是尼采和这种怀疑主义之间有微妙的差异。尼采没有否认知识的可能性。他没有像康德那样说,在自身之中存在难以认识的事物,即关于真正的现实性的知识是不可能的。

尼采要说的是,真理是难捉摸的,并非仅仅难以认识。他暗示,存在对真理的某些意识。按尼采的意思,整个早期哲学唯一可与他类比的是柏拉图。如我之前暗示的,依照存在本质上是难以捉摸的这一尼采的观点,在现代科学那里找到了它最强有力的支持。现代科学被证明为是无限进步的,尽管它在牛顿和笛卡尔那里诞生时没有这种意思。现代科学的这种无限进步观念意味着,永远不可能有一个阶段可以解决所有问题。这意味着无限进步伴随着彻底的修正进步路线的可能性,而不仅仅是无限进步的积累——这在哲学上将全然变得极其乏味。形而上学地讲就是:存在是难捉摸的,虽然存在可以接近,但绝不可能得到完全控制。

---

① 此句引文施特劳斯引自《遗稿集》,19 节,见《考订版尼采文集》前揭,卷九,页 52。

　　这就是《扎拉图斯特拉如是说》前四篇演讲的含义。我重复一下这一论证的思路：上帝先是被自我取代，最终自己又取代了自我。但现代唯心论已经隐含了自我，关键的变化是从自我到自己的转变、再到整个人独特的核心——人创造力核心的转变。这是理解尼采的超人含义的关键。尼采的自己概念一方面是精神分析学的基础，另一方面又是存在主义的基础。这二者都遗漏了某些东西。在尼采那里是一个整体的东西，在这两种不可调和的观点中割裂了。

　　［42］学生：……（提问的问题听不清）

　　施特劳斯：首先，纯粹的事实是它被称为灵魂而非独特的自己。其次，在古典概念中灵魂的最高可能性某种程度上超越了灵魂，即精神、理智超越了灵魂。就人的最高可能性而言，理智作为认知对象的能力隶属于精神：人的最高可能性不是创造。对尼采而言，人的最高可能性和最深刻之处是创造。为了回答你的问题，必须详细分析现代哲学的方方面面。自己的特征是个体性、独特性。独特性是自己的本质。想想本质和个体的传统区分，你就能看到，尼采的这个论证采取了完全不同的路径。

　　［有缺漏］这就是尼采的意思。在传统哲学看来，除了从可见的宇宙开始沉思，没有其他方式可以获得上帝的知识。依据尼采时代的一种非常普遍的信念，传统哲学的论证已经被康德和休谟驳倒——现在这一信念依然非常普遍。你们只要从现象界开始，你们就绝不可能获得上帝的知识。这个问题随后变成，什么才是首要的现象？

　　关于意识的知识取代传统的形而上学，变成了著名的认识论（epistemology）。尼采提出了下面这个观点：如果我们分析我们的思考行为，我们会发现，思考行为不是最终的东西，相反它依赖于某种我们从不反思的东西。我们并不能掌控我们的思想——它是自发的。真正重要的事物是自发的，它们甚至不是自我意识。It occurs to you 这个表述意味着什么？思想来自于人身上一个无意识的领域。在那些伟人那里，即那些最具创造力的人那里，一切有意识的制作（making）都来自于一个连续不断的创造行为。尼采的意思是，论证源自推断（reasoning follows inference）。这一洞见不可能由推论（reason）产生。这是一个古老的故事：理智（intellect）产生洞见，推论（reason）产生联系。尼采的洞见最终导致了下面这个困境：真理如何可能？但是尼采的起始点是：有某种东西控制着人，这种东西要低于人的意识。

学生：……（提问的问题听不清）

施特劳斯：让我们假设，自己是精神性的，绝不可能是身体性的。问题在于这一假设是否站得住脚。如果你们观察一位创造性的人，在他最高的精神性与他的身体之间有任何联系吗？《善恶的彼岸》中有一处说，人的性别特征会触及最高的精神性。① ［43］确实存在这类事情，任何相面术（physiognomy）都具有类似的因素。我们可以说，任何非物质性的本质（immaterial substance）在源头就武断的遭到了拒斥。尼采的主张是：如果我们分析人的精神这一现象，我们绝不会被迫为之预设一种纯粹非物质性的行为。不管这是否正确，不管对理智行为的完整分析是否会支持这一观点，这都是另一回事。首先，我们必须看到，我们正在处理的这些论断产生了现代的种种意见。我们必须始终记住下面这个问题：尼采学说的真正基础是什么？我们也必须看到他所追求的东西是什么。

接下来，我将转向下一部分。我认为，从第五篇演讲到第十二篇演讲形成了一个整体，这八篇演讲分析了尼采用自己这个概念究竟指什么。第五篇演讲的标题几乎无法翻译，我将其翻译为"论快乐和激情"（Of Joy and Passion）。德文标题是 Von den Freuden und Leidenschaften。这篇演讲的论点是，正如人彻底是身体性的，人的德性彻底是激情。传统的理解，在柏拉图和亚里士多德那里认为，德性和激情根本不同，激情的意思是我们感受快乐或痛苦的方式。德性的意思是，选择一个立场来面对这种感受。

用柏拉图的比喻就是，激情类似于二轮战车的马——高贵的或低劣的马，德性是驾驭马车之人的品性。② 德性完全不同于激情。当 17 世纪这一学说受到攻击时，已经得到了极为清晰的陈述——德性本身

———————

① 参尼采，《善恶的彼岸》，第 75 节。

② 参柏拉图，《斐德若》（Phaedrus）253c 以下。

必定也是一种激情。德性是好的激情，与坏的激情相反，德性只能凭借激情来发现，理性毫无能力做到这一点。

斯宾诺莎、孟德斯鸠和卢梭都持这种观点。那些说德性存在于怜悯或同情中的人，想要表达的意思是，怜悯是一种好的激情。对暴死的恐惧也是一种好的激情，因为理性太缺乏力量，所以对暴死的恐惧这种激情确保了理性取胜的可能性。尼采追随这一传统，但他通过说——德性是一种激情，且激情是最高之物，且在最高之物和最低之物之间有不可分离的亲属关系——将这一传统极端化了。

现在，我们读一下这篇演讲的开头几段。

朗读者[读文本]：

我的兄弟，倘若你有一种道德，且是你自己的道德，那么你就不要与他人共同拥有它。

诚然，你会喊它的名字，爱抚它；你会拉它的耳朵，同它娱乐。

可是看呀！现在你与民众共同拥有这道德的名称了，因这道德之故，你成了民众和牧群中的一员。

[44]……

对于那些亲密的名称而言，你的道德过于崇高，如果你不得已而谈及它，就不要因为讷言而羞愧。

你当如此讷讷而言："这是我的善，我爱它，它完全使我满意，我要独自拥有它。

我无意把它当成一个上帝的法规，也无意把它当成人的准则和需要：它不是引导我超越大地和到达天堂的指路牌。

它是一种我喜爱的大地道德：它缺少聪明，更少普通人的理性。（"论快乐和激情"，页71）

施特劳斯：尼采在此处用极少的笔墨暗示，他的德性概念和传统德性概念之间的根本差异。德性之所以具有自己的特征，是因为如果德性仅仅具有自我的特征，德性就只是一种表面的现象。但是，既然自己的特征是独特性,那么不同的人就有不同的德性。尽管不同的人都用德性这个名称,但德性几乎丧失了它的原本含义。德性的本质与个体的品性具有不可分割的联系。读一下下面两段,你们就知道,德性与明智和理性几乎没有任何联系。根本不存在普遍的法,也没有普遍的目的,从而据此可以将某些行为视作符合德性。

> 你曾拥有过激情,并称之为恶。可现在你只拥有你的道德,它们产生于你的激情。
>
> 你曾在内心里,为激情树立最高的目标:于是这些激情变成了你的道德和欢欣。(同上,页 72)

你的最高的目标不是普遍的最高目标,因为最高的目标必须是个体性的。德性是已经得到升华的激情,这就是尼采要表达的意思。升华(sublimation)是尼采的术语,弗洛伊德从尼采那里借用了这个术语。但他们之间依然有一些差异:当尼采谈论升华时,他始终意识到升华和高贵之间的关系,关于弗洛伊德,我们就不能这么说。德性是美化了的激情;我的激情的美化指向我最高的善。激情凭借致力于一个人最高的目标,从而变成了德性。

从这一点出发,如尼采接下来说的,在各种道德之间存在冲突。理性消失了。不存在一个道德世界的必然性和可能性,在种种激情之间必然存在冲突。凭借这些彼此冲突的道德,激情之间的冲突可能导致一个人的毁灭,这一冲突无限地更偏爱末人的心满意足和自鸣得意。[45]这一篇演讲与上一篇演讲之间最简单的联系是:用自己代替自我导致了这一道德学说。

第六篇演讲是“论苍白的罪犯”。这篇演讲与上一篇也有联系。我们已经看到对激情的复兴,复兴后的激情成为德性的一种本质要素。这篇演讲中受到攻击的人是法官。由于理解了在每个人那里善与恶之间不可分割的联系,一个人就不能谴责另一个人。这是向法官们说的话。另外,此处对罪犯的分析表明自己和自我之间的差异。这个窘困的家伙相信,他是出于抢劫的缘故才进行谋杀。但在这一特殊的案件中,因为他试图证明,在他贫乏的理性看来,谋杀是合理的,所以他的辩护就是一种马后炮。他本应该有一个目标,但事实上,他除了谋杀这个行为外,没有任何目的。尼采在此处关注的是,有意识的目的和潜意识以及真实的动机之间的关系。

我首先给出我对这些演讲的大概解释,然后我们再讨论你们阅读中的问题。第七篇演讲是"论阅读和写作"。

> 在所有写就的著作里,我只喜爱作者用他的鲜血写成的。以鲜血写成的著作:你将体验到,鲜血即精神。("论阅读和写作",页78)

对那些敬重尼采,尤其是当他们思考在尼采的祖国五十年后就这一"鲜血/精神"所发生的事情的人来说,这段话是众多使他们感到窘迫的表述中的一段。但我们必须尽力理解这段话的含义。如果自己就是身体,鲜血即精神就绝对是必然的。一个人只能喜爱用鲜血写成的著作。尼采接下来澄清了他的说法不意味着提出一种沉重的建议,相反,这篇演讲的论点是:最高的严肃和最高的轻松必然紧密连在一起。鲜血指严肃,任何最严肃之物都能被人所热爱和接受。存在某些非常美好、充满吸引力的事物,但如果它不是严肃的,最终我们会蔑视它。

我举一个我的亲身经历。我曾经看过18世纪的一个英国画家的20或30幅画。最大的印象是,这些画毫无必要。他本来不必画那些画。当我欣赏一幅提坦(Titian)的肖像画时,我知道它是迫不得已而被创作出来的,这没有问题。尼采在此处谈论的是最严肃之物,但最严肃之物必然与最轻松之物紧密相连,否则这种严肃之物就有问题。[46]这里最严肃之物与最轻松之物的讨论,与之前讨论过的最高之物和最低之物存在本质联系。在马基雅维利的作品中,你们能发现与尼采的表述的类似说法,马基雅维利仅仅就某些特定的个体说,他们能将严肃和戏谑—种近乎不可能的结合结合起来。① 尼采说的要比马基雅维利

---

① 施特劳斯在《关于马基雅维利的思考》(前揭,页40)中讨论了这一点,他在注46处给出了文本位置:"对照1514年1月13日致维托里的信和《佛罗伦萨史》卷八36章"。施特劳斯在详细阐述这一看法时提到了《快乐的快学》第1节。

说得更为严肃。

第八篇演讲是"论山旁之树"。一个青年离开彩色的奶牛城,寻找孤独。这位青年的处境是什么? 请读 82 页第 5 段。

朗读者［读文本］:

　　扎拉图斯特拉答道:"你为何因此而惊怕呢? ——人的情况和树相同。它愈想升向高处和明亮处,它的根愈要猛烈地向下,向泥土,向黑暗处,向深渊——向恶。"("山旁之树")

施特劳斯:换句话说,在善与恶之间有一种本质的相互影响的关系,如果人同时不是极恶之人,他就不可能是极善之人。在这种特殊的情形下,这位青年的雄心诱导他向上攀登。正是基于此,他变得嫉妒扎拉图斯特拉。嫉妒是低劣的,具有破坏作用,会毁灭自由和宽广的心胸。如果一个人嫉妒另外一个人,他就不能凝视对方的脸,他无法承认一件事。现在,这个年轻人身上发生了什么? 请读 84 页。

朗读者［读文本］:

　　是的,我知道你的危险。但我以爱和希望想你恳求:别抛弃你的爱和希望!

　　你仍旧觉得自己高贵,怨恨你、向你投来凶恶目光的人,也仍旧觉得你高贵。要知道,所有人都有一个高贵的人挡住他们的道路。

　　善良的人们也有一个高贵者挡路:即使善良的人人们把挡路者称为善良人,也必须把他排除。

　　高贵者决意创造新事物和新道德。善良人意欲旧事物,并希望旧事物永存。

　　然而,高贵者的危险并不在于他变成善良人,而在于变成厚颜无耻者、挪揄者和破坏者。(同上)

施特劳斯：这位青年打碎了旧事物和受敬重之物，他正处于丧失他的自尊的危险关头，因此，他处于抛弃他的最高希望的危险关头。此处引发的这一危险是由于，他碰到了某个他不能平等对待的人——扎拉图斯特拉，[47]且由于丧失了满足他的雄心的希望，他预先知道，他将生活在扎拉图斯特拉的阴影之下，因此他反抗这一点，同时他又不能生活在这种堕落之中。

你们在此处看到了高贵者和善良者的区别。善良之人是那些接受基于已创立之物而建立起来的事物之人。高贵者是创造者、革新者，他们是更优秀之人。这就是在柏拉图那里，那些遵守礼法之人和那些看到礼法的局限，并试图超越礼法之人之间的本质区别。但是，这种差异是什么？此外，在柏拉图那里，超越礼法和创造性之间没有任何联系。相反，那些超越礼法之人，就是那些感知到了礼法之上的事物的人。我们读一下 85 页。

朗读者[读文本]：

唉，我了解高贵的人们，他们失掉了自己最高的希望。所以，他们现在诽谤一切崇高的希望。

他们现在无耻地生活在短暂的快乐中，过一天算一天，几乎没有什么目标。

"精神即肉欲"——他们如是说。于是他们折断其思想的翅膀：四处爬行，在咬啮中弄得满身污秽。

他们曾经想当英雄：可现在成了好色之徒。英雄对于他们是一种悲愁、一种悚惧。

可我要用爱和希望向你恳求：别抛弃你心灵中的英雄！神圣地保持你最高的希望吧！（同上）

施特劳斯：英雄在灵魂中：没有任何外在的标准。人是悬于深渊上方的一根绳索，这就是人的本质。某人可能认为，扎拉图斯特拉仅仅引诱那些能够敬重别人和他们自己的人。那些完全不关心尊重他们自己和别人的人,不能领悟尼采的论证。

关于尊敬这种现象——不仅是自尊,还有对别人的尊敬——是某种给定的东西。但这个观点源于人的本性,即总是试图超越自身。我想纠正我之前的一个表述:这四篇演讲真正地是一个整体,它们处理超越善恶的主题。尼采反对善恶之间的区分,不过善恶的区分并不意味着好与坏的区分。超越好与坏的意思,不是谴责,而是蔑视,与此同时,尼采理解的善恶的意思是谴责。其次,没有罪,只有羞耻。①

至目前为止,这一论证的特征是,在某些情形中,论证自相矛盾,或者断言传统概念自相矛盾。[48]其次是心理学分析。例如,用身体性的和大地性的断言精神性的和天空性的。第三,……[缺漏]例如,自己用理智的诚实来克服基督教。你们看出这四篇演讲中,自己与自我以及道德学说之间的联系没?它们本质的联系在于,最高之人和最低之人之间的联系,因此,道德只能被一种高贵的激情美化。尼采在此处毫不关注日常道德问题,而是关注最高的道德问题,最精致的道德问题。

[更换磁带]尼采所说的“骄傲”必须依照他独特的论断才能理解。尼采的“骄傲”概念与下述事实紧密相关:一方面,他将人设想为创造性的,另一方面,那无所不能的神圣创造者,即创造人的创造者处境垂危。曾经给予神圣创造者的崇敬,现在给予了最高之人,但与此同时,这一崇敬必然与对上帝的崇敬有微妙的联系,尽管将对上帝的崇敬给予人是不合适的。

某人可以恰切地说,任何事物都取决于骄傲。在亚里士多德哲学的意义上,智慧并不内在于沉思,沉思是一种不具备创造能力的存在者凝视一个他无法创造出来的存在。但,什么是沉思?尼采意义上的沉思可以比作,一位创造者凝视他的造物。但是,必定不是所有造物背后的永恒存在者赋予造物真理。其意思就是,真理是造物自身的创造。不管人断言何物为真,最终都依赖于人的创造。依据当今的实证主义的说法,因果律的原则是人在某个特定时间创造的假设。但是,关于对

---

① 参尼采,《道德的谱系》,第一章。

那些根本性的假设的洞察呢？所有的都是假设吗？难道我们必然不能在任何一种情形中求助于非被造的真理吗？这就是难题所在，一切都围绕着这个问题。

学生："创造"这个术语是否具有一种任意性？

施特劳斯：当从外部来审视创造这个术语，它具有一种任意性，但是从内部审视，则不是。是尼采让价值这个术语广为流行。因为在尼采看来，价值是被创造出来的。例如，当今的社会科学认为，价值不能被理解为被创造出来的，至少价值的本质绝不可能是被创造出来的。如果我说，我的价值就是舒适的自我保存，它的价值就与创造毫无关系。相似与差异构建了这一价值。尼采的眼力非同一般。

第四章　真正的个体是最高目标

——《扎拉图斯特拉如是说》卷一,章9-15

[49]施特劳斯：在人的意志之先,没有"你应该"这种命令,关于正义和高贵的任何概念、原则都源于人的意志。在古代的智术师看来,高贵和正义只能来自于习俗约定,而非来自于自然。在传统学派看来,这意味着通过贬损习传的高贵和正义来支持自然的高贵和正义。在尼采那里,这一点颠倒了过来。人之成为人凭借的是他对某种正义和高贵的概念的臣服。但是,这种臣服必须必定是臣服于一种人强加于自身的原则。这一原则必定需要有区别地对待不同的人。这一原则不可能是一种理性的原则,不可能成为一种普遍有效的原则。你们可能会想起康德的绝对律令:应当以这样的原则去行动——你的行动准则能够被视作普遍的准则。康德所想的是,为了检验一种行为准则究竟是道德的还是非道德的,我们不得不将普遍性作为标准。

例如,我不想交税。将其推至普遍就是,所有人都不交税,这时我会发现不交税是行不通的。对康德来说,行为的原则源于人的意志,这与自己给自己立法的结果一致。因为,行为的原则必须对所有人来说都普遍有效。尼采完全摈弃了康德的这一原则。理性、良知、自我都是掩盖了人之深渊的表面现象。人之深渊就是尼采所谓的自己,这一人之创造力的源泉。自己本质上与人的感官紧密相关。

正是这种意义上,尼采才会说,"你的自己就是你的身体"。自己就是人的整个存在,就是人的创造力的源泉。生命所有可能的意义,或者说所有可能的意义都预设,人就是一种身体性的生命和属于大地的存在者。禁欲主义理念、从属于天堂的视角来看待生命、或厌弃身体的生命观，都会毁灭生命任何可能的意义。

我们上次课程讨论的另外一点是，在创造性和高贵性之间的联系。尼采区分了高贵、高贵者和好人。[50]好人是那些不具创造力，生活在一套确定的道德秩序下的人们。但这套确定的秩序应归因于一种最基本的创造。所以，每一种善都依赖于一种最基本的创造，但是这种创造被遗忘了。被人们所接受的价值体系不过是被当作永恒的。好人不具备创造力，他们生活在前人的创造物之下，并将这种创造物绝对化。好人并不知道他们的原则也具有一种人的起源。

尼采开始推论的基础在于：人是一种动物，一种身体性存在，一种属地的存在，人不是像其他动物那些靠本能的引导存活，也不是依靠理性，因为理性是衍生的，而是依靠自己的构建或创造来生活，也就是说依赖理念来生活。人不理解这些理念根本上也是一种人的创造，人将这些理念理解为某种程度上是从"无"强加于他的。但是，现在我们知道所有的理念、所有的价值都是创造，也就是说人不是靠自然、神或理性的引导：人根本上是无遮蔽的，是悬于深渊上方的一根绳索。所有的理念都预设了，理念的根基是人的意志，因此也基于人的欠缺。这些理念是虚假的，它们预设了人无法直面自身的无遮蔽状态。

随之而来的问题是：人是否意识到了他的根本处境，即是否意识到这个事实——人是悬于深渊上方的一根绳索，从而能够为其提供一个标准？换句话说，理解了人的根本处境是否就能知道我们该如何生活？如果能够，正确的生活就会是一种依照自然、依据人的根本处境而进行的生活，也就是说正确的生活不可能是一种创造。这就是对尼采最有力的批评。

本雅明(Benjamin)在详细阐释人的根本处境时，就这个问题对我说，"什么是标准？尼采如何建立他的标准？"这是我们必须尽力去回答的问题。这个问题的部分答案无疑是尼采关于人的根本处境的概念。无论人的根本处境是什么，对人的生命的这一新颖的理解不会引导出一种所有人都应该过的正确生活，因为不可能存在所有人都能过的一种正确生活。不同的人必然会有不同的德性。

我想我们应该继续读扎拉图斯特拉的演讲,然后进行讨论。第九篇至第十二篇演讲构成了一个整体,我们开始读第九篇演讲"论死之说教者"。关于文本的上下文我再多说两句。前四篇演讲谈论的问题是人的根本处境,第五篇至第八篇演讲得出了最重要的实践结论:德性不能被简单地看作激情的反面,相反,德性美化了激情或使激情变高贵。在最高之人和最低之人之间有一种不可分割的联系。可以这样说,《圣经》意义上的心灵净化——"不可贪恋"(thou shall not cov-et)①——从自然角度看不可能。善只有在承认恶的必然性的基础上才可能。

第九篇演讲至第十二篇演讲致力于谈论尼采那个时代恶的最重要的形式。我们读一下 87 页第 6 段以下。

朗读者[读文本]:

"生命便是痛苦!"——别人这样说,且非谎言:这就是设法停止你们的生命!就是设法停止那痛苦的人生!

于是,你们的道德教条就是:"你应自杀!你应把自己偷走"——……

"同情是必要的,"——第三部分人这么说——"拿走我的所有吧!带走我这个人吧!如此,人生对我束缚就越来越少了!"

倘若他们是彻底的同情者,他们就会使其邻人厌弃生命。当个恶人——这或许是他们真正的善。("论死之说教者")

施特劳斯:尼采将此处谈论的问题称为死之说教者,即那些诽谤生命的人。在这点上,尼采在别的地方断言:"对某些人来说,道德就在于自杀,对另外一些人来说,道德就在于做个恶人"。并不存在所有人都赞同的道德,也不可能存在。我们再读一下 88 页第 5 段以下。

----

① [译注]施特劳斯所引的是十诫的最后一诫,省略了后面的宾语。

朗读者［读文本］：

　　生命于你们无异于辛劳和不安：你们是否也非常厌倦生命呢？你们是否已经十分成熟，得以领会死之说教呢？

　　你们全都爱辛劳、快速、新奇、怪异——你们不大容忍自己，你们的勤勉是灾难，是忘却自我的意志。

　　倘若你们更相信人生，你们就愈少拜倒于当前的刹那。可是你们的内在缺少足够的内容，所以不能等待——所以连懒散都不能够！（同上）

　　施特劳斯：这是对"相信生命"意指什么更进一步的解释。"相信生命"的意思并不是通俗所谓的对生命的热情。"相信生命"与遗忘自身相对。但，［52］如果要想成为真正的人，生命就是悬于深渊上方的一根绳索。这篇演讲的一般主题是，那种陈旧的庸俗道德在现代世界依然有很强的力量，并且在嘈杂的世俗活动中恰切地证明了自身，这些世俗活动在我们的社会中随处可见。但，我们一定不能忽视这个暗示——对不同的人而言，不同种类的行为符合德性。接下来的一篇演讲，尼采谈论现代生活中另外一种强大的力量，这一力量在19世纪后期的德国尤盛。当时的德国是由圣坛和军队支持的君主政体。尼采在上一篇演讲中谈论了死之说教者，其出发点就指向神学家们，只不过夸大了而已。

　　在这一篇演讲中，尼采谈论战争和战士。我们读一下89页。

朗读者［读文本］：

　　我知道你们心中的憎恨和嫉妒。你们还不够伟大，所以不能理解憎恨和嫉妒。那么，你们就伟大起来吧，不因憎恨和嫉妒而羞耻吧！

　　如果你们不能成为知识圣人，那么我以为，你们至少也该是知识斗士吧。知识的斗士是这种神圣的伴侣和先驱。（"论战争和战士")

施特劳斯：尼采在这里谈论的是战士（warriors），因为士兵（soldiers）让他想到穿着制服的队伍。战士要比死之说教者优秀得多，但低于知识圣人。这里所暗示的是，人之最高的可能性就是成为知识圣人。只有生活就是求知时，这一点才讲得通。在《善恶的彼岸》中，超人被呈现为未来哲人，这就是为何知识在尼采的思想中至关重要的原因。战士并不就死亡进行说教，但他们追求死亡。热爱生命并不意味着，在任何情况下都抓着生命不放。此处的大体观点是，热爱生命不是一种德性，它既是普遍的，又不意图成为普遍的。战士的德性，正如此篇演讲结尾所示，在于顺从和不追求自由，因此，也就不由得去憎恨和嫉妒，而最高之人不会有这两种激情。

第十一篇演讲处理的是前两篇演讲所构成的整体，即国家，在此处被称为新偶像。我们必须仔细思考这里非常重要的一点。

朗读者［读文本］：

国家是所有冷酷怪物中最冷酷者；它也冷酷地撒谎；这便是从他口中爬出的谎言："我即国家，我即民族。"

真是谎言啊！这是些创造者，他们创造了各民族，并且在各民族的头顶高悬一种信仰和爱：他们就这样服务于生命。

［53］这是些毁灭者，他们为许多人设下陷阱，并称陷阱为国家：他们在许多人的头顶高悬一把剑和一百种贪求。（"论新偶像"，页92页第3段以下）

施特劳斯：尼采在这里区分了国家和民族。德语是 Volk，可以翻译成民族（nation）。这是两种根本不同的现象，民族是根本性的现象，国家是派生性的。民族和国家的关系就如同自己与自我的关系，国家是表面的现象，纯粹是一种理性现象，而民族是更深层的现象。这一表面现象的特征是，奖励、惩罚和众多的欲望。民族的特征是信仰和爱。

尼采在这篇演讲的结尾,在另外一种意义上将这两种现象联系了起来。国家的特征是普遍性。原则上,赋予现代国家特征的东西——其特征是人的权利和宪政——是普遍适用的,且意图实现这些特征。一个民族和其文化则由其独特性所表征。所以,严格地说,这就是自我和自己的关系。国家是普遍的,在其完美的形式中,国家将每个人都塑造成一模一样的,这拉平了人与人的差异。

这一国家概念遍及尼采的作品,例如,《权力意志》第 717 条:"国家或不道德的组织"。尼采的意思是,国家能做个体不敢做的事情,例如杀人。有谁会希望成为一个刽子手? 但有少部分人支持财产处罚。再如,尼采说:"国家是机器"。① 我们不断地谈论政府机器,但没人会把民族说成一个机器,这暗示了国家与民族差异。尼采当然不反对国家,但他反对国家的偶像化,国家的偶像化在当时的德国尤其有力,即黑格尔的那种国家。

接下来,尼采转向了现代的第四种恶的形式。下一篇演讲叫做"论市场的苍蝇"。

这篇演讲的主题可以非常简单地表述为:这是一个社会。对现代国家及其偶像化的反对是共通的。但尼采的批判,有别于对国家的一般批判,由于这个事实而著名:他的批判导向了反对社会。我们读一下 96 页的开头:

朗读者[读文本]:

逃吧,我的朋友,逃到你的孤寂中吧! 我看见伟人们的喧嚣震聋你的双耳,小人物们的毒刺把你扎伤。

森林和岩石与你一道肃默。重又像你喜爱的那颗大树吧,那枝繁叶茂的大树:它高悬于海面,默默倾听。

[54]哪里孤寂告终,哪里就有市场开张;哪里市场开张,哪里

---

① 这句不是直接引文,而是施特劳斯依照"作为教育者的叔本华"一文得出的看法,尼采在这篇论文中批判了国家。或参《权力意志》,第 725 条格言。

就开始伟大表演者的喧闹和毒蝇的翁叫。

哪怕世界上最好的东西,倘若无人将它先行引献,也是枉然:民众称这引献者为伟人。

民众不了解何谓伟大,就是说:不了解何谓创造。但民众对伟大事业的引献者和表演者,却颇有兴味。

世界围绕新价值的发现者旋转:——无形地旋转。然而,民众和荣誉却围绕着演员们旋转:这便是世界的运作。("论市场的苍蝇")

施特劳斯:伟大人物就是那些伟大的演员。这是一些伟大的偶像,就如同国家是偶像一般。这些伟大人物在古老的、已经过时的良知——如律法、忠诚——等方面具有强大的吸引力。社会的吸引力就在于自由,而国家却不具备这一吸引力。但此处对于最好之人来说,即最好之人自身的存在来说,有一种致命的危险。唯一的办法就是走进孤寂中,这是扎拉图斯特拉给予他的朋友的唯一建议。另外,一种高等的道德形式在本性上不可能是普遍的。由于缺乏理智的诚实,伟大演员们的成功和自信就通过欢呼、喝彩和影响获得。这就是尼采心中所想的那种现象。

还有两外一点我们必须思考。读97页第7段以下。

朗读者[读文本]:

市场充满庄重的小丑,民众却称他们为伟人!以为他们就是时代的主宰。

但时代催逼着他们:他们又催逼着你;他们要求你说"是"或"否"。痛苦啊,你会把你的座椅移置于"是""否"之间吗?

你,热爱真理的人,别嫉妒这些绝对和霸道的人!真理从来就不在霸道者手里。(同上)

施特劳斯:市场的首要特征是各种杂耍。第二种特征是霸道的党派偏见。这二者之间有何联系？尼采心中所想的现象,你们每个人都熟悉,这一现象常常被用作对社会的批判,在学院派的社会学中,这一批判找到了它合适的表达形式:《组织人》(*The Organization Man*)①,如数不清的节庆和每月一书。[55]在现代社会中,声望是唯一无价的,我认为,这是一种有效的实践原则。尼采用完全不同的东西来描述社会,即无条件的"是"或"否"。难道这不是真实的吗？——我们现代社会的特征就是自由主义,是与无条件的"是""否"相反的东西。但这并不那么简单,因为自由主义是用成为无条件的来反对无条件之物,没有什么比自由主义更不自由,没有什么比自由主义更加地反对个体。

例如,没有任何可能性可以反思自由主义的根本缺陷。例如,《美国政治科学评论》(*American Political Science Review*)上有一篇论保守主义的文章,这篇文章表明了科学方法的基础,这篇文章说,大多保守主义者都是没受过教育的,都是些精神病患者。这篇文章的麻烦不在于它发表在《美国政治科学评论》上——这篇文章是一种诽谤——而是在于《美国政治科学评论》并不是它唯一可以发表的地方。

我认为,还有一点我们应该仔细思考。100页第1段以下。

朗读者[读文本]:

> 是啊,我的朋友,对于你的邻人来说,你是坏良心:因为他们与你不能相称。所以他们恨你,喜欢吮吸你的鲜血。
>
> 你的邻人将永是苍蝇;你的伟大——必定使他们永远更毒、更像苍蝇。(同上)

施特劳斯:我认为,这一强调应该增强这一"必定"。这些低级的精神天牛就是低级的,此处没有罪的问题。但部分在于这个事实:最高的德性是创造恶。

---

① 施特劳斯提到的是社会学家怀特(William H. Whyte)的1956年的畅销书,这本书讨论了公司等大众组织对美国的影响。

接下来,我们转向卷一的最后一部分,这一部分一直到卷一结束。这一部分的第一个词是"我爱"。我不认为这是偶然的。在我看来,这十篇演讲,从十三篇至第二十二篇演讲,全部谈论爱。例如,论贞洁、论孩子和婚姻讨论性爱;论朋友、论爱邻人、论馈赠的道德处理爱人或仁慈。其余的演讲都处理这同一个主题,尽管不是很明显。所有这些演讲都致力于爱这个主题。

尼采讨论的第一个主题是贞洁。这篇演讲由于它在处理这个重要主题时的轻浮和油腔滑调特征,稍微有些让人感到厌恶。但,并不是在任何一点上都令人厌恶:

> 我劝你们贞洁吗? 贞洁对少数人是一种美德,对多数人几乎是一种恶习。("论贞洁",页 102)

请注意,贞洁绝不是一种恶习,它"几乎"是一种恶习。尼采绝没有推荐放荡。[56]我毫不怀疑,这篇演讲包含非常明智的评论,但其所运用的语言某种程度上不得体。倒不是因为其语言下流,而是因为它有一种油腔滑调的口吻。在《道德的谱系》第三部分,尼采就这个主题所谈论的更健康、也更得体。

第十四篇演讲处理朋友。这篇演讲与前一篇的关系在于这样一句评论:"女人不能胜任友情: 她只知爱情"(页 106)。我们读一下105 页。

朗读者[读文本]:

> 人们也应该把朋友尊重为敌人。你能走近你的朋友,而对他秋毫无犯吗?
> 你的朋友也应该是你最好的敌人。当你对抗他的时候,你就会最接近他的内心。("论朋友")

施特劳斯:你们能理解这点吗? 友谊预设了朋友的存在,它总是站在自己的一边。

学生：这是否解释了贞洁？因为在性爱中，你将自己完全地献给了另一个人，从而丧失了自身，这就是为何要反对性爱的原因？

施特劳斯：他并非简单地反对性爱，他仅仅反对一种贞洁，一种在性爱上的节制，这种节制会让一个人的生活成为病态的。纯粹身体上的贞洁会毁掉灵魂。

朗读者［读文本］：

你想在朋友面前不着衣裳吗？在朋友面前坦露你的本色，便是对他的尊敬么？果如此，朋友就要让你见鬼去了。

谁对自己毫无遮掩，谁就必招愤怒：所以你们完全有理由避免赤裸！（同上，页105）

施特劳斯：友谊排斥如影随形般的亲密。存在一种真诚，这种真诚非常类似于垮掉的一代们引以为傲的东西，而这与自尊绝然不可调和。接下来，尼采更为完整地发展了这一主题。

朗读者［读文本］：

朋友应该是猜测和沉默的大师：你不要想看清一切。你的梦会向你披露，你朋友醒时的所为。（同上，页106）

施特劳斯：你们能理解这一点吗？你们的梦不应该向你们揭示你们的朋友梦到的事物。你们不仅不应该在清醒的时候去想你们的朋友做了什么梦，而且在你们的梦里，[57]朋友也应该只以清醒的形象出现。柏拉图所讲的一个著名故事说，我们做梦时是我们最低劣的时候。①

---

① 参柏拉图，《王制》卷九571b-2b。

朗读者[读文本]:

> 你的同情应是种揣测:首先你得知道,你的朋友是否需要同情。也许,他只是爱你凝定的眼睛和永恒的目光。(同上,页106)

施特劳斯:友谊与怜悯(pity)不容调和。① 最轻率的事情就是同情,尽管无法胜任同情的人,是一种非常贫乏肤浅的人。同情是最困难的事。轻率的同情在任何友谊中都可能是致命的。友谊似乎要高于爱,但友谊仅仅高于一种特定类型的爱——随后的演讲会清晰显示这一点。

在接下来的一篇演讲中,尼采开始谈论这种更高类型的爱,这篇演讲可能是第一卷中最重要的一章,这就是"论一千零一个目标"。这个主题也更适合在教室中讨论。

学生:尼采意义上的友谊是怎样的?

施特劳斯:你们兴许会说,友谊必然会预设一种彼此一致。尼采所思考的是个体多样性和意见本身的多样性之间的关系。要是没有某种彼此一致,友谊就不可能。友谊要求一种水准相当高的共同体,而不是某种同意。我们无法忽视这样一个事实:尼采本人没有朋友。我们举些非常简单的日常事例。比如,你们的博士论文还没有写完。当你们将未完成的博士论文给你们的朋友看,你们期望朋友如何做? 你们期待你们的朋友能给出最苛刻的批评。朋友对你们的友谊不正是依赖于他无情的批评吗?

这里的问题在于,在一种属人的意义上,要是不依据人类不可避免的不完美性,敌意本身如何可能。例如,当亚里士多德说"吾爱吾师,吾更爱真理"时,这并不意味亚里士多德变成了柏拉图的敌人,如果柏拉图怨恨这一说法,这就会成为他自身的一个弱点,我们可以理解这一点,但是不会敬重这一点。友谊的古典看法基于下面这一观点:存在一种可能的和谐,一种观点之间的和谐。如果这一点被否定了,如果总是

---

① 德语 Mitleiden 可以被译成"同情"或"怜悯"。因此,施特劳斯游移于这两个词之间。

存在致命的冲突,那么冲突和与之伴随的激情就会像嫉妒那样,得到宽容。但是,为什么不肯定嫉妒和憎恨?尼采简单地拒绝认可这两种激情。也许我们可以暂时认为,[58]尼采对一种道德秩序的可能性的否定,导致对更高的激情一种彻底不同的感激和判断。

[更换磁带]某种程度上,你们要想变成自身,只能依靠这种行为,并且友谊只是在那些认可这一法则的人们中间才可能。由此得出的结论就是,由于这些法则极端不同,所以必然会有冲突。某种程度上,即便有全心全意的奉献,人们之间在最重要的事情上依然会有分歧。尼采的意思似乎是,只要有奉献,就值得被称为友谊。逻辑上讲,很容易下这样的断言,但当我们试图从人类的现实来反思这一点时,它就变得非常难以理解。尼采认为,一个普通的社会只能由那些长期生活在孤独中的人组成。如果一切顺利,在一个社会中,个体成为真正的自己只能在孤独中实现。这是尼采的超人教诲的本质性部分。凭借彻骨的孤独的共同经验,这种孤独彻底否决已经确立的和传统的价值,那些不具备这种孤独经验的人,不可能理解孤独者的那种经验。因此,仅仅基于意见的一致不可能有彼此的理解,只有在比意见更深刻的一种根本体验的基础上才有一致性。

什么是古典的友谊概念和什么是友谊的需要?每个人都渴求友谊。甚至苏格拉底也需要众人,不是为了自我确信,而是为了交流,要是没有那种交流,他的追求就不可能。问题在于,尼采如何理解在最高意义上对友谊的渴求,或者他事实上排斥这一渴求?

现在我们转向接下来更容易理解的演讲。尼采转向了每个人都熟悉的事物,请读110页第2段以下:

朗读者[读文本]:

真的,人为自己创造了一切善与恶。真的,这一切善与恶不是他们取来的,或是发现的,也不是自天而降的声音。

人为了自我保存,首先赋予万物以价值,——他首先创造这些事物的意义,一种人为的意义!所以,他自称为"人",即:评价价值的人。

评价即创造啊:听着啊,你们这些创造者!评价本身就是一起被评价事物的珍宝和珠玉。

首先通过评价方有价值:没有评价,存在的果核就是空虚。听着啊,你们创造者!

[59]价值的变化——此即创造者的变化。谁要当创造者,谁就总在毁灭。("论一千零一个目标")

施特劳斯:我认为这里谈论的事情非常清楚。总是存在给定的价值,创造者必然通过创造价值来否定那些给定的价值、毁灭那些已经建立起来的价值。生活全部的意义都应归于创造活动,所有的价值不是被发现的,全都是人的创造。在今天,这看起来似乎毫不重要。在任何一门社会科学的课堂上,你们都能听到这一点,只不过差异在于,尼采绝不会承认今天所谓的那些价值是价值。一种身体性的需要绝对不会是一种价值。从109页开始,尼采列举了一些历史上的价值,从中我们可以清晰地理解尼采的意思是什么.

朗读者[读文本]:

"你应总当第一,拔萃同卿:你那嫉妒的灵魂,除了朋友不应再爱他人"——这话使一个希腊人的灵魂颤抖:于是,他走上了他的伟大之路。

"言之确凿,精于射击"——产生我这一名姓的民族,以为这话既可爱又沉重——这名姓于我,也是既可爱又沉重。

"尊敬父母,顺从他们的意志,直到灵魂深处":这一克己的标牌被另一民族高挂在自己的头顶,它因此而强盛恒久。

"践行忠诚,并因忠诚之民,在凶险和危难的事情上抛洒名誉和鲜血":另一民族以这教育自己,战胜自己,如此,它便艰难地孕育了伟大的希望。(同上)

　　施特劳斯：尼采所想的是各种各样的民族和伦理共同体,例如希腊人、波斯人、犹太人、德国人,而不是所谓的文化。没有任何方法可以为这些民族的价值提供理论阐述。但有一件事情是清楚的,那就是献身于某种比自己更高的东西的可能性,造就了他们的尊严。这是历史主义非常著名的理论:存在各种各样无法进一步阐述的价值。

　　　一个民族若没有能力先行评价价值,就不可能生存;一个民族要自我保存,就不能依傍邻族评价的价值。(同上,页108)

　　这是一个重要的,但令人感到奇怪的表述。为什么不能所有人都同意同一种价值? 为什么每个民族必须要拥有与它的邻族的价值毫不相容的价值? 这是卢梭在《关于波兰政体的思考》("Considerations on the Government of Poland")一文中使用过的观点,在这篇论文中,卢梭谈到了民族之间就它们的根本原则的本质对抗。① [60]换句话说,这种对抗和民族理念的多样性有其必然性。我们继续读108页第5段以下:

　　朗读者[读文本]:

　　　每个民族头顶都高悬着一块善的标牌。瞧,这是这个民族的胜利标牌;瞧,这是它的权力意志的声音。
　　　它认为是困难的,就值得礼赞;什么是绝对必要而又艰难的,便称之为善;从极度困境中解放出来的,即罕见的最艰难之事——便被褒扬为善。(同上)

　　施特劳斯：你们看到,存在一些普遍适用于所有民族的形式原则,但不同民族之间的内容却不同。如果你们采用当代社会科学中的价值概念,这种价值意味着忽视理性的个体所意愿的事情,那么就不可能提

---

① [译注]卢梭《关于波兰政体的思考》,第二节"古代制度的精神"。译文见,《政治制度论》,刘小枫编,崇明、胡兴建等译,北京:华夏出版社,2013,页39-43。

出价值的等级问题。尼采要说的意思是,如果善和神圣的观念不是确定的,那么就不可能有一套真实的价值系统。事实是,秩序、善和神圣之物在任何一个民族那里,只有所有的行为依赖于什么是律法、什么是善、什么是神圣之物时,在实践上才具有重要性,正是这一点使得各个民族彼此不同。

朗读者[读文本]:

　　凡使它能统治、胜利和荣耀的,凡令其邻族惊惧和嫉妒的;它就视之为崇高、第一、衡量的标尺、万物的意义。
　　真的,我的兄弟,你要是先知道一个民族的困难、土地、天空和邻族:你就猜透它的胜利法则,知道它为何爬上这个梯子,以达到它的希望。(同上,页109)

施特劳斯:尼采在这里几乎暗示了,正如古代流行的思想所做的那样,可以用气候之类的原因来解释价值体系。这更是某些社会学家的观点。为了解释一个民族的价值,你可以按照经济、气候等条件来解释。但今天的某些更老练的社会学家说,这是不可能的。我认为你们理解这个论证的部分,这个论证某种程度上是尼采理性论证的开端。

不要忘了,尼采在写作《扎拉图斯特拉如是说》的数年前,就写下了《史学对于生活的利与弊》。这部作品最基础的概念就是,将历史理解为不同民族之间的交往和争斗,每个民族都以其自身的民族精神为特征,这是对普世主义的否定。[61]根本不存在作为标准的自然法。自然法的传统观点认为,多样性只能在一个次要的水准上出现。存在一种最高的法,人的尊严处处都依赖于这种法,并且,各种各样的实证法和礼法从属于这种最高的法。依据尼采的看法,根本没有自然法,我们也无法超越这些民族的价值体系。

在这篇演讲的结尾处,我们发现了最根本性的改变。

朗读者[读文本]:

　　最先,创造者是民族,其后才是个人;真的,个人本身不过是最新的创造物。

　　各民族都曾在自己的头顶悬挂一匾善的标牌。意欲统治的爱,意欲听众的爱,这些爱共同创造了此类标牌。

　　对群体的兴趣比对"我"的情兴趣更为古老:要是良心名叫群体,那么坏良心就是:"我"。

　　真的,狡黠不仁的"我",想在多数人的利益中攫取自己的利益:这不是群体的起源,而是群体的坠落。(同上,页110)

施特劳斯:所有这些古代观念都是前基督教时代的观念——尽管德国人被说成是中世纪的,但在尼采看来,依然与古代的异教日耳曼人相关联。最初,只是民族在创造价值,但群体或民族中最杰出的人,是那些最有激情之人,就如恋爱中的人一般。在人类生活的这个阶段,自我是罪犯,或者实际上就是坏公民——即那些只为自身着想的人,狡猾之徒,只为自己算计的人。现代功利主义就是依照狡猾、算计的个体来构想社会的,这种功利主义不过是传统城邦中最低劣之人在社会层面的复兴。只顾自己之人在古代政治社会中没有任何社会地位。

　　现在,出现了一种根本的变化:自我在道德上的高贵得到了承认。尼采说,自我比民族更年轻。他更进一步说,个体是最年轻的创造者。对个体的道德高贵的承认,不是一种真正的承认,而是对早就存在的事实的发现,只不过这一事实之前没有被承认罢了,这一事实是在特定时间被创造出来的。某些爱着的和富有激情的人确立了至高无上的个体的这种谎言,即个体绝不是狡猾、算计和低劣之徒,而是要比任何群体、任何民族都要高贵。原先,道德是群体的道德。[62]这仅仅意味着,道德事关保存群体。尽管是某个独特民族的道德,依然是一种高贵的、被美化了的道德。尼采所提到的四个民族中,不仅仅是进行自我保存的群体,而且具有阿基琉斯式的统治精神,或者对父母圣经式的敬重。但个体依然要比群体更高。

　　学生:在前面的一个段落中,尼采说个体创造了民族,此处他又说民族是第一创造者。这是为什么?

　　施特劳斯：但尼采紧接着就补充了"意欲统治的爱，意欲听众的爱，这些爱共同创造了此类标牌"。我们来谈论古代的民族和那些拥有更高文明的民族，例如上文提到的四个民族。在这个阶段，某些更高的个体创造了礼法。但他们也关注所有成员的道德，关注整个群体的道德。

　　学生：看起来似乎是，民族创造了个体，但另一方面，民族自身又是被个体所创造的。

　　施特劳斯：我们暂时可以说，每一个更高的民族都是被卓绝之人创造的。但依然会有某种差异，卓绝的个体赋予整个民族律法，同时他不关注群体中个体的发展。个体的道德地位依然没有改变。个体要是遵守群体共同的法律的话，个体就是好的。

　　学生：您之前说，国家与民族的关系某种程度上类似于自我和自己的关系。但是在《善恶的彼岸》中，尼采说我们不可能知道我们中的最好之人。① 现在联系丹豪瑟先生（Mr. Dannhauser）的问题，②这是如何发生的？是作为创造者的自己创造了您所说的礼法吗？

　　施特劳斯：个体性的自己、群体性的自己之间的区分兴许对你的问题有帮助。扎拉图斯特拉的创造并不是真正依据自己的创造，因为它还不知晓自身。

　　学生：依照自我保存，这是非常简单的，但是依照不知晓最好的自己的、同时某种程度上受到强迫的个体性创造者概念，某种程度上自然在那儿不是回来了吗？

　　施特劳斯：这个问题在那儿会回来的，但我认为我们应该暂时放下这个问题。创造在所有的阶段都不是有意识的创造这一事实，并不会消除下面这个事实：在某些阶段创造者不知道他们正在创造，在另一些阶段他们知道他们正在创造。摩西或古代的扎拉图斯特拉是创造者，如果他们以那种方式来反思自身，会令人非常震惊。

　　尼采的扎拉图斯特拉知道，他自身就是个创造者。［63］古代的扎

---

① 参尼采，《善恶的彼岸》，第 249 节。

② 誊写稿中没有包括丹豪瑟的问题。

拉图斯特拉和尼采的扎拉图斯特拉都不理解他们的创造性的原因。最重要的是,对尼采来说,道德的尊严并不在于对先前存在的、被过去的传统所遮盖的事实的承认,相反,道德的尊严是一种新的创造。尼采所说的事情如此琐碎,以至于无法令你们感到震惊。在现代文明史上,个人主义是被认为是理所当然的。

此处的困难是什么? 我们读一下这篇演讲的最后几段。

朗读者[读文本]:

真的,这褒贬的权力是一头怪兽。请说吧,你们这些弟兄们,谁为我战胜它呢? 请说吧,谁甩出一条锁链,套住这怪兽的千百个脖颈呢?

迄今已有一千个目标,因为已有一千个民族。唯一还缺少套住千颈巨兽的锁链,缺少这一目标。人类还没有目标。

但是,请告诉,我的兄弟们:假如人类的本性中还没有这个目标,那么是否也没有——他们自己呢? ——

扎拉图斯特拉如是说。(同上,页111)

施特劳斯: 这听起来非常富有亚里士多德哲学的意味——一个存在物只有拥有一个目的,它才能存在,但这里并不是这种意思。那么,尼采借此暗示什么东西? 一个人必须意识到这一相关性——没有任何一个价值体系比创造行为更有尊严,事物正是凭借创造行为才进入存在。一旦这种情形属实,这些价值体系就失去了它们的说服力量,也就不再可能有古代意义上的民族。其位置只能被一个普遍的人性社会所取代。这里绝不是在谈论人类的任何形式的政治组织,此处不涉及这个问题。此处的问题只有一个,即理想和目标。这无疑与前面所谈的个体的创造紧密相关——个体的创造与民族、文化和理念创造完全不同——之后是创造个体的道德尊严。它们共同永久地毁灭了作为最高的统一体的民族的可能性。在这里,尼采绝然与任何关于民族的浪漫主义思想分道扬镳。当然,这是一种巨大的洞察力,即人类的目标必须被创造。尼采这部作品的意图就是为整个人类设立理想、设立目标。

这里有一个显而易见的异议,尼采当然意识到了这一缺陷。曾经存在过这样一个普遍的理想,那就是基督教的理想。因此,接下来的一篇演讲就处理爱邻人的问题。[64]尼采意图表明的是,他所宣扬的理想也会受到反对。尼采说,基督教这一普遍的理想在过去的某段时间内得到了发展,但这一理想是民众的理想。因此,尼采的扎拉图斯特拉就是真正普遍的理想,在其是有意识地被创造出来的意义上,尼采的扎拉图斯特拉是第一个真正的理想。尼采知道,他创造了这一理想,尽管他还不能完全理解他自己的创造。

学生:……(所提问题听不清)

施特劳斯:市场的特征在于它极度肤浅(superficiality)。我们以自我和自己的区分为例。国家和社会都属于"自我",民族属于民众。交换商品和服务的市场,即便包含文化商品,也不属于自我。国家和社会是导致民族和基督教衰落的那种巨大力量非常表面的现象。民族和基督教之前那种能形塑人的力量,对前述那种巨大力量无能为力。在尼采看来,这并非纯粹是一个缺陷。从现在开始,形塑人的是比民族和基督教更高的力量。国家和社会之间的区分不正是现代社会的一种本质特征吗?我认为,这就是事实;这里是国家,那里是社会。

学生:看起来,自己是一种在先的现象,目标貌似必然先于自己而存在。

施特劳斯:自己并不是先在的。仅有少数的自己才依据自身的立法进行创造。但是在19世纪还没有更高的现象出现。19世纪最高的现象是能够进行创造的少数个体。普遍的野蛮归因于下面这个事实:你们只拥有一些有教养的个体,以及野蛮的国家和野蛮的社会。尼采所希望的是,一个真正的社会,在这个社会中人们不仅仅是局外人、边缘人,相反他们赋予社会独特的品质。尼采的整个教诲由于隐含着目的论,所以无法容忍在潜能和现实之间的区分。我们能谈论的是,那些受限于自己的创造行动的事物无法理解创造活动。因此,这类事物的意义就依赖于创造它们之物。正是创造行为照亮了这些事物,相反,这些事物无法理解创造行为自身。

学生：……（所提问题听不清）

施特劳斯：在当今的演员现象和装腔作势般地返回古希腊人那里，这两者之间有某些联系。尼采所思考的是一种现代现象，尽管表面上是社会学式的分析，实际上却是凭借经验进行分析。[65]不可否认，当今的演员们拥有他们曾经从未拥有过的位置。直到不久之前，演员们都被当作流浪之人看待。当今，演员们扮演着绝然重要的作用。你们会说，这是因为他们挣很多钱。但这不过是一种流行需求导致的结果。结果就是，共同体由对演员的敬慕组成，而非由对政治家的敬慕组成。问题在于，这与人类生活的其他方面有什么关系？

演员精神在现代发挥着重要影响，现代知识分子们在某种程度上就是演员。在所有时代虚荣都很常见，但在现代社会对虚荣的追求必定更为强烈。相对主义、怀疑主义在现代生活中是强有力的力量。这种强劲的力量导致了彻底的不真诚。例如，尼采怀疑卡莱尔（Thomas Carlyle）就是这类人，卡莱尔没有真诚地面对问题却大声疾呼，结果导致他和其他人都没有听到那个沉默的问题，即他背叛了基督教却不想在他的祖国承认这一点。① 与当今我们中的大多数人相比，卡莱尔已经是一个非常伟大的人物。但是，给出当代的例子不恰当，也不得体。像《孤独的人群》和《组织人》之类的书就处理这个问题。②

尼采在这里说，演员是现代社会最典型的现象。某种程度上，他认为瓦格纳就是演员，因为在尼采看来，瓦格纳不是忠于艺术，而是忠于德意志帝国。例如，在某些集体研究中必然伴有不诚实，因为这样一种集体研究不可能允许个体完全遵循自己的思路。再如出版商，这类人

---

① 参尼采，《偶像的黄昏》，"一个不合时宜的漫游者"，第 12 节。卡莱尔（Thomas Carlyle，1795-1881）是苏格兰历史学家、政论作家和批评家，最著名的著作是《法国大革命》（*The French Revolution* 三卷，1837 年出版）、《论英雄、英雄崇拜和历史上的英雄事迹》（*On Heroes, Hero-Worship & the Heroic in History*，1841 年出版）和《过去与未来》（*Past and Future*，1843 年出版）。

② 《孤独的人群》由理斯曼（David Riesman）、格莱泽（Nathan Glazer）和丹尼（Reuel Denney）合著，1950 年出版。此书是一部社会学著作，书中提出了社会中发现的不同性格类型，将这些类型作为工具来分析社会的变迁。怀特在《组织人》中用"群体思维"这个术语来描述他在社会中尤其是在工厂中看到的倾向。

完全没有能力评判一本书的价值,但是他们知道什么样的书会畅销,所以你就必须依照出版商的要求调整你的风格。因为,只有这样你的书才能卖出去。尼采所思考的是一种推销自己的现象,这一现象本身是清白无辜的,如我费劲周折去得到一份工作。

我的意思不是说,很多书以及博士论文不会被一位很有能力的编辑认可,我想说的是更重要的、更有趣的现象,这也是尼采的用意所在。尼采所思考的现代社会中的演员,已经获得了一种压倒性的地位,这在之前的时代从未发生过。国家是个粗野残忍的家伙。它指向另一个缺陷——生命的乏味枯燥。[66]在社会中,你们有纷繁复杂的生活,但是在一种更深刻的意义上,所有人的生命几乎都非常乏味,原因在于遗忘了生命的真正的源泉,即个体应当关心自身的提升。尼采提出更高的断言是,个体就是创造者。但当今,在激发创造能力变成小学的一项功能时,很明显有些事情搞错了。

学生:……(所提问题听不清)

施特劳斯:某种意义上,目标永远都是个体的目标……人现在必须练习统治整个星球。人——并不是指这个或那个民族——必须变成大地的主人。在这一阶段,人开始意识到这一事实:所有的价值都是他的创造。因此,从现在开始,只有一件事,即有意识地进行价值创造。但是,人之中进行创造的部分不是意识,不是自我,而是自己,自己是创造性的、是潜意识,是整个人的核心。所以,我们不得不在更精确的意义上谈论有意识地进行新价值的创造。除了个体的创造性,新价值不会得到任何别的支持。

人就是创造者。但是,人并不非无所不能,作为一切价值的创造者的人岌岌可危。我们在这里看到了骄傲和审慎(delicacy)的奇特混合,这一混合贯穿尼采的所有作品。可以通过指出尼采和弗洛伊德之间的差异,来阐释尼采的观点。在弗洛伊德那里,本我(id)要是脱离自我和超我的涌现——尽管是以一种非常复杂的方式——就毫无意义。对弗洛伊德来说,本我是创造性的核心,本我创造超我。

第五章　假定的自然和终极真理

——《扎拉图斯特拉如是说》卷一,章16-22

[英文编者按]此次课程录音无法听清。下文内容依照丹豪瑟(Werner Dannhauser)的笔记誊写而成。

[67]施特劳斯:我们接下来通过思考尼采和现代社会科学之间的某些共同点,来看看尼采与我们有何种关联。社会科学区分了事实与价值,我们只能获得作为事实的客观知识。价值是存在的,但不存在能够判定哪种价值为真的任何客观知识。科学知识是无限进步的,无法预测科学带来的发现。这一观点某种程度上与下述观点相关:一切思想皆是历史性的。通过为科学设定一个绝对开端(这一开端构成的科学定义却是无效的)从而避免上述看法所导致的诸多困难:科学是变动不居的洪流中一座人工岛屿。但是,依然存在一些困难,因为下述问题难以回避:什么是科学? 科学本身是好的吗?

后一个问题无法给予科学的回答,因为要是科学回答这一问题,就是在下价值判断。科学给出的选择必定是任意的,因为没有任何有效的方式可以做出选择。科学必定只能指望即将到来的末人。人不过是一种使用符号的野兽。也可以从另外一个角度来看待这个问题:科学无限进步,所以总是有科学无法认识的神秘之物存在。科学说,要与科学一道基于一种信仰去生活。但同时,科学教导理性的统治地位——尽管理性无法做出任何选择。理性仅仅能表明,某些特定价值的基础是谎言,例如种族优越性的问题,但它无法表明,为何基于真理的价值选择更可取。

尼采开启了这些问题,但没有终结它们。他也将人看作一种野兽,也认为没有任何价值体系可以得到客观的支持。但尼采知道,这一处境是一种彻底的转变,是绝对的转变。人类生活不能再像从前那样进行。他补充了另外一个假设,这一假设不是相对主义的假设:我们还能意识到人的伟大。在这一意识的基础上,人的处境就显现出更大的危机:要么是成为超人,要么是成为末人。[68]价值必须被看作是人的创造。所有之前的价值要么是给定的,要么毫无益处。我们无法获得关于客观知识的任何客观知识这一事实教导我们,价值是人的创造,不是自我的创造,而是自己的创造。末人之外的另一种选择是一种由创造性的个体构成的社会。但是,问题在于:对人之伟大的意识是人之本性的一个部分吗?

超人问题:在《扎拉图斯特拉如是说》中,超人是作为一种学说呈现出来的。超人被称作一种学说。这一学说没有得到证明,而是一个自由方案(free project)。尼采的这一自由方案,不是任意武断的方案:这一方案基于明显的假设。我们必须搞清楚这一假设是否真实。最主要的假设是上帝已死。随着上帝的死亡接踵而来的是,人面临堕落到"太过人性"(all-too-human)的危险。

另外的一种选择就是成为超人。上帝之死引发了这一危机:要么是最大的堕落,要么是最大的克服这种堕落。无神论可以是人的堕落,也可以是人的提高,但它不可能是人性的。尼采引诱那些关心人之伟大的人们,但他没有证明,一个人应该关心人的伟大。即便尼采想要给出证明也不可能,因为他认为人根本就没有本性(nature)。价值就是创造,创造已经提升了人。尼采引诱那些已经被西方的价值提升了的人们。上帝已死,所以我们需要超人。尼采如何知道这一点?人的伟大要求人应该将自己献于更高者。这一献身的主要形式就是民族,民族是首要的道德现象,它区别于自然的、普遍的、理性的法。

民族是前基督教时代的民族。它有自身的神。然后,基督教出现了。请看《善恶的彼岸》第 60 条格言。① 人之伟大的圣经概念超越了任何之前的概念。由于基督教的爱人类的这一价值,民族不再是首要的道德现象。上帝取代了诸神。但圣经宗教导致了向来世的堕落,这一堕落最终产生了这样的个体,即那些凭借自身的价值而生活的人,这些人就是超人。由此产生了尘世性的普世主义,即忠诚于大地,这是诸激情的一种变形(这些激情与人的高和低相关)。人的独特性变得更为重要。

人的目的是完全栖居在大地上,忠诚于大地。这一表述所针对的政治处境是,尼采清楚地看到,当时流行的民族主义是不可能的。人现在必须尝试统治整个大地,人——而不是任何一个既定的民族,要统治一切。从现在开始,唯一应该做的是有意识的创造。说得更透彻些,从现在起价值的创造将是有意识的行为,不过只是自己进行创造,而不是自我进行创造。人是价值的创造者,不过人绝非全能。[69]人总是处于危险之中。这就是为何尼采那里总是有一种骄傲与谦卑的混合。用弗洛伊德的术语就是,本我是毫无意义的基础,自我和超我从中涌现,本我创造了超我,然后自我干涉超我。

人必须变成超人,必须掌控这个世界——人从未有过这样的可能性。那些仅仅进行沉思的世界公民不再可能。说上帝已死,也就是说,真理已死。没有谁可以说,这个物理性的世界还活着,所以我们需要纯粹的科学。尼采在《偶像的黄昏》"'真实的世界'如何最终成了寓言':一种错误的历史"一章中处理了这个问题。我们用这个真实世界废除了表面的世界。尼采由此要表达的意思是,表面的世界现在变成了真实的世界。

要想解释这一点,就需要处理现代科学和现代哲学的历史。首先出现的是,在第一性和第二性性之间的区分;只有第一性被视作客观的。然后出现的是下面这一发现:第一性也是主观的,第一性是一种逻辑构建。我们组织感觉材料,真实是完全不可接近的,存在(The Ding an Sich)绝然不可知。我们完全生活在一个主观的世界中,除非我们

---

① 在这条格言中,尼采讨论了出于上帝之故爱邻人的含义。

不把知识理解为一种预定的视角,而是理解为一种建构。通过将知识理解为建构,我们就拥有了世界,拥有了真实的世界,拥有了属于人的世界。如果情况属实,为何还需要完美之人的创造,也就是超人的创造?如果真理存在,也就必定会存在超人,他可以说:这就是我的世界,他完全将这个世界作为他的家园。这样的一个人就是觉醒了的人,是有自我意识的人,也就是哲人。但是,这种哲学是一种全新意义上的哲学。

真理是一项自由的事业。真理是关于一项自由方案的真理吗?它是否也是一种人的创造?或者,如果人是悬于深渊上方的一条绳索,这是否是人的本质?超人是人的自然目的吗?尼采没有这样的意思。他在"前言"中提到了进化。朝向末人的运动与朝向超人的运动一样自然。在消极的意义上,尼采的事业基于基督教,但基督教并不必然需要理智。整个历史进程没有任何目的,相反,是一连串的创造。未来是否会出现层出不穷的方案?答案是否定的。因为,所有之前的方案都不是自由的。现在,我们知道了关于诸方案的真理,从而能够朝向一个终极方案。某种意义上,这一终极方案就是终点,但并非必然趋向这一终点。

让我们回到尼采的演讲。最重要的一篇演讲是卷一最后一篇。在"论一千零一个目标"中,我们已经看到渴求一个普遍目标。[70]尼采意识到,曾经存在过这样的普遍目标,最明显的是基督教。他现在转向了"爱邻人"。前面的一篇演讲通过表明人之伟大来自于敌人,而暗示了对基督教这一普遍目标的拒绝。然而,存在这个问题:普遍性是否要求普遍的爱?尼采说,是的,普遍性要求普遍的爱,但这种普遍的爱不同于一般所理解的爱,因为一般所理解的那种爱会导向末人。

末人根本不值得爱。庸常所理解的爱,或许仅仅是获得认可、获得一种逃避、获得一种总体的自私自利的手段,仅仅是不同幻象之间的联系。这是说服性的经验论证。一种基于忽视自身的人与人之间的联系,在尼采看来是一种错误的联系。真正的对邻人的爱,首先要求一个人爱他自身最高的可能性。人的自我塑造由于尼采的自由方案而变得可能。真正的自爱是我们爱他人的基础。尼采心中所想到的人是那些总是急匆匆地奔向病人的人们。我们认为,这些人是圣者,但他们从未想过与他人分享快乐,因为他们只想看到悲惨。尼采将我们的注意力引向这些人的伪善。由于他的这种洞察力,我们可以说,他是一位非常伟大的心理学家。

第十七篇演讲:"论创造者的道路"。并不是所有人都有权或有能力成为他自己。只有那些真正的创造者才有权获得自由。消极自由对抗积极自由(Freedom from versus freedom for)。这篇演讲首次提出了这一著名的区分。尼采在此批判了自由主义,自由主义将机会自由看作积极自由。某种意义上,尼采回到了柏拉图和亚里士多德的经典看法:必然存在追寻美德的自由,但怎么会有追寻恶的自由?自由主义最漂亮的论证是弥尔顿(Milton)的《论出版自由》(Areopagitica),即发表坏的自由言论的权利。尼采说,并不是所有人都有权获得自由。这一区分的基础是什么?是创造者让自身成为创造者还是他在某些事物中发现了自身?

尼采似乎在这里求助于自然。尼采的问题是创造性和自由的复兴。存在一种自我立法的良心:一个人为自己立法。康德和卢梭已经思考过自我立法的问题,但这二人所谓的自我立法之法是普遍的法。尼采取消了这一普遍性。意识和理性是次要的。拥有自己的法才是最大的使命,伴随这一的使命的则是无止境地自我尝试的可能性。

第十八篇演讲,"论老妪和妇女"的形式是对话中套着对话。这篇演讲中的对话,都不是扎拉图斯特拉主动发起的。与柏拉图的对话类似,这是一种双重强迫。① 这次对话的结尾是一个非常有名,同时令人震惊的诫命:不要忘了你的鞭子。更重要的是,这篇演讲中隐藏着一个心照不宣的见识:创造性的个体必然是男人。在之前的演讲中,尼采已经暗示了女人可能的进步(或许是从爱情到友谊的进步);在此处,尼采表明了女人的局限。在这篇演讲中,尼采再次求助于自然。

---

① 在《论〈欧蒂德谟〉》(On the Euthydemus)一文中,施特劳斯指出克力同强加了表面的(external)对话给苏格拉底,然而苏格拉底的精灵(daimonion)强加了内在的(internal)对话给他,对照《柏拉图式政治哲学研究》,前揭,页68-69。[译注]中译见施特劳斯,《柏拉图式政治哲学研究》,前揭,页94-96。

　　第十九篇演讲的主题是,在经历了上一篇演讲中与老妪的对话后,扎拉图斯特拉获得的一种经验。上一篇演讲让扎拉图斯特拉明白,他对女人几乎没有任何经验。他已经处理了爱邻人的主题,现在他要处理对敌人的爱。对尼采来说,圣经的裁断和禁令还不够精致。在朝着更为精致的道路上,圣经的道德已经被新的道德超越。但高贵并非任何人所能拥有。

　　第二十篇演讲,"论婚姻和孩子"。这篇演讲似乎与爱和性的主题有种审慎的混合,这是尼采表明亲属关系的方式。在这篇演讲中,强调了人的一种新的完整。生育被尼采当作创造。这种生育要想真正地成功,要求大量的生物学证据和一种新的优生科学。否则,尼采就是错误的。

　　学生:尼采的道德如何是更精致的?① 他说,不要像一名圣徒那样行动,尤其是当你是一名圣徒时。类似的主题之前表述的相当雅致,现在却表述的非常极端。

　　施特劳斯:尼采的观点当然需要严肃地考虑,尽管整体上很容易流于粗野。一位全知全能的上帝通过知晓我们所感知到的一切而人性化了;在《扎拉图斯特拉如是说》第四卷中最丑陋的人杀死了上帝,目的是他不必再忍受注视他的丑陋带来的痛苦。② 骄傲与羞耻不可避免地混合在一起。看起来,尼采恢复了一种颠倒的卢梭主义。卢梭强调同情,尼采强调骄傲,不过最终尼采的骄傲看起来仍有多愁善感的味道。

　　回到"论婚姻和孩子"这篇演讲。用一个乏味的说法来概括这篇演讲的主题,就是它倡导一种优生计划,并且只有里森科(Lysenko)是正确的,③这项计划才有可能成功。

---

①　这个问题在誊写稿中以括号标出,可能是誊写者由于录音带无法听清,提炼的一个问题。
②　对照《扎拉图斯特拉如是说》卷四,第7章。
③　Trofim Lysenko(1898 年—1976 年),苏联生物学家,被斯大林任命为苏联科学院基因研究所所长,这位生物学家的名字在施特劳斯的此次课上占据了一个重要位置。然而,1950 年代中期,里森科的理论——后天获得的特性是可以遗传的——在苏联已经遭到大量反对,不过他在苏联拥有重要的政治地位。由于他的这种政治地位,他的学说逐渐丧失力量——从 1950 年代中期受到挑战,直到 1965 年他的所长职位被剥夺——在美国得到相当程度的重视。

第二十一篇演讲讨论自由地死。对生命的热爱意味着,当生命开始衰落时,自愿结束生命。当然,除了自愿死去,还有另外的选择。在适当的时候,死亡是最好的选择,不是因为对大地不满,而是出于最高的荣耀才选择死亡。教导延缓死亡的教师们认为,自杀是不被允许的。在这篇演讲中,耶稣出现了。这一章中唯一恰当的人是耶稣,希腊人中没有谁适合在这章里出现。扎拉图斯特拉说,耶稣活的不是很久。他不是很热爱生命,且他没有在荒漠中待太久。对生命最终的肯定是,当创造性力量开始衰落时,应当通过自杀自由地结束生命。

第二十二篇演讲"论馈赠的道德",是卷一最后一篇。扎拉图斯特拉最初来到彩色的奶牛城,是为了寻找活着的同伴。结果他找到了门徒。[72]现在,他想再次回到孤独中去。这篇演讲无疑是对《新约》的一种诙谐模仿。在这篇讲辞中,自由地死是与十字架对应的另外一种选择。这篇演讲是卷一中唯一篇不断细分的演讲。扎拉图斯特拉口吻的三次改变可能与精神的三种变形有种类比关系。

这篇演讲中的第一次演讲将馈赠礼物的道德看作最高的道德,并将这种道德看作与自爱同一。然而,这篇演讲直接针对一种粗俗的快乐主义和自我主义。人不是一种只知道捕食的野兽,也不是一种顺从的野兽,人根本就不是野兽。馈赠的道德取代了施舍的位置。馈赠的道德不是一种圣经道德,它意在成为对大地忠诚的一个部分。但反基督教并不是划分三次演讲的主题。从种类到超种类有一个运动。但超种类并不是由自我主义者构成的。

尼采没有解释,超人与超社会有何种关联。美德属于自己,而自己与身体是同一的。道德的终极转变也就是身体的转变。身体是亚结构(infra-structure),然而精神是超结构(superstructure)。与这里的观点相反,马克思的学说看起来更理性一些。尼采明显的"悖谬"与他对理性的批判有关。人不可能获得善与恶的知识,因为这一知识起源于身体。然而,基于被激发的意识而产生某些暗示(intimation)是可能的。但是,身体并不总是处于亢奋状态,只是在某些特定时刻身体才处于亢奋状态。存在一种身体的亢奋和苏醒。道德知识的范围和限制是暗示、是某种指示,是象征。馈赠的道德是一种全新的道德,它并非人永恒的、不变的本性的部分。第二十二篇演讲的第一次演讲的重点是,对快乐主义和自我主义的批判,其背景是对基督教的批判。

第二次演讲强调了这一学说的新颖性。在此之前,所有的道德都是禁欲式的。现在有了彻底的改变:人不再是一种试验品。这一变化如此激进,以至于所有的错误、机运和无意义之物都将消失,此处的观点与马克思和其他激进的左派思想家有密切的亲缘关系。未来显现为一种全新的理想。最高贵的个体将变成一个被拣选的群体——一个自我拣选的群体。这一群体还不是超人,而是对超人的预备。第二次演讲几乎对馈赠道德保持沉默。这次演讲的特征是未来主义。第二次演讲与第一次演讲的关系在于,馈赠道德属于未来,这就是扎拉图斯特拉所赠予人们的礼物。问题在于:扎拉图斯特拉的创造是最后的创造吗?也请注意知识的极端重要性:[73]扎拉图斯特拉本人就是个教师。一位教师如何能够与门徒的创造性和谐一致?

第三次演讲为这些问题给出了一个临时答案。扎拉图斯特拉清楚地说明,他的教诲究竟意味着什么。他的教诲仅仅是对创造性个体的一种引诱,而不是让门徒信仰他的学问。这相当一部分无疑是对《新约》的一种讽刺性模仿。例如,请参《马太福音》10:33;《马可福音》8:38。① 扎拉图斯特拉只是在引诱。

但是,怎么会有如此不确定的引诱?怎么会有一种纯粹开放的未来?如果某人谈论历史,难道他不是必然会有一种末世论,一种历史终结的学说?在"前言"中关于上帝已死的说法,现在被夸大到所有的神都死了。如果所有人都找到了自己,正午就会出现。这个时刻依然不是超人来临的时刻,而是在这个时刻,整个共同体可以意欲超人。这个时刻是知识的伟大正午。

我们需要将这一学说与黑格尔比较一下。依照黑格尔,历史进程已经完成。绝对时刻已经出现。知识的至高点与社会的至高点同时发生——黑格尔与拿破仑同在。黑格尔以这种方式避免了相对主义的陷

---

① 《马太福音》10:33:"凡在人面前不认我的,我在我天上的父面前也必不认他。"《马可福音》8:38:"凡在这淫乱罪恶的世代,把我和我的道当作可耻的,人子在他父的荣耀里,同圣天使降临的时候,也要把那人当作可耻的。"

阱。现在让我们考虑一下尼采最大的对立者马克思和黑格尔。马克思说，在黑格尔那里，哲人在万物都已完成后才姗姗来迟，仅仅是对完成后的万物进行解释，在黑格尔看来，历史曾经存在过，但现在以及未来，历史消失了。由于反对这一点，马克思断言了一种开放的未来。但未来的本质特征是已知的：完全的自由和对财产的废除。对马克思来说，存在两个绝对时刻，马克思已经站在其中一个时刻之上，在这个时刻，马克思获得了关于未来的决定性知识。第二个绝对时刻就是自由的实现和确立。

尼采也有两个绝对时刻。第一个时刻是知识处于最高点的正午。第二个时刻是超人的来临，后者与马克思的完美社会意义相同。但他们之间存在巨大差异，一个是，超人并非必然会实现。相反，末人倒是相当可能实现；另一个是，在知识的正午之后，还存在到傍晚以及新的早晨的运动。超人的世界在经历一个夜晚以及一个早晨后才到来。尼采在这里所思考的东西是什么？马克思主义的说法是，你可以获得自由，一旦获得自由，将永远不会失去。这样说不完全对。因为这个世界将会终结；依照自然科学的知识，我们必须相信这一点。

马克思主义者对此并不感到烦恼，因为世界的终结遥遥无期，但从哲学角度讲，我们在世界上持存的时间毫无意义。尼采在哲学层面上来面对这个问题。存在一种历史进程的无限性。尼采的术语是：永恒复返。对马克思和黑格尔来说，只有一种单一的、独特的历史进程。[74]从圣经的角度出发，没有什么东西能反对这种观点。但当你否定了圣经，以及一个人坚持历史进程独特性的权利，就会产生这一疑问：为什么就应该只有一种进程？永恒复返是尼采教诲的巅峰，但非常难以理解尼采提出这一教诲的动机。粗浅的解释是，根本无需任何独特性。

然而，任何人对下面这一点都不会有异议：没有任何经验证据可以证明永恒复返，就这个术语本身来说也是不可能的。但是，如果马克思的自由王国或尼采式的超人王国最终实现了，不就会出现一种机运和无知克服人之馈赠意志从而取得的胜利？这一在超人来临后的胜利能否被理解人的意志的胜利？尼采试图给出肯定的回答。

　　在卷一的结尾,尼采证明了对终极洞见的渴求。人必须拥有一个基点。进步主义并不起作用。历史主义有一个断言:所有的思想都是历史性的。但这意味着这个断言是终极洞见。马克思主义将其呈现为最终的教诲。在尼采那里,自我与自己的区分意在成为最终的区分。我们已经习惯于不信任任何种类的终极洞见,其原因是科学的进步和当今状况。牛顿曾经达到了一次终极洞见,今天我们认为,不会有终极洞见。我们认为,对自然科学来说是真实的东西,对于所有知识来说也是真实的。然而,甚至在自然科学内部也出现了困境。自然科学的方法和不断修正的进程就是终极洞见。只有这种终极洞见成问题时,才可以避免得出终极洞见。某种程度上,柏拉图预先看到了这一点。

　　学生:什么是永恒复返?

　　施特劳斯:在古代,这是一种非常普遍的学说,这一学说认为世界是永恒的。在这种永恒中,也有短暂,即历史留住于其中。这是柏拉图和亚里士多德的观点。他们谈论过能毁灭文明的大地上的灾难。从部落到文明再到灾难,根本上有一种一致的发展过程。另外一种观点是,可见的宇宙进入存在,未来将再次消失。柏拉图和亚里士多德没有任何圣经上帝的概念,他们认为这一发展过程循环往复。他们谈到了一个伟大的纪元,他们所想的是一段相对短的时间,他们认为是36000年。那些认为这一过程会循环往复的人们,认为这个过程会以恒定的周期循环往复。尼采采用了这一观点。

　　永恒复返对尼采来说显现为一个道德假定,而不是一种宇宙论学说。当上帝还活着时,人们认为一切都无限重要,但当上帝死后,轻率会不可避免的出现。如果人依然有能力追求高贵,那么必然存在一个上帝的替代者。这个替代者就是永恒复返。[75]一切都会再次发生,我此刻所作的事情在未来会确定地复返。这是一种道德假定,其目的是,人可以欲求他的生活无限地复返。但尼采不仅仅是一个道德主义者,他还是一个哲人,所以这个假定就变成了一个哲学问题。他问,我们何以能够假设历史进程的独特性?

　　作为一个哲学问题,这绝对非常重要,这个问题也关涉尼采的声誉,他直面了马克思似乎忽视的问题。永恒复返作为一种道德假定,与其作为一种宇宙论学说之间的关系,在尼采那里非常晦暗。永恒复返学说也面临着其他问题。现代性谈论对自然的征服。人将变成万物的主人。完美的主人意味着,所有都可以被形塑,包括人自身。那么,人的本性现在意味着什么? 我们如何提出界限? 人的生命会被延长多久? 没有谁可以回答这些问题。何种哲学理由能够反驳人之不朽的可能性? 两性之间的差异是什么? 没有人知道我们会走向怎样的未来。极度缺乏清醒的拉斯韦尔(Lasswell)在这个方面是有益的,他谈到了一些不可思议之物。对他来说,未来的问题在于一个天才的社会与机器人之间的关系问题。因为机器人将能行走和谈话,我们是否必须赋予它们人的权利? 人与机器之间的差异消失了。①

　　拉斯韦尔的可笑之处在于,他的理论还不是足够的好。如果自然是可以塑造的,那么也就没有什么可以确定的界限。现在,有人会这样说:我们所有的麻烦与困境都会消失。麻烦在于,进步的方向无法预测。否定了人的本性,也就意味着否定了合法的客观目的的可能性。拉斯韦尔的后继者们可能会变成野兽。尼采不会赞同这点。他意识到,人必须向自然求助。由于他渴求不平等以及保留两性的差异,所以求助于自然就绝对必要。但如何将这种可能性加在人之意志那种无限的力量之上? 尼采也断言过意志的无限性。他不可思议的解决方式似乎是假定了自然,这种假定的自然给予人限制。但如果这种自然是被假定的,它就不是自然。

　　永恒复返并不是一个高贵的谎言。尼采说,如果你手中拥有危险的真理,那么请打开你的手掌。尼采没有关于高贵的谎言的概念。他的写作技艺并不是出于社会责任。不能因为尼采教诲的幻想特征,就认为尼采是疯子。或许更好的认识是,《扎拉图斯特拉如是说》是尼采个性的极端表现。但尼采是第一个看透了相对主义究竟意味着什

---

① Harold D. Lasswell(1902-1978),耶鲁大学政治科学与法律系教授,提出了智能机器人持续发展导致的伦理问题。参,例如《科学的政治科学:一项调和统治与自由的可能性的研究》("The Political Science of Science: An Inquiry into the Possible Reconciliation of Mastery and Freedom"),见《美国政治科学评论》(American Political Science Review), 50 (1956):页975-76。

么的人。

"老妪与少妇"那一章应该与柏拉图的《会饮》进行对比。

尼采的困难在于客观真理的可能性。[76]如果客观真理存在,那么二元论就必要。尼采对此的表达是:纯粹精神掌握着纯粹真理。在这一表达中有某种重要的东西。但如果纯粹精神掌握了纯粹真理,那么就走向了禁欲主义。低于理智的诗歌,就处于一个较低的等级。尼采所关心的是,一个不会将人分为高与低的真理概念。

尼采的影响在今天非常巨大。他是那些把艺术看作科学的补充之人的教父。他曾经尝试着表述过,从艺术的视角来看待科学,以及从艺术的视角来看待生命。艺术在今天被构想为最高之物,甚至社会科学也这么说。但艺术必然是个体性的。托尔斯泰的小说与司汤达的小说极为不同。换句话说就是:真理完全是主观的。

加塞特(Ortega Y Gasset)、斯宾格勒(Spengler)——所有谈论现代性危机的人都是尼采的学生。尼采作为一个思想家是如此伟大,以至于他的诸多困境也大大启发了后人。

对尼采来说,真理的知识是关于难捉摸之物的知识。关于任何重要的事情,我们都不会有清晰明了的知识。真理是如此晦暗,以至于圣经的上帝也没有能力表述它。

第六章　真理、解释和可理解性

——《扎拉图斯特拉如是说》卷二，章 1–12

[77] 施特劳斯：如你们所知，社会科学的基础是心理学，终极基础则是生物学。这些科学将自己呈现为一种客观科学。它们部分上是无神论科学。它们将人理解为不断进化的、一个毫无目的的产品。人是进化过程的一个毫无目的的产品，同时受纷繁复杂的因素控制。尼采看起来仅仅频繁采用这些观点，不过他想要强调的是无神论，也就是说，他意识到了无神论这个事实极端重要的意义和后果。现代的自由的社会科学家们并没把这个事实当回事。社会科学家会说，尼采仅仅是一个不可知论者。如尼采所理解的那样，无神论的后果是圣经宗教的衰落，从而导致了圣经道德的衰落。

现在，我们在西方社会中谈论一种特定的体面，相当程度上，这是正确的。这种体面会作为一种弱化的基督教出现。现在，这种体面由于抛弃了信仰，已经丧失了自身的基础，曾经信仰是这种体面的基础，现在它也处于衰败过程中。请想想"垮掉的一代。"对这代人中的一些来说，对进步的信仰、对建立地上天国的信仰已经代替对上帝的信仰。由于两次世界大战和共产主义的传播，进步的信仰失去了自身让人信服的力量，而共产主义本质上没有能力依照它所基于的那些人道原则来行动。

社会科学家们在更为深远的方面碰到了这些现象。社会科学家做有关青少年犯罪的客观研究，他做这个研究的前提假设是，青少年犯罪是不可欲的。如果他没有预先分析青少年犯罪的境况，他无法完成其所在社会强加于他的工作，因为青少年犯罪最终意味着我们当今社会的整体品质、趋向和癖好。如果社会科学家想尽职尽责地完成他的研究，他就必须思考尼采的分析，因为尼采的分析恰恰基于与社会科学同样的原则，亦即无神论，他必须寻求一种补救措施。否则，他就是在做无用功。

[78]尼采似乎看透了道德的本质，而道德依然有效，因此他在一个新的根本性的假设——上帝已死——的基础上，试图寻求一种新的道德理想。他相信，不仅对人之从未认识过的尺度而言有一种危险，与此同时，人也面临着从未认识到的一个机会。这个机会就是，人或许可以变成超人。但是，尼采关于这种超人或者说这种新的神所言说的东西，并不是依照他的知识，即不是依照可以证明的或可以传授的知识。同样地，他的方法似乎也不是社会科学、心理学和生物学所运用的方法。科学会蔑视尼采的那种非科学的论点。尼采在此扭转了科学的视野：这就是科学所宣称的吗？科学是客观性知识吗？或者这种科学不是出于科学本身的动机，而是出于一种道德理想？

如我们在今天会说的，今天大多数社会科学家都是"自由的"，这不过是一种偶然吗？这种自由主义不是建立在连社会科学家们没有意识到的某种东西上吗？然而，这种科学将自身呈现为对人的一种理性研究的结果。他们所传授的东西可以向任何人表明是真实的，根本不管科学家自身的目标，仅仅要求，一个科学家获得了必要的科学训练就够了。但尼采争论说，我们如何能够知道，对人的理性研究——仅仅暂时保证这是一种理性的研究——本质上能够发现最好之人？

在这里尼采采取了一种在现代科学开端处产生的观点，这一观点的经典表达由帕斯卡通过区分几何精神和敏感精神而提出。换句话说，数学科学的精神是否在本质上能够理解人之为人的本质，从而，我们就不需要另外一种精神？即便在一般的社会科学中，我们也会时而听说某个有天赋的社会科学家具有"直觉"。这一特征不是起因于社会科学的精确性的任何概念。

尼采超越了这些问题，他说，根本就没有客观知识。所有的知识都依赖于假设性的前提。如果一切知识都依赖于假设性前提，那么所有知识最终不过也是种假设而已。那么,问题就出现了,与别的假设截然不同的这类假设,其价值在何处? 依照流行的观点,这些假设的价值必须依照它们是否有能力让人去预测来判定,而预测的目的是实现对事物和人的控制。尼采提出下面的问题:为何这就是判断的标准? 这不过是一种武断的假设。为何必须是这个基本假设,而不能是依照最高之人的假设来做出判断,为何不能是依照人对人的控制来做出判断? 如尼采所做的,他从一种艺术的视角来看待科学,从生命的视角来看待艺术。[79]用惯常的说法来讲,这就是一个价值判断。但,从预测的视角来看待科学,不也是一种价值判断吗? 如果说在一个核爆炸随时可能的时代,人的生存要求科学,这几乎等于什么也没说。要是没有科学,人也可以生活的很好。

因此,我们看到,社会科学与尼采并不矛盾。原因在于,他已经意识到根本的问题是什么,所以他比社会科学高明得多。当然,这并不是说,尼采的教诲就是真正的教诲。要是像下面这么说,也许是正确的:社会科学并不能为我们提供客观知识,不过,我们需要真正的知识吗? 尼采对客观知识的否定,难道不是与他否定人与野兽之间有本质差异紧密相关吗? 因为,主张人和野兽之间有本质差异,事实上,也就是主张人本质是一个理性动物,从而人也是一种能够在客观知识中发现自身完美的存在。尼采难道不是过度继承了达尔文的学说?

无论如何,在尼采严厉地批判了他的时代之后,他必须寻求更早时代的资源,尤其是柏拉图和亚里士多德。在《扎拉图斯特拉如是说》的第二卷,尼采就是这样做的。但是,我们在卷一第二篇演讲"论道德讲席"中,就发现了明显地对古代的涉及,在那篇演讲中,尼采通过断言,依照传统的道德学说,道德的目的就是睡眠,从而讽刺传统的道德。尼采所想的是将道德理解为类似于精神的平和或精神的节制、静静地沉思之类的东西。尼采以创造性的名义反对这类东西,这预设了对精神的平和的反对,亦即预设了混乱(chaos)。

现在我们开始阅读《扎拉图斯特拉如是说》第二卷。第一篇演讲的标题是"持镜的小孩"。大家记得第一卷第一篇演讲中小孩的比喻:骆驼、狮子和小孩。此时,扎拉图斯特拉还没有变成一个小孩,他与一个小孩不同。扎拉图斯特拉再次下降到人群中。但这次下降，不再是像他最初的演讲那样面对市场上的群众，这次下降不是面向所有人，而是来到了他爱的人中间。而且，依照他关于友谊的概念，他们很可能成为扎拉图斯特拉的敌人。孩子告诉扎拉图斯特拉，让他去照照镜子。扎拉图斯特拉自己并不照镜子。照镜子是小孩要求的。他在镜中看到了魔鬼的怪脸：这是一个关于他的教诲被他的敌人歪曲的意象。他的下降不是出于被渴求，而是处于完全的爱。像一个神一样，扎拉图斯特拉非常富有，一点也不匮乏。

接下来的六篇演讲都是在论争，这些演讲再次处理了尼采所在时代的恶的形式。第二篇演讲是"在幸福岛上"。[80]扎拉图斯特拉的朋友们都生活在这个岛上。这篇演讲预先陈述了扎拉图斯特拉的论点：这是一个午后，一个秋天，一个收获的季节。大家还记得在卷一结束时提到正午——知识的顶峰。扎拉图斯特拉现在没有像他之前做的那样，再说上帝已死。他现在说，上帝是一个假设，是一种假想。上帝从未超越于一种假想，他不过是一种可能性，一种空洞的可能性，他永远不可能被人完全认识，在终极意义上，上帝永不可能变成思考的对象。真正的事物必然是人的作品，否则上帝将依然是能够破坏人之创造性的一个幽灵，因为上帝的存在暗示，人之创造性有一个确定的界限。

朗读者[读文本]：

　　上帝是一种假想；但我希望，你们的假想局限在可以想见的事物里。

　　你们能想象一位上帝吗？——这对你们意味着真理意志，即万事万物均能成为人的想象之物、人的可视之物和人的感觉之物！你们应当彻底思考你们本身的感官！

　　你们称之为世界的，应由你们首先创造：世界本身应当变成你们的理性、你们的形象、你们的意志、你们的爱。真的，这会使你们快乐，你们这些求知者啊！

如若没有这一希望，你们怎能忍受人生呢，你们这些求知者？你们既不应降生在不可理喻的境界中，也不应降生在非理性的境界中。

你们这些朋友，我要向你们完全敞开心扉：假如存在诸神，我怎能熬得住不做神呢！所以，诸神并不存在！

我得出这一结论；这结论现在也指引着我。——（"在幸福岛上"，页153）

施特劳斯：这段表述看起来特别渎神的和荒谬不堪。尼采不屑于为这个表述给出任何证明。我解释一下这段表述的背景：柏拉图的《游叙弗伦》（Euthyphro）讨论了虔敬的问题。在常识看来，虔敬就是做诸神命令人们做的事情。然而，还有另外一种关于虔敬的概念，即虔敬包含在对神的爱之中，由此产生的虔敬是，追随神、依照神的方式生活、模仿神，要变得像神一样，最终的结论就是，变成一个神。我们由此可以提出下面这个问题：一个有死的、易朽坏的凡人变得像神那样静止不动和不可朽坏，这难道不是极为荒谬吗？我们继续读。

朗读者［读文本］：

上帝只是一种假想：可吞饮了这假想的种种痛苦，谁还能不死呢？谁剥夺创造者的信仰吗？该剥夺雄鹰在高远处的翱翔吗？

［81］上帝是一种思想，它使一切直者弯曲，一切立者颠倒。什么？这时代一去不返，一切过往的只是谎言？

倘若这么想，便会使人的四肢混乱晕旋，还会使胃呕吐：真的，我把这样的臆测称为颠倒病。

我称之为恶，称之为仇视人类：这所有关于一元化、完满、静止、饱和、不朽的理论。

一切永恒——这只是个比喻罢了！而诗人却谎言成堆。——

但是，最贴切的比喻本应论及时代和变化：它应为一切非永恒之物而礼赞、辩护。（同上，页153-154）

施特劳斯：尼采反对静止不变的和不朽的概念，因为依照时间和变化，这个概念是完全不可信的假想，变化总是会朽坏，会遭受痛苦（suffering）。这些都是创造性的条件。另外的情形是，存在不变的自然，依照自然，存在一种美好生活。这种美好生活按照普遍的现代原则来看，是被排斥的，因为依照自然的美好生活不是一种自由方案。请思考一下下述众所周知的事实：现在根本不可能将种种优雅的技艺当作模仿的技艺来谈论，因为现代的种种技艺被理解为纯粹理性的。一切都已经被暗示；尼采只不过说出了最后的结论：没有什么东西可以超越于时代和变化之上。这就是为何不可能成为神的终极原因。

在155页第5段以下，进一步提到了这一点。朗读者［读文本］：

我的一切感觉万般痛苦，如囚牢狱：但是，我的意志总是前来，充当我的解救者，让我欢欣。

意愿得到自由：这就是意志与自由的真正教诲——扎拉图斯特拉如是教导你们。（"在幸福岛上"）

施特劳斯："这条道路充满痛苦"所强调的是纯粹的痛苦。仅仅意愿得到自由。这暗示了什么？暗示某种强加于我们、命运注定赋予我们的本性，且这与意志必然相敌对。只有这一意志能让人获得自由。你们还记得，在第一卷末尾的段落，魅力和无知觉的对比；意义和感觉不过是人赋予事物的，事物本身不过是偶然的，也是无意义的。必然存在一种先定的意义，否则就没什么东西可以赋予事物，但究竟该赋予何种意义，却全凭意志来决定。

朗读者［读文本］：

不—再—想要、不—再—评价、不—再—创造！唉，让这些大厌倦始终远离我吧！

在求知中，我只感觉到我意志的创造欲和衍变欲；［82］如果我的知识中存有无辜，那是因为其中存在创造的意志。

这种意志诱我远离上帝和诸神:倘若诸神存在,还有什么创造可言!(同上,页 155-156)

施特劳斯:换句话说,如果超人存在,这将是创造性的终点。先在的事物就是知识的对象,但它们要么仅仅是一种先在的事实,要么只能凭借人之意志才能显露出来。但是,先在的事物、先在的事实是真实的知识、是纯粹的知识吗?尼采说,不是。先在的事物不能被理解为纯粹知识的对象,只能将它们理解为与疲倦的意志相关的东西。不存在伦理上中立的知识。关于先在之物的知识必须被解释,并且放弃对先在之物的解释也是一种解释。我们应该看到,无法简单地主张这一观点,但它依然非常重要。

接下来的一篇演讲是"论同情者"。这篇演讲,由于其主题是对全能上帝的传统信仰,与上一篇演讲关系密切。由于人天生的不完美,上帝那种无限之爱必须转换成无限的怜悯,依照尼采的说法,这种转换变成了对作为最完美存在者的上帝的毁灭,因为怜悯是一种具有毁灭能力的品质。在这篇演讲中,扎拉图斯特拉转向求知者与非求知者的关系,扎拉图斯特拉说,非求知者是兽类。这是一个古老的问题。但尼采以一种完全不同的方式来理解求知者和非求知者的关系。

朗读者[读文本]:

我的朋友们,你们的朋友那里传来一种讥讽:"瞧扎拉图斯特拉!他在我们中间走过,是否如同在兽类中穿行?"

更好的说法是:"求知者在人群中漫步,就是在兽类中漫步。"

求知者认为:人本身就是会脸红的动物。

怎会如此呢?是否因为他经常害羞?

哦,我的朋友们!求知者说:羞耻、羞耻、羞耻——此即人的历史!("论同情者",页 157)

施特劳斯:人正是由于羞耻才变成人;在"前言"的开头,就已经讨论过这一点。人是由猿猴或蠕虫变来的,他为这一起源感到羞愧,并且因为这一起源遭受了很多痛苦。这就是痛苦和变得崇高之间不可分离的联系,并且这一点产生了一个贯穿全书的结论,[83]即一旦取消苦难,人之任何可能的高贵也就一并被废除。

让我们将尼采的这一观点与流行的观点——存在一种道德进步的理想——对比一下。人将自身提升到超越于兽类之上。尼采最终断言,在人和兽类之间存在一种本质差异,这一差异就是,人之起源不同于兽类的起源。这一观点应归于人的骄傲。有一种观点认为,现代科学就是对人之骄傲的反驳。首先,哥白尼看来,地球变得不再是一颗重要的星球,它不再是宇宙的中心,随后是达尔文的进化学说。因此,存在一种流行的观点认为,人的人性仅仅是兽性的一种伪装。人类不能谈论比兽类高贵的人。

这一观点在实践上的后果就是,如尼采在"前言"中所言——末人。尼采在某种程度上接受了人是历史性的概念,但他用极为不同的方式来解释这个概念。他说,人性是对兽性的一种修正,人性并非是兽性的一种伪装,而是对兽性的重塑。人能够是骄傲的,且应该骄傲,但人知道自身卑贱的起源。因此,人之骄傲仅仅是其羞耻的反面。尼采赞同达尔文的观点,例如人之起源的现代观念,但他不赞同达尔文关于进化原因的解释。尼采在创造性中看到了进化的原因。他对此的表达就是,如我们在后面会读到的,权力意志。从这个视角出发,我们就拥有两种不同的进化理论,亦即达尔文的进化论或曰机械进化论,与创造进化论——如尼采的学生柏格森(Bergson)所称呼的那样。但这是一种误导。尼采的学说不像柏格森所以为的那样具有理论化。

尼采暗示,创造性的理论是可知的吗?如果不可知,且这就是尼采的论点,那么,关于进化事实的一种在伦理上中立的知识,本质上就是不完整的,且必须得到解释。这一解释依赖于人的经验,即依赖于解释者"自己的经验"。换句话说,达尔文的解释不过是达尔文将人理解为一种竞争性动物的理解的反映。换句话说,你可以认为,存在一种一般而言的物种史,但物种绝然不可能是完整的,且绝不可能由于科学的进步就将它们造就的完整,因此达尔文的进化论必然是一种解释。

但是,这一解释在伦理上必然不同,绝不可能在伦理上中立。尼采在这里就求知者和高贵者做了一个重要的区分。高贵者与求知者不是同一的。知识在这里被呈现为在伦理上是中立的。所强调的事实在于,人是凭借克服、压抑或隐藏而变成人的。在这一视角看来,知识就具有揭露(debunking)伪善、谎言的能力。[84]但尼采说,知识在本质上不具有这种能力。揭露(debunking)也是一种解释,这是一种关于知识毁灭或变得低贱的特殊视角。这一运用不是知识的本质。揭露的根源在于,求知者地位的下降。同样的知识可以被高贵地运用,如尼采将这种运用理解为一种对缺点的隐藏,理解为对我们人类的羞耻部分的隐藏,并且这一羞耻就是痛苦,或者说,奠基于痛苦之上。某些人会敬重痛苦是精神的条件这种观点。人会对自身不敬重最高贵者感到羞耻,高贵者是人们克服羞耻的动力。

羞耻是这篇演讲的直接主题,必定要取代同情的位置。同情在这篇演讲中被理解为关心他人的苦难、脆弱和堕落。对他人苦难的关心是真正的堕落。这个主题贯穿这篇演讲。羞耻是对他人之骄傲的尊敬,因此羞耻的根源也在于某人自身的骄傲。然而,同情却与骄傲毫无关系。现在,我们翻到158页。

朗读者[读文本]:

　　大恩非但不会使人感激,反倒使人心生报复;倘若小的施恩未被遗忘,便会从中生出蛆虫。

　　"你们以接受为羞吧! 以接受这种行为显示你们的卓异。"——我如是劝说那些无物可憎的人。

　　可我是个馈赠者:我乐于馈赠,作为朋友馈赠朋友。但陌生人和穷人可到我的树上自采果实:这样不致使他们过于羞愧。

　　应该完全取缔乞丐! 真的,对乞丐无论给予与否,均令人气恼。(同上)

施特劳斯:尼采的这一评论某种程度上,让我们想起法国道德主义者——拉罗什富科(La Rochefaucauld)以及其他人。高贵的灵魂会感激,但不会对其卑贱的起源耿耿于怀。当然,某人也会提出我们上次讨论的问题,关于某人面对其他人时的过度敏感,难道不会出现一种更伟大的强健吗?存在这种情形:某些乞丐也是骄傲之人。换句话说,面对万物,为何不能是文雅的嘲讽,而是精致的尊敬?在所有这些要点上,尼采都是对卢梭的颠倒,并且可以通过回到卢梭著名的学说,将其表达的更为精确。当对比尼采和卢梭时,第一印象是尼采似乎要比卢梭更具男子气,但真实情形并非必然如此。

[85]请考虑一下这位日内瓦公民的理想。卢梭的方案是什么?卢梭说,存在两种基本的欲望:一种是自我保存的欲望,他称之为自爱,另一种是对他人的爱。这两种欲望是好的,且是自然的。然而,这两种欲望却可以退化到虚荣——卢梭称之为恰当的爱;而虚荣是一切恶的根源,我们关心其他人如何看待我们。因此,所有与先天品质相反的东西都与虚荣有关。这一自然的观点某种程度上是接受自然的平等观念的结果。卢梭断言,同情属于自然人;没有被社会所腐化的人是自私自利之人,这种人关心自我的保存。但这种人只关心自我的保存,而不关心他人如何看待自己。他与其他人的关系在于,他对他人的同情。

尼采接受了这一方案,不过改变了其本质。尼采强调骄傲和羞耻更为积极的一面。换句话说,卢梭称骄傲和羞耻为恰当的爱。尼采剔除了整个自爱概念,即剔除了对自我保存的关心,相反尼采取而代之的概念是权力意志,欲求克服自爱的意志,欲求卓越的意志。尼采做出的主要区分不是在自爱和虚荣之间的区分,而是在健康的权力意志与病态的权力意志之间的区分。请读 159 页第 4 段以下。

朗读者[读文本]:

　　最糟糕的莫过于渺小的思想。真的,宁可做恶,也不为渺小的思想!

　　尽管你们说:"我们爱行小恶,这令我们免于大恶。"可人不应免于大恶。

恶行宛如疮疖：它发痒、骚痛、溃裂——它说实话。

"你们瞧呀，我是疾病。"——恶行如是说；这是它的诚实。

可是渺小的思想像霉菌：它爬行、隐蔽、不想在任何地方存在——最后，这小小的霉菌令整个身躯腐烂、死亡。（同上）

施特劳斯：尼采谈论了霉菌的生长。我们所有人都知道，很多人是由于渺小的思想而变得贫弱，他们本应该大声谈论，甚至积极行动。但这是普遍的吗？不应该忘记，某些照此而行动的人导致了谋杀。尼采对诚实的强调可以归因于现代社会对诚实的迷恋。

下一篇演讲是"论牧师"。你们能看到这里面的关联：无神论、同情、帮助他人——基督教道德的当今形式就体现在牧师那里。我们先读一下 165 页的第 4 段以下。

[86]朗读者[读文本]：

但是，鲜血是真理最恶劣的见证人；鲜血毒化至纯的教诲，并使之变为内心的疯狂和仇恨。

当某人为其教诲而赴火——这证明什么呢？真的，从自己的烈火中衍生自己的教诲，这才更为重要。

爆热的内心与冷静的头脑：它们在何处相遇，就在何处产生呼啸的风，即"救世主"。（"论牧师"）

施特劳斯：尼采在这里提出了一个更大的问题。《善恶的彼岸》的第 87 条格言要比这里更为清晰地表达了尼采要说的意思。

受缚之心灵，自由之精神。——人若紧紧束缚住自己的心灵，便可给于自己的精神更多自由。这话我以前曾说过。然而别人不信我的话，假如他们不是已经知道——①

---

① 誊写稿中没有这个段落。[译注]中译引自尼采，《善恶的彼岸》，魏育青等译，上海：华东师范大学出版社，页 95-96。后文所引《善恶的彼岸》的中译，皆引自这个译本。

　　我认为这个表达非常清晰：与自由主义的观点相反，人不可能同时拥有一颗自由的心灵与一种自由的精神。你可以拥有自由的思想，但你必须控制你的心灵。这就是尼采的解决办法，这让我想起古代的观点。尼采用冷静的头脑要表达的意思是：没有理智性的激情，没有哪种激情会带着自己真正的问题去追求知识——否则，激情将不再是激情，因为那不是你自己的问题。

　　我要跳到下一篇演讲"论道德家"。我们读一下 170 页倒数的几段。道德的奖赏的概念必须被彻底抛弃。甚至美德自身就是奖赏的概念也太过低劣，因为正是这个概念导致道德的奖赏的概念。

朗读者［读文本］：

　　啊，我的朋友们！你们在自己的行为中，要如母亲于孩子之中：我以为，这才是你们的道德言辞！

　　真的，我曾拿掉了你们上百种言辞和你们的道德最喜爱的玩具：现在，对我发怒吧，就像幼童一般发怒吧。

　　他们在海滨嬉戏——海浪袭来，将他们的玩具卷入深渊：他们因而痛哭。

　　但，同样的海浪会给他们带来新的玩具，会在他们面前撒落新的五彩贝壳！

　　他们以是得到安慰；我的朋友们，你们也该像他们一样得到安慰——得到新的五彩贝壳！——

　　扎拉图斯特拉如是说。（"论道德家"）

　　［87］施特劳斯：尼采已经揭穿道德的传统概念。所有的道德都是玩具，道德意味着最大的严肃性，这种严肃性正是道德这个词所暗示的。我们一定不要忘记希腊人称有美德之人为庄重之人，我想，这一点在今天也依然正确。尼采的意思是，人之最高的庄重与最高的优雅不可分割。因此，根本不存在奖赏的概念。这在任何时代都是正确的，如果美德是真正的美德的话。但新的美德不是人工制品，新的美德来自

于大海,且保留了大海的声音。这些新的美德是"自然的"。这些新的美德之所以是自然的,是在传统的美德是非自然的这一意义上而言的。

接下来的演讲是"论乌合之众"。传统的美德之人,是好人和最好之人,他们的反面是邪恶之人。在尼采看来,有美德之人的反面是乌合之众。你们在此看到了反民主政治的暗示,这一点在这里确切无疑。顺便说一下,你们也许记得,某些好的民主政治家,像杰斐逊(Thomas Jefferson)也使用过"乌合之众"这个术语。那么,乌合之众是什么? 乌合之众就是没有荣誉感和没有纯洁意识的民众。尼采在这里再次提到无穷的痛苦。但这一点必须被正确地理解。这并非只是尼采个人的气质。无穷的痛苦不过是无限的骄傲、无限的敏感的另一面。这一点与下述事实相关:尼采似乎看到了人的无限可能性。

朗读者[读文本]:

信——信是一位突然到访的客人。信使是无礼的不速之客的使者。你应该每周腾出一小时来收信,收完信后洗个澡。①

施特劳斯:这多么夸张! 这极大地超越了那些古老的看法,古老的看法认为,我们必须成为上帝之城的好公民,这座城要求所有的民族都成为它的成员,甚至包括毒蛇和臭鼬(skunks)。当然,避开毒蛇和臭鼬是智慧的。

在接下来的一篇演讲"论毒蜘蛛"中,你们会更接近整个政治问题。这些毒蜘蛛就是平等教义的宣讲者。他们的动机是怨恨和报复。这类人的演讲表现出来的正义隐藏了他们的报复。从尼采的视角来看,现代的平等主义与对上帝的圣经信仰有本质联系。当然,尼采并不是第一个这样说的人。托克维尔在《论美国的民主》(*Democracy in America*)中,首次给出了这一联系。② 不过,尼采转换了这个表述。我

---

① ［译注］尼采,《人性的,太人性的》下卷,第261条格言,中译见《人性的、太人性的》,李晶浩、高天忻译,上海:华东师范大学出版社,2008,页736。

② 参托克维尔,《论美国的民主》的"作者绪论"。

们读一下 177 页倒数第 3 段以下。

[88] 朗读者 [读文本]：

> 他们仿佛兴高采烈：之所以兴高采烈，不是因为内心，而是因
> 为复仇。即使他们变得高雅和冷静，也不是精神使然，而是因
> 为嫉妒。
> 嫉妒也引导他们走上思想家的小径；这便是他们嫉妒的特
> 点——他们又走得太远：所以疲惫不堪，最后不得不在雪地安卧。
> （"论毒蜘蛛"）

施特劳斯：这是非常有道理的表述，但问题是，这种极端性是否也
是毒蜘蛛的反面——尼采本人——的特征。我们翻到 178 页读最后 1
段以下。

朗读者 [读文本]：

> 我不愿把自己混同于这帮平等的说教者，因为正义对我说：
> "人是不平等的。"
> 人也不应该平等！倘若我说平等，那么，我爱超人又作何
> 解释呢？
> ⋯⋯
> 生命要用箭矢和梯级构建自己，以便抵达高处；它要眺望远方
> 和极乐之美——因此它需要高处！
> 因为它需要高处，所以它需要梯级，需要梯级和攀登者之间的
> 矛盾！生命要攀登，并且要在攀登中超越自己。（同上）

施特劳斯：反对平等的论证在这里很简略。对超人的爱暗示对平
等主义的彻底反对。这种反对出于两个不同的原因，我们必须区分这
两个原因。如果我们渴望个体得到最高程度的发展，我们在差异（dis-

similarity)的意义上要求人的不平等,而当代关于差异的普遍讨论是多元论的。对尼采来说,不平等是人能够取得任何更高成就的先决条件。可以论证如下:起初,对平等的要求意味着公民之间的平等,意思是,只有首先满足某些条件,公民才能成为彼此平等的公民。

平等的这种含义在尼采的时代已经被彻底改变,甚至在今天也是如此。在今天,平等主义意味着文化的平等。早先的欧洲平等主义学说,某种程度上暗示了欧洲本身的优越性,[89]不是说非欧洲文明就不能获得这种学说,而是说,欧洲碰巧成为平等主义观念、民主理念的发源地,并在欧洲得到发展。平等主义在今天要求所有文化的平等。但人们不会就此停止争论。为了符合逻辑,不得不在空间和时间两方面坚持平等原则——即所有世代的平等。你们立刻看到在平等与进步之间的矛盾。如果你们想要进步,就不能是单纯的平等主义者。这只是其中的一个原因。

另外一个原因可以表述如下:人如果需要高处,也就需要低处。某人也许会说,在我们的周围到处都是比我们低的人,因此,不需要下人(low human beings)。我给你们读一下《善恶的彼岸》中第257条格言:

> 迄今为止,“人”这一种类的每次提升,都是贵族社会的杰作——这种状况将一直持续下去:这个社会相信人与人之间存在巨大的等级差异和价值差异,并认为奴隶制在某种意义上是必要的。阶层差异根深蒂固,统治阶层不断地远观和俯视其臣民和工具,同样不断地练习服从于命令、压制与回避,一种保持距离的激情由此而生;若是没有这种保持距离的激情,那么另外一种更为神秘的激情就可能无从谈起,也就是不会渴望灵魂本身范围内的距离不断扩大,不会形成越来越高级、稀有、遥远、辽阔而博大的状态。简言之,“人”这一种类就不会获得提升,“人的自我克服”——这句道德套话在此用在超道德意义上——就难以为继。当然:对于一个贵族社会(即“人”这一种类得以提升的前提)产生

的历史,人们不可耽于仁慈博爱的幻想:现实是严酷的。①

这里所暗示的人朝向其目的的终极原因是:生命是权力意志,或渴望卓越。在后面的章节,这个主题会逐渐显露出来,某种意义上,这个主题是尼采的关键问题。如果你们还记得我们上次所讨论的东西:一个由自由且平等之人构成的社会要想可能,就需要征服自然;在这样一个社会中,将没有任何一个人去从事低贱的杂务,所有人都过着一种悠闲的生活。现在,这一可能对所有人都变得可能。某人会说,如果物质极大丰富,这样的社会就是真正正义的社会。难道不是应该让每个人都轻松地获得一切东西,并为人们提供他们渴求的和他们有能力得到的一切吗? 然而,尼采的观点与马克思的观点相反。

　　[90]在接下来的一篇演讲中,尼采转向了哲人。尼采以下述方式展开他的论述:首先,他谈论著名的异教徒,紧接着是三首歌:"夜歌"、"舞蹈之歌"和"坟墓之歌",随后是"论自我超越"。我们先看一下,尼采对传统哲人的批判。

　　朗读者[读文本]:

　　　　你们所有著名的智慧者啊,全都为民众及其迷信服务! ——而不是为真理! 正因为这样,你们才受人敬仰。

　　　　也正因为这样,人们容忍了你们的无信仰,因为无信仰是民众的一个笑话,一条迂回之路。于是,主人让奴隶们为所欲为,并以奴隶们的放肆为乐。

　　　　民众仇恨谁呢,就像众狗仇恨野狼那样:是自由的精神、是桎梏的敌人、是不敬拜者,是栖居森林的人。

　　　　把这类人逐出藏身之处——这永远是民众的"正义之义":民众总是嗾使那牙齿最锋利的狗去咬他们。

　　　　"真理在这儿:因为民众在这儿! 让那些另寻真理的人吃吃

---

① ［译注］译文引自尼采,《善恶的彼岸》,前揭,页243-244。

苦头!"民众从来就是发出这样的声音。

你们想用民众所崇尚的东西证明民众的正确:还美其名曰"真理意志",你们这些著名的智慧者啊!("论著名的智慧者",页181)

施特劳斯:我相信你们都熟悉这个观点——在任何一本政治思想史或社会思想史的目录中,都能发现这个观点,只不过表达没有那么强有力罢了。你们听到了什么?所有著名的学说都不过是其时代所流行的意见的部分或综合。传统的哲人是他所在时代的一员和他的民族的一员。传统的哲人总能发现他们所在的社会能够接受的理由。你们或许注意到,这里提及 处文献资料。尼采将那些著名的圣徒和自由精神区分开,他将自由精神比作狼,以区别于狗。①

朗读者[读文本]:

真的,你们这些著名的智慧者,民众的奴仆啊!真的,你们已因民众的思想和道德而增强了——民众也因你们而增强了!我这样说,会使你们感到荣幸吧!(同上,页183)

施特劳斯:换句话说,他的意思是,当他说价值不过是意识形态时,这些价值具有一种有益的功能。

朗读者[读文本]:

在我看来,民众依旧停留在你们的道德中,民众有一双愚昧的眼睛,——民众,岂知精神为何物!

[91]精神是生命,是切伤自己生命的生命;由于自己的痛苦,

---

① 施特劳斯指《智术师》231a-b,在那里苏格拉底对比了哲人与智术师和狗与狼(参下文施特劳斯对爱知者的评论)。

才能增长自己的知识，——这你们知道吗？

　　精神的幸福便是：涂上膏药，用眼泪净化祭品，——这，你们知道吗？

　　当盲人遥望太阳，他的盲目、寻求和摸索，仍旧证明了太阳的权力，——这，你们知道吗？

　　求知者当学会建造山岳！以精神移山撼岳，多么微妙啊，——这，你们知道吗？（同上，页183）

施特劳斯：民众的特征是对精神一无所知。某人兴许还会说，民众对理智一无所知。精神喜欢敌对生命。那些著名的圣者就是生命，他们不敌对生命。生命敌对生命，这是什么意思？你们思考一下对野狼的赞美，即对智者的赞美。生命敌对生命主要意味着，以更高的生命形式的名义对生命进行激烈的批判。据尼采的说法，精神不是理性的，而是受激发的——即某些外在于人的东西突然抓住人。《善恶的彼岸》第211条格言是尼采对传统哲学的批判的一个注解：

　　我坚持认为，把哲学工作者乃至所有搞科学的人同哲人混为一谈的事不应该再发生了，——恰恰是这里应严格奉行"各得其份"的原则，而不是给一些人太多，另一些人太少。也许，教育一个人成为真正的哲人，就有必要让他自己站上这层层阶梯，那里是他的仆人即从事哲学这项科学工作的人止步不前、也必须止步不前的地方。他本身必须曾是批评家、怀疑者、教条主义者、史学家，此外还曾是诗人、收藏家、旅行者、猜谜者、道德家、先知者、"自由的精神"，几乎经历过一切，以便完成人性价值乃至价值感受的循环，动用各种各样的目光和良知，拥有从高处眺望四处的远方、从低处仰望每一个高峰、从一角环视广阔无垠的世界的能力。而这一切还只是完成他的任务的先决条件：这一任务本身有别的要求，它要求这个人创造价值。

　　那些以康德和黑格尔为高尚典范的哲学工作者们，[92]必须确定某种重大的价值判断的事实构成——也就是以前的价值确立、价值创造，后来这些占据了统治地位，一度被称为"真理"——，并言简意赅地以公式表达，或是在逻辑、政治(道德)领域，或是在艺术领域。这些研究者的使命在于，使迄今为止发生的和珍视的一切变得一目了然、易于反思、看得见、摸得着，对所有冗长的，甚至是"时间"本身进行压缩并且克服整个过去：这真是一项浩瀚而美妙的工程，在施工过程中每种崇高的骄傲和坚韧的意志一定都能得到满足。

然而，真正的哲人却是发令者和立法者：他们说"应该如此这般"，是他们确定人类走向何方，目的何在。与此同时，他们拥有所有哲学工作者和所有克服历史者所做的前期劳动的成果，——他们将创造的双手伸向未来，而所有现在发生的、过去发生的则是他们的手段，他们的工具，他们的锤子。他们的"认知"即创造，而这种创造就是立法，就是他们走向真理的意志——权力意志。——今天有这种哲人么？过去有这种哲人么？难道不是必须要有这种哲人吗？……①

答案显而易见。再读一下 183 页最后一段。

朗读者 [读文本]：

你们只知精神的火花：但不知精神即是那铁砧，也不知铁砧之铁锤的残酷！

真的，你们不懂得精神的高傲！然则，一旦谦卑的精神发言，就更不能为你们所容！("论著名的智慧者")

施特劳斯：换句话说，极为高傲且对自己要求极高的精神，要比传统智慧的精神更为谦逊。你们能理解这一点吗？所有著名的圣徒说：

---

① 不知道这段格言在课堂上朗读过没有，誊写稿中有一大段空白，表明这段格言是誊写者插入的。[译注]译文引自尼采，《善恶的彼岸》，前揭，页 167–168。

"我教你们真理!"无疑,这不是谦逊。尼采说,他们不知道他们所教授的不过是"要封闭真理(closed truth)"。在演讲的结尾,尼采更进一步发展了这个主题:传统哲人是淡漠之人,既不热心,也不冷酷。我认为,但丁在《神曲》(*Divine Comedy*)开头描述地狱时也提及了这一主题。①但丁一边谈论淡漠之人,一边谈论哲人。无疑,传统哲人都不是极端主义者。接下来,尼采转向三首歌,这些歌无法解释。这三首歌的功能在于,暗示尼采意义上的哲学与传统思想的区分,并且只能通过表现他自身的经验来做出这一区分,这样做似乎就是在问我们,传统哲人甚至是传统上最伟大的哲人是否具有这样的经验。我认为,答案是否定的。

[93]"夜歌"。这是黑夜,但扎拉图斯特拉是光,这光热切又寒冷,扎拉图斯特拉只馈赠,不索取,他极为孤独。扎拉图斯特拉希望自己能够减少对他人的依赖:"我有一种对爱的渴求("夜歌",页185)"。究竟是渴求被爱还是渴求去爱他人? 并不清楚。

如果创造性的自己是所有意义的源泉,但此刻这个自己居于一个毫无意义的世界上。我认为,这是必然的结果,自己处于一个完全黑暗无光的世界上。

"舞蹈之歌"是居于中间的歌。如果从民众的视角出发,扎拉图斯特拉就是黑夜,但他的同伴是整天酣睡的丘比特。扎拉图斯特拉唱了一首歌来赞美生命的深不可测。但生命自身否认自己是深不可测的。生命说:"我变化无定,狂野,完全是一个女人,但不讲道德("舞蹈之歌",页190)"。但扎拉图斯特拉不相信生命所说的话,他仅仅爱着生命,且只爱生命。他之所以爱智慧,是因为智慧让他想起生命;智慧与生命相似。智慧是否可以等同于生命? 尼采在《史学对于生活的利与弊》中谈论过生命与智慧的敌对,他在那里用智慧来理解客观性或客观的科学。创造性的生命与认识客观性的智慧是敌对的。然而,扎拉图斯特拉的智慧,与科学家们的智慧不同,他的智慧并不是生命的敌人。我提醒你们参照一下《善恶的彼岸》的序言,在那里真理被说成一

---

① 　Dante,《神曲·地狱篇》(*Inferno*),第四章。

个女人。① 真理不是神。

"坟墓之歌"重复了"夜歌"的主题。扎拉图斯特拉并非总是孤独的。有那么些时刻,他热爱人类,也被人类所爱。

朗读者[读文本]:

我曾意欲跳舞,似乎我从未如此舞过:我想超越所有的天空而舞。这时,你们说服了我那位最可爱的歌手。

他开始低沉地演唱,令人悚惧。唉,他好像一只悲愁的号角,在我耳畔鸣响!

凶手似的歌手,恶的工具,最清白无辜者啊! 我正欲跳起最好的舞蹈:你却用你的歌声扼杀了我的欢悦! ("坟墓之歌",页196)

[94]施特劳斯;这是对瓦格纳的提及。这也是用来区分扎拉图斯特拉—尼采与所有之前的哲人的描述的一部分。

朗读者[读文本]:

只有在舞蹈中,我才善谈最崇高事物的寓言——可现在,我最崇高的寓言依旧滞留于我的四肢之内,未曾说出。(同上,页196)

施特劳斯:某种意义上,这让我们想到,真理不可能是直白的——它是难捉摸的。尽管生命与智慧有某种亲缘关系,但二者不可等同。但是,这样就不可能给出生命的完满意义。某人不能说关于生命的这一真理是给定的,因为从尼采的视角出发,生命本身是还没有解释的文本,生命自身是无意义的。这一解释依赖于解释者的创造性行动。但是,这一解释与文本同样是预先就存在的,因此不能说,这个解释是错

---

① 施特劳斯指的是《善恶的彼岸》的"前言"的第一句。

的,只有文本才是真实的。实证主义会说,只有文本才是真实的,其他一切都是任意的和主观的。从尼采的观点出发,求知(to know)不仅仅意味着认识某事,而且意味着解释,意味着创造,成为一个诗人。我们看一下对这一点的解释,尼采在《快乐的科学》"前言"第四节这样说:

> 至于将来,人们将很难在那些埃及青年出行的路径上找到我们了。那些青年夜间大闹神庙,拥抱塑像柱,全部撕掉用充足理由掩盖起来的一切东西的面纱,并置于光天化日之下。不要这样!这样糟糕的风气,这种"不惜一切代价寻求真理"的意志,这种青年人热爱真理的疯狂实在使我们败兴。他们这一套,我们可谓"曾经沧海",我们也曾过于认真、深沉,被烧灼得遍体鳞伤……
>
> 我们不再相信,当真理的面纱被揭去,真理还是真理;我们已有足够的阅历不再相信。不要露骨地审视一切,不要亲历一切,不要理解和"知道"一切,这,对于我们不啻一种技巧。"亲爱的上帝无处不在,这是真的吗?"一个小女孩问妈妈。"我认为这么问有失规矩"——这便是对哲学家的一种提示!人们应尊重羞愧心,大自然就是因为这羞愧心才把自然掩藏在谜的背后,掩藏在斑驳陆离的不确定性背后。也许,真理就是一个有理由又不让人看出其理由的女人?也许,她的名字在希腊文中叫"鲍波"……
>
> 噢,那些希腊人呀,他们可善于生活哩:为了生活,他们必须在表面、皱纹和皮肤上表现出勇敢,崇拜表象,相信形式、色调、言辞、整座表象的奥林匹斯山!他们浮在表面,从深处到表面!
>
> 而我们不也恰好在重蹈覆辙吗?我们这些思想莽汉已经登上当今思想界那无比危险的极颠,伫立该处,环顾四周,俯视一切。我们不也恰好沦为希腊人了吗?沦为形式、色调、言辞的崇拜者了吗?也因此而成了艺术家了吗?①

---

① 这段引文出自于《尼采反对瓦格纳》(*Nietzsche Contra Wagner*)的结语第二节。不过,最初出现在《快乐的科学》"前言"第四节。[译注]译文引自《快乐的科学》,黄明嘉译,上海:华东师范大学出版社,2007,页 41-43。

[95]施特劳斯：还有我们上次提到的《偶像的黄昏》中"'真实的世界'如何最终成了寓言"的段落——这是主观性和客观性的整个问题。传统的"认知"概念——这一概念导致了今天的科学——依照只有客观之物才是真实的这一原则，区分了主观之物和客观之物。现代科学的方法导致了一种无意义的真理，尼采也追随这种方法，如他所说的，去认知事物就是将事物揭露出来。

解决之道是什么？尼采最开始说，我们必须要意识到，这种所谓的客观真理不是客观的，其所依赖的基础是主观的，就如同诗人的创造一样。因此，问题就不是客观性与主观性的对立，而是狭隘的和贫乏的主观性与宽广的和丰富的客观性的对立。从这一视角出发，最深刻的诗人就要比任何科学家绝对更真实。这还没有解决这个问题，但这是接近解决的非常重要的一步。今天所流行的观点是，小说要比科学研究更能揭示人之所是。艺术更具知觉能力。但艺术在观念上永远不可能像科学内部那样存在一种客观性，不可能存在一种普遍的一致。

接下来的一篇演讲尤其重要。从我们的视角出发，更显得重要。我们读一下开头。

朗读者［读文本］：

最智慧的人，一切推动和促使你们产生热切情感的东西，你们称之为"真理意志"，是吗？（"论自我超越"，页198）

施特劳斯：尼采再次谈论智慧之人，不过与"论著名的智慧者"中所谈之人并不完全相同。他不再谈论那些著名的智慧者。尼采在这里并不关心历史事实，很有可能是，这些智慧者既是这里所谈的智慧者，又是"论著名的智慧者"中所谈的智慧者。

朗读者［读文本］：

要把一切存在者变成可以想象的意志：我这样称呼你们

的意志。

　　你们首先让一切存在者变得可以想象：因为你们总是怀疑，一切存在者是否可知。（同上，页198）

　　施特劳斯：据说，是真理意志驱使了所有哲人。尼采说，这是一种误解。他们并不意欲真理，他们仅仅意欲让一切存在者变得可以想象。此处所暗示的事实是什么？某人会说所暗示的是，哲学是试图理解和知晓万物的尝试。这仅仅是一个暂时的说法，但绝非一种误导，因为这个说法让我们想起万物可以被认识这一原则——这对哲学必不可少。渴求知晓万物的意志暗示，每一事物在原则上是可知的。[96]我们如何能知道万物是可知的？或许这只是一个由希腊人给出，而我们继承的逻辑假设。这就是尼采的用意所在。另外一种观点是，存在是难捉摸的。这就是尼采对传统哲学的反对，且这与创造性的问题、与超人以及其他所有他所思考的东西密切相关。所以，真理意志就是意欲让一切存在者变得可以想象，也就是意欲万物可以被思考。

　　之前的哲人都无意识地试图将他们的意志和品质铭刻在现实之上，并宣称说这就是真理。《善恶的彼岸》第一章以散文风格发展了这一主题。整全的可理解性是哲学最基本的假设，且是一个没有逻辑支持的假设。当然，还有另外一种某程度上与希腊传统相反的传统，即圣经传统，在这一传统中，最高的存在者，万物的源泉，是不可认识的或不可思考的，是彻底神秘的。从尼采的观点来看，圣经并没有解决完全解决这个问题。因为圣经的上帝之于他自己是完全可知的。此刻，我们不得不想起那个我们之前读到的极端表述："假如存在诸神，我怎能熬得住不做神呢！"①换句话说，如果最高的存在者之于他自身是可理解的，那么人就忍不住要模仿神，变得像神一样。因此，尼采断言，存在之为存在是难捉摸的——"我们无法拥有真理"。

　　尼采以及尼采之后的哲人不同于传统的哲人。古老的哲人们说，在原则上我们可以拥有真理，因为他们将真理视作可知的。尼采的这

---

① ［译注］《扎拉图斯特拉如是说》，卷二，"在幸福岛上"，前揭，页153。

一主张——存在是难捉摸的,相反,古典观点认为,存在是可以认识的——在今天变得更为可信。在这个方面以及其他众多方面,尼采澄清了现代人所思考的东西。存在是难捉摸的这一观点之所以在今天为人们相信,是因为现代科学已经暗示了这一观点,现代科学所宣扬的进步特征暗示:每一事物都屈从于不断的修正。科学是一种无限进步的事业。在这一进步过程中,科学永远不会有一个终点。但是,如果进步是无限的,那么神秘同样也是无限的,因为总是会有某些事情还未认识。因此,说存在是难捉摸的,说出了现代科学未说出但已经必然暗含的东西。

但尼采通过说存在是难捉摸的还意味着别的东西:所有的意义、所有的表达、所有的价值都源于人,源于自己。自己的神秘是人的深度。如果要是没有这种神秘的深度,就不可能有创造。创造隐含着神秘。[97]如果你能预测一个人将会创造什么,你就无法真正的谈论创造。举个极端的情形:如果你能预测一个人将要说什么,这一点将非常具有诱惑力,当然这与创造性是敌对的。所以,创造性意味着神秘难懂。但是,由于自己是所有意义的源泉,这暗示了每一事物的原因是神秘难懂的。

如果传统意义上的哲学就是让存在变得可以理解,其动机是什么?对此合理的解释是什么? 就是对确定性的渴求。就如他在这篇演讲中所说,他的答案是,传统哲学之所以这样做是源于生命的本性,这里的生命的意思不是一般所理解的生命所蕴含的意思(一般所理解的生命是生存、是自我保存或舒适的自我保存),相反,生命的意思是权力意志,这是尼采的《重估一切价值》的主题。

学生:求知者和高贵者的差异是什么?

施特劳斯:求知者似乎是那些会脸红之人。例如,《王制》中的城邦卫士就是会脸红之人,他们不同于苏格拉底身边那些脸色苍白的同伴。“求知者说:羞耻、羞耻、羞耻”(页157)。看看当今的社会科学,这难道不是再真实不过? 这不就是孔德、马克思以及其他进入这股洪流的其他学派所谓的社会科学吗? 如果分析他们的学说,得到的首要印象就是,所有事物似乎都有一个卑贱的起源。尼采说,人有一个特定的起源,尼采和那些进化论科学家共享着这个起源。但高贵者不能简单等同于求知者。尼采说的是,他绝不会找到单纯的求知者。所以,人身上总是有某种东西,总是有意义和形式来决定求知者是高贵还是卑贱。如果求知者是卑贱的,他将用知识去追求那些令人感到羞耻的事物和导致人堕落的事物;如果求知者是高贵的,他将用知识提升人。这意味着,你不必深入那些卑贱事物的核心去探究它们,相反凭借超越行为,人从野兽变成了人。

从常识角度来看,尼采当然不会否认,存在某个所有人都会赞同的领域。你们会说,科学正是人扩大这一维度的典型努力,科学为人们提供了必要的条件从而能彼此赞同。

但是,科学知识,尤其是社会科学的知识,仅仅是非常狭小的部分。毕竟,我们一直在使用各种概念,这些概念彼此联系且构成了对人的解释的一个特定整体。[98]对人的整体解释就表现在这个概念网里。但是,这在实践上不大可能做出清楚的区分,因为每种科学发现都已经表达在那个概念网里了,即便在社会科学的意义上也是如此。所以,存在无偏见之人——不管他们的意志如何——会赞同的事物。我认为这是尼采始终不会否认的。只不过他坚持说,这些事物微不足道。这些事物只有凭借解释才会变得有意义,并且作为客观科学呈现给我们的解释不过是一种特定的解释,这种解释与尼采给出的解释一样在道德上不是中立的。

我认为,那些野心勃勃的社会科学家的分析会表明这一点。当然,当某个人在他的书的一开始就这样说——“这是我自己的价值判断,从现在开始我书中的一切都径直通向科学”,这毫无意义。所谓的价值判断必然影响他的每一个发现,尽管他做出的每个发现都是以科学的概念表述的。我认为,重点是意识到这种行为,或者至少意识到这种可能性,这一点在我们的社会科学那里是真实的,因此我们的社会科学就不大可能具有尊严,也不具有激发人追求真理的品质。

让我们假设,尼采有一点说得非常正确:末人的视角就是当今所谓的社会科学的视角。我认为,某些人就这个假设给出了更充分的证据。如果某人分析拉斯韦尔的著作,他就会看到拉斯韦尔最引人注意的问题是民主制——他是为了辩护、支持和详细解释民主制。但是,另一方面也会看到科学家的重要性,同时也包括社会科学家的重要性。这立即就让我们面临下面这个问题:技术与民主。科学是否具有一种至关重要的意义,甚至成为了终极目的的决定者? 民主制中进行统治的根本不是人民,而是科学家。

这绝不意味着已经抵达科学的根基处。因为科学家们认为,他们发现像安全、财富等社会问题的解决还不足以让人幸福。对个人而言依然有尚待解决的问题。某些富裕之人依然会犯罪。这些个人性的问题也影响着政治家、最高法院的法官们。关于这个主题的著述浩瀚无边。所以,我们需要另一种不同于经济学的科学来让人变得平衡、正常。据拉斯韦尔的理解,这种科学就是精神分析学。所以,某种程度上,最高的科学不是经济学,而是精神病学。①

但是,此处关于末人的段落究竟是什么意思? [99]每个人都是机器上的一个小零件,任何人都没有令人不安的抱负。我之前的一个学生,他现在是一名教授,他跟我讲过这么一件事。他有个学生,是一位政治科学家,这个学生对下面这个事实感到极大痛苦:他不再有能力像一个政治科学家那样去做他想做的任何事情。然后他接受了精神分析的治疗。结果他变得极为镇静,所有的不安、痛苦都消失了,他也不再忧虑他基本的缺陷。我的那位学生问我:"那位学生现在是不是真的幸福?"确实,那位学生已经不再有忧虑,但他也忘记了会赋予他自身以价值的抱负,他完全忘记了他的抱负。我还记得一个制药公司的广告。画面上首先出现波尔吉亚(Cesare Borgia),②他周围是他曾取得的邪恶的光辉成就,这则广告说,如果波尔吉亚吃了他们的药,他就不会成为波尔吉亚,而是会成为一个正常的人。但马基雅维利说,波尔吉亚热爱某些东西。所以他不会吃医药公司的那些药。

---

① 施特劳斯指的是拉斯韦尔的作品《精神病学与政治学》(*Psychopathology and Politics*, 1930)和《权力与个性》(*Power and Personality*, 1948)

② [译注]Cesare Borgia(1476-1507),教皇亚历山大六世的私生子,野心勃勃,极端残忍冷酷,不择手段,一生都想用暴力统治意大利甚至周边国家。参马基雅维利《君主论》第七章对这位人物的评述。

换句话说,医药公司的药是为末人准备的。如果拉斯韦尔在逻辑上是严格的话,他也不得不要求严格的精神分析学。因此,做最终决定的就成了精神分析学家。毕竟,国会关于人的灵魂又知道多少呢? 那些对拉斯韦尔先生研究的比我更细致的人或许能提出下面这个建议:每个公民都应该变成精神分析家。这听起来像个笑话,但我认为,且不管他做的事情,拉斯韦尔先生本人是值得尊敬的,因为他没有像别人那样考虑荣誉——他让多数人抛弃了灵魂中一直所承担的重负。

当然,某人能发现所有社会科学中基本上正确的观念。正如我在课堂上多次说过的,也存在那些老派的政治科学家——不能从任何视角来批评他们——他们承担了一种公共职责,且非常明智,但是当今的社会科学尤其不具备这类特征。毕竟,政治科学是最古老的学科。更进一步说,有些人做着不那么富有理智的工作,但这些工作是必要的和有益的。这些人也有他们自身的意义,为了共同体的善,共同体强迫他们做着那些工作。没有人会反对这一点。我思考的是社会科学家们的这个整体概念,这个概念主要是由三十年前一度是青年土耳其党(Young Turks)成员的人提出的,现在这些人已经身居高位。我唯一关心的是他们所提出的这个概念之于社会科学的重要意义。

学生:……(所提问题听不清)

施特劳斯:你的问题某种程度上暗示了答案。尼采不是一位理想主义者,因为对他来说,自己就是身体。这明显是“反唯心论的”。[100]对尼采来说,再解释(re-interpretation)要依照善恶来进行,要依照价值进行,并且这仅仅是言辞中,而不是在行动的意义上。尼采当然想改变这个世界。马克思用“改变世界”这个词是为了反对黑格尔关于这个世界已经绝对正义的说法,因为黑格尔丝毫不想改变这个世界。黑格尔改变世界的欲望甚至不及亚里士多德。亚里士多德意识到,大多数社会不完美,如果可能,它们应该得到提升。然而,黑格尔说,至少在原则上,不再有任何有意义的改变是可能的。马克思的“改变世界”基于一个众所周知的预设的解释——唯物辩证法。马克思的解释赞同组成一个政党进行改变世界的行动,然而尼采的解释使得不可能组成政党,也使得任何政治行动不可能。共产主义的胜利和法西斯主义的失败表明了这一差异:马克思指明了政治行动的道路,尼采却无法指明。尼采使得不可能接受自由民主和社会主义,尤其是在德国。

你们一定不要忘记,欧洲大陆的保守派,例如俾斯麦(Bismarck)认为自由民主不过是第一步,如果自由民主得到认可,紧接着就会是社会主义和共产主义。当然,俾斯麦说那不会发生,自由民主只会导致混乱。然而,俾斯麦的这个概念也是尼采的概念。俾斯麦看到了一种在王权和教会之间的联合,但他并不是始终如此。

你们或许记得他著名的与德意志天主教教士斗争到底的宣言,即文化战争(Kulturkampf)。尼采的典型特征是,他确信保守主义不会发挥多大的效用。保守主义或许某些时候有抵抗力,但正是凭借这种抵抗,我们促进了敌人的力量。可能的第三种情形:既非保守主义,也非进步主义,而是——用政治语言来说——右派激进主义。当然,尼采使用的语言后来被右派激进主义使用,但是既没有显示出尼采的深度,也没有显示出他的重要性。尼采意欲吸引的是个体,他始终关心的是个体的创造性,而这与政治行动绝不相容。但是,这一行为具有政治意义是不可避免的。

因此,是否可以说,通过使得人们对左派和右派感到不满,年轻人、处于困惑中的人们会自然而然得出某种结论? 某种程度上,与考夫曼(Kaufman)那些绝对不真实的评论相反,尼采的责任是不可否认的。但这是一个非常微妙的问题。将首要责任归于尼采不会解决问题。[101]在我看来,尼采与国家社会主义的关系类似于,卢梭与雅各宾主义的关系。卢梭不是雅各宾主义者,当然他也会憎恶雅各宾主义。但卢梭自身使得雅各宾有可能曲解他的学说。同样,尼采使得国家社会主义者们曲解他的学说变得可能。你们不能谈论对金发野兽的赞美,也不能说灭绝数百万人们是必要的。但要是提出下面的说法是非常愚蠢的:因为尼采说过这些话,就认为尼采是一个法西斯主义者。依照同样的思路,就必须反对下面这种观点:卢梭需要对法国大革命的错误负责。①

---

① 对照考夫曼,《尼采:哲人、心理学家和敌基督者》(*Nietzsche: Philosopher, Psychologist, Antichrist*),第四版,Princeton:Princeton University Press,1974,第十章;施特劳斯,《现代性的三次浪潮》,前揭,页97-98。

稍后我会提及尼采的一部作品,在那里尼采对这个概念的表述完全是非政治的:末人会到来,这是不可避免的。另一方面,那些孤独的个体某种意义上可能会成为超人。换句话说,根本没有政治的解决办法。但这还不充分。我认为尼采在思考西方在政治上的返老孩童。没有什么比考夫曼的辩护更没意义,他的辩护毫无价值,尤其是对尼采来说。

学生:……(所提问题听不清)①

施特劳斯:我们是依照人和超人的对比来谈论人。也可以在有限和无限的意义上来谈论人。那么,如果人应该变成超人,那么他在这一意义上就变成无限的,某种程度上他具有超人的特性。一种绝非无所不能的存在者具有无限性会产生一种彻底的改变,这取决于骄傲变成无限的骄傲。因此,从尼采的视角来看,这种存在者就是一种痛苦的存在者。例如,从人能够成为什么这一视角来看——这一视角要比常识所理解的人的完美更高——对人的不完美感到痛苦必然会具有一种无限性。这与人具有无限可塑性这一说法有某种关系,这意味着人根本没有一个明确可确定的本性,从而无法指出人的完美究竟是什么。尼采与所有现代思想家都分享这个看法。尼采的特征在于,他得出了下面这个结论:人必须变成超人,因此你们在《扎拉图斯特拉如是说》的每一页都看到这一要求的极端性、无限性和强度。

尼采或许没有充分预见到那种能够使得人类灭绝变得可能的现代技术的巨大进步。[102]但是,如果人类不去使用那些足以毁灭整个人类的武器的话,技术的进步仍会促进闲暇的增长。那么,必然导致的情形是对面包和娱乐的追求。换句话说,人变得毫无抱负。

我相信,如果有人分析当前的形势,尤其是我们这个国家中青少年的犯罪问题,就会感到绝望,青少年毫无抱负,这至少是青少年犯罪的一个因素。尼采的"末人"是非常温柔的,而不是一个杀人犯。但如果

---

① 誊写者注明,这个学生所提的问题与"无限的雅致(infinite delicacy)"相关。

有杀人犯,尼采就会说那会影响治安问题,而不会影响整个人类的问题。末人社会中最好的人也不过是些俗气的人,以至于有人可能会反过来说,正如尼采有时也这样说,末人社会中的罪犯可能正是那些对俗里俗气的行为感到恼怒的人。

第七章　权力意志与自我超越

——《扎拉图斯特拉如是说》卷二, 章 15-20

[103] 施特劳斯：《扎拉图斯特拉如是说》卷二与卷一不同, 卷二几乎都是在处理哲学, 卷一的绝大部分演讲是处理圣经或基督教——除了"论道德讲席"那一篇, 那篇演讲也是在处理哲学。

卷一的主要观点是"上帝已死", 在卷二中这一观点被放大, 认为上帝是不变的或不朽的仅仅是一个假想, 这一假想对生命有害, 也就是说, 对时间和生成有害、对创造性有害。但是, 卷二中的演讲在形式上并不是那么哲学。尤其是"论毒蜘蛛"那篇演讲, 这篇演讲实际谈论的是平等。哲学在卷二中再次成为主题, 是从"在幸福岛上"、"论著名的智慧者"、"论自我超越"开始。那些著名的智慧者不过是民众和民众信仰的仆人。用我们时代的语言来说就是：意识形态思想家。

但这样说还不充分。因此, 哲学的主题在"论自我超越"中再次出现。在"论自我超越"与"论著名的智慧者"之间, 是三首歌："夜歌"、"舞蹈之歌"和"坟墓之歌"。这三首歌虽然没有系统地说明, 但已经表达了之前的哲学中所缺乏的东西, 即缺乏对生命的深度和完整的认识。我们或许可以说, 未来哲人将是哲人和诗人——尤其是抒情诗人——的一个综合体。此处, 我们或许会想起西塞罗的一个说法, 塞涅卡 (Seneca) 转述了它：

西塞罗说,即便他的生命有两倍长,他也不会浪费时间去读抒情诗。[1]

"论自我超越"是整部《扎拉图斯特拉如是说》迄今为止最明确谈论哲学的演讲。尼采认为,真理意志是权力意志的一种形式,权力意志是所有有生命的存在者最本质的特征,不仅如此,还是所有存在者最本质的特征。此处的难题在于,权力意志学说是否是作为权力意志的自我意识的一种表达? [104]换句话说,权力意志在尼采那里是否是有意识的,或者这一学说是否是尼采自身的权力意志的直接表达? 这一学说是否意味着在客观上是真实的,还是说它是一个创造? 无论如何,这一点是确定:尼采的哲学不同于所有之前的哲学,不仅本质不同,就连形式也不同。权力意志学说并非简单地就意味着在客观上是真实的。

现在,尼采在继续阐明权力意志之前,转向哲学的传统含义的各个部分。第一个主题是"高尚者",即精神的忏悔者;那些不再把真理看作美好的或有益的人,他们寻求真理并非出于任何别的关心,因此,他们寻求丑陋的真理:这些人是那些忠实于他们自身的人。

在"论教化的国度"中,尼采处理了不自觉地毁火全部文化和信仰的人,因为这些人是超然于全部教养和信仰的观察者。本雅明(Benjamin)先生给出了一个非常好的建议:德语 Bildung 最恰当的翻译是教化(education),如果你们理解的教育(education)是《亨利·亚当斯的教育》(*The Education of Henry Adams*)一书的标题所传达的意思的话。在这本书中,教育不单单指在大学中所接受的教育,而且指一个人被培育为真正的人和完整的人。[2] 在接下来的演讲中,这个论题继续在哲人的意义上进行,当然是以尼采之前的哲人意义上来运用教育这个

---

[1]　塞涅卡,《书信集》(*Eptstles*),49。

[2]　施特劳斯提到的亚当斯(Henry Adams)的这部作品,记录了 19 世纪末期美国急速工业化的大背景下他的学校教育的失败,和他后来进行的自我教育尝试。[译注] Henry Adams (1838-1918),美国历史学家,美国第二任总统约翰·亚当斯的曾孙,著有《亨利·亚当斯的教育》一书。

术语。

我们现在转向"论没有瑕疵的知识"。尼采在这篇演讲中批判了沉思性知识。他反对沉思性知识,为的是拥有创造性的知识,他借用月亮和太阳的形象来表达沉思性知识和创造性知识的关系——月亮并不具有孕育能力,也无法给与任何事物光,这就是沉思性知识;太阳是光和生命的源泉,这就是创造性知识。我们读一下 212 页第 4 段以下。

朗读者[读文本]:

　"在我,这是最高的事了"——你们虚伪的精神自言自语——"无欲地观察人生,而不像狗一样垂着舌头!

　以观察为乐,怀着寂灭的意志,无自私贪欲——整个身体冰冷,呈烟灰色,却带着迷醉的月亮眼神!

　这是我的最爱",——被诱惑者如是诱惑着自己——"热爱大地,正如月亮热爱大地一样,只眼睛触摸它的美丽。

　[105]我称之为关于万物的没有瑕疵的知识,因为我对他们别无所求:只是站在它们面前,犹如一面具有一百只眼睛的镜子。"——("论没有瑕疵的知识")

施特劳斯:这一批评不适用于沉思性理想的创立者,即希腊哲人们,并且这一批评似乎源于下述思考:这些沉思者是生命的沉思者,是沉思种种表象的变化的沉思者。这些最初的沉思者沉思永恒之物和不变之物。但我们现在知道,根本没有永恒之物或不变之物。那些看起来的永恒之物不过是衰败的暂时停止。你们都熟悉下面这种观点:例如,萨拜因(Sabine)是这种观点最闻名的表述者。①

如果你们接受自然法学说,你们就会发现它是一种廊下派学说,是在历史上希腊城邦瓦解之后的特定时间内出现的。因此,这一学说尽

---

① George H. Sabine(1880-1961),政治科学家,最著名的著作是《政治思想史》(*A History of Political Theory*),1937 出版,是当时标准的政治哲学著作。

管将自身呈现为一种永恒的学说,事实上不过是对暂时处境的一种反映。这一观点在 19 世纪下半叶涌现并广为流行。永恒不过是衰败的暂时现象。因此,沉思的对象只能是生命,创造性的生命,不过,生命也只是作为一个对象。你们在这儿看到了次等的人,即非创造者非创造性地凝视着创造性的生命。我们翻到 212 页,读倒数第 3 段一直到结尾。

朗读者[读文本]:

真的,你们爱大地,但不是作为创造者、生产者和热衷于变化的人去爱!

无辜在何处? 在有创造意志的地方。谁想超越自己去创造,我就认为他拥有最纯洁的意志。

美在何处? 在我必须以全部意志去行动的地方,在我要爱、要沉没、以使图画不仅仅是图画的地方。

……

真的,我像热爱太阳一样,热爱人生、热爱所有深邃的海洋。

在我,这便是所谓的认识:一切深邃的都应上升——到我的高处! (同上)

[106]施特劳斯:尼采在这里比较了他自己的知识概念与古老的知识概念。也就是说,为了理解这个段落,我们必须想起尼采之前就求知者和高贵者做出的区分。在那里,求知者与高贵者或低贱者相比,前者似乎是中立的。知识是不完整的,必须被解释。这一解释根本上从两方面展开:高贵的解释和低贱的解释。低贱的解释是一种唯物主义式的解释。

现在,这一区分被取消。像热爱太阳一般热爱生命,这种对深邃和肤浅的关心,是知识的一个完整部分。知识与高贵或卑贱之间的区分在表面上才有意义,在涉及衍生物时才有意义。但生命最根本的现象是自己,是创造性的自己(the creative self)。例如,我可以观察一个社会,并收集任何人都能看到的某些数据,但这明显与这个人的作品或这个人思想的核心毫无关系。核心在于创造性的自己。然而,创造性的自己无法被感受到,因此这个人也就无法作为一个超然的观察者或一个超然的自我观察者被认识。知识在最高意义上伴随着创造性行为,或者在另一方面预设了创造性行为。但知识与创造性行为不可分离。

因此,创造性思想者反对沉思性思想者。这拥有漫长的历史,我仅仅提到了这一历史一个重要的部分。我们前面一直反思马克思和尼采之间的差异,在这儿我们也必须再次思考一下他们之间的差异。马克思说,他反对黑格尔,因为在黑格尔的方案中,哲人是在一切已经完成,是在最大的狂欢之后(post festum)才出现。马克思还说:"迄今为止,哲人们都是在解释世界,但问题在于改变世界"。① 这与尼采的问题具有某种联系。马克思所谓的世界的解释者类似于尼采所说的沉思者,即与太阳相区别的月亮。马克思尤其反对黑格尔下面这个观点:哲学据说是对创造性的自我意识。马克思说,这一自我意识并不是被创造出来的,而是在历史的终点才会出现。

依照尼采的观点,哲学自身是被创造的,因此,它不可能是简单的自我意识。从另外一个原因——创造性的自己是难捉摸的,且永远不可能被完全理解——来说,哲学在严格意义上当然不是自我意识。然而,某人会说,与早期的思想相比,尼采的哲学在决定性的方面就是意在成为自我意识。所有早期的思想家都不知道,权力意志是他们的求真意志的根基,但尼采知道这一点。

[107]接下来我们要读的演讲是"论学者",对某些人来说,例如我自己,读这篇演讲尤其令人不快。学者也是哲人的一个部分。在这篇演讲里,这一点变得很清楚——扎拉图斯特拉就是尼采。尼采曾经是一个学者,他曾写过令人印象深刻的一章"我们学者们"(We Scholars),②但英语糟糕地将其译成"我们知识分子们"(We Intellectuals)。

---

① 施特劳斯指的是马克思《关于费尔巴哈的提纲》("Theses on Feuerbach",1845)的最后一条提纲。文中引文是施特劳斯的翻译。[译注]中译见《马克思恩格斯选集》,北京:人民出版社,1995 第 2 版,卷一,页 54-57。

② [译注]尼采,《善恶的彼岸》第七章即为"我们学者们"。

谁都知道,知识分子和学者是两种不同的人。

扎拉图斯特拉—尼采曾经是一名学者,但他如今不再是学者,他反对学术。紧接着这篇演讲的是"论诗人",扎拉图斯特拉也是一名诗人。现在,我们看看,关于这些贫乏的人们,尼采说了些什么。

朗读者[读文本]:

> 我发烧,烧得很厉害,被自己的思想灼伤:它常常想窒息我。于是,我不得不走到室外,告别尘土飞扬的房屋。
>
> 但他们清冷地坐在清冷的阴影里:凡事只想做旁观者,生怕坐在被太阳晒烫的台阶上。
>
> 他们仿佛站在街上,盯着过往行人:他们也是如此期待着,目不转睛地盯着别人已经思考过的种种思想。
>
> 倘若有人伸手抓向他们,他们就无意识地在自己周围扬起灰尘,就像面粉口袋一样;可是谁能猜到,他们的灰尘产生于谷粒,产生于夏季沃野那丰收的金色狂喜? ("论学者",页 217)

施特劳斯:什么是学术?依据尼采的看法,学术就是对他人思想的重复思考。人们可以轻易地表明这一点,例如,那些只处理行动而不处理思想的政治史家们,也必须关心思想。例如,你如何研究美国内战史?——实现这一目标的核心事情就是对林肯或戴维斯(Jefferson Davies)的思想进行理解。① 所以,每位学者都是对他人思想的重复思考。这些所谓的"他人"可能是某些社会,也可能是个人。学者的思想来自于原创性思想家的思想。从原创性思想家到学者的过程,思想已经丧失最重要的繁育力和创造力。新收的麦子变成了面粉。

尼采这样来谈论那些只能变成学者的贫乏之人(我们也是其中之一)并不公正。那么,像尼采这样高傲的人为何会说这种严苛的话?

---

① [译注]Jefferson Davies(1808-1889),美国内战南方联盟的领袖,内战期间任南方联盟的总统。

他不得不阻击学者们的武断。学者们总是倾向于变得非常自负。他们知道,他们能够证明他们要断言的东西。如果他们断言,康德在1776年写下了某个片段,他们就一定能证明这一点。然而,康德却不能证明他的整个哲学。学者们知道,X先生教授了Y学说,但X先生自身无需拥有关于Y学说的客观知识。[108]麻烦仅仅在于,他们所拥有的知识在重要性上低于思想者需要怀疑的知识。

尼采继续阐发,学者在品性上的弱点如何导致刚提到的那一缺陷。

朗读者[读文本]:

　　他们彼此严密窥视,互不信任。他们惯施小技,期待着那一类知识在其瘫痪之脚上行走的人——犹如蜘蛛一样期待。
　　我总看见他们小心翼翼地在制备毒剂;这时,他们手指上戴着透明的手套。
　　他们也善于掷骰欺诈;我看他们玩得投入,太汗淋漓。(同上,页218)

施特劳斯:我给你们讲一个另一所大学的一位教授的故事,这位教授是一流的学者。他们特邀一位别的国家的教授讲论一个关于古希腊的主题,这位教授是一位研究希腊的学者……(听不清了)当然,还有别的例子。本质性的联系在于,学者的琐碎是其自负的反面。学者所涉及的知识位于更低的等级,且相当自负。

朗读者[读文本]:

　　我同他们彼此隔膜,比起他们的虚伪和掷骰欺诈,他们的道德更令我倒胃。
　　我与他们同住时,总住在他们上方。为此,他们对我颇为嫉恨。
　　他们不愿听到有人在其头顶漫步;于是,在我的与他们的脑袋中间,他们堆起木头、土地和垃圾。

他们如是消减了我步履的声音:迄今,那些最渊博的学者最难听到我的足音了。

他们把人的一切缺陷和弱点都置于他们与我之间——他们称之为家中的"间隔层地板"。

可是,尽管如此,我照样带着自己的思想在他们头顶之上信步,即使我带着自己的错误,也高于他们,在他们的头顶之上。

人与人并不同样:正义如是说。凡我想要的,他们却不能要!

(同上,页218-219)

施特劳斯:你们在这篇演讲中看到了明显的自传性成分。其结论是自然变得可能,且会再次出现。人之间的不平等——我们被诱惑说,是人在自然上的不平等。在不篡改尼采思想的前提下,我们是否会屈服于这一诱惑,还需要拭目以待。

现在,我们转向这一部分的最后一篇演讲"论诗人"。[109]这是一篇对话。我们之前已经读过一篇对话——"论老妪和少妇"。老妪和少妇在"论诗人"这篇演讲中再次出现了。她们似乎是诗人们最喜欢的话题,因此在"论诗人"与"论老妪和少妇"之间有某种联系。但"论老妪和少妇"是扎拉图斯特拉被迫而进行的双重对话。在那篇演讲中,一位老妪强迫尼采进行了一次对话。原因在于,扎拉图斯特拉缺乏关于女人的经验。而在此处的演讲中,扎拉图斯特拉已经变得经验丰富。如扎拉图斯特拉清楚地说过的,他不再是一名学者,但依然是一名诗人。但是,眼前的这篇对话某种程度上也是强迫进行的。诗人的话题并非扎拉图斯特拉提出,而是由门徒提出。我们读一下开头。

朗读者[读文本]:

"自从我对身体有了较深的了解,"——扎拉图斯特拉对一个门徒说——"我以为精神仅仅是精神巴了;而且一切'不灭'者——这也只是个比喻。"("论诗人",页220)

施特劳斯：这些话来自于歌德的《浮士德》的结尾。① 尼采心中一直想着歌德，超过想着其他任何人。这一说法可能会让你们中尊敬歌德的人大吃一惊。

朗读者［读文本］：

"我已经听你说过一遍了，"门徒答道，"当时你还补充说：'诗人谎话连篇。'你为何说诗人谎话连篇呢"

"为什么？"扎拉图斯特拉说，"你问为什么？我不是被人追问'为什么'的人。

难道我的经验是昨天才得到的么？我的看法自有理由，这已经很久了。

如果我要处处带着我的理由，岂不必须成为一个装记忆的桶吗？

保住我的看法，这太麻烦；有些鸟儿已经飞走了。

我偶尔会在我的鸽棚里发现了一只飞来的动物，他与我十分陌生，当我用手抚摸它时，他发抖了。（同上，页220-221）

施特劳斯：我提醒你们读一下《偶像的黄昏》处理苏格拉底的一个段落。② 你们在那个段落中看到，尼采似乎以一种傲慢的方式在处理理性，因此，也就是在用一种非常冒犯的方式在处理理性。

朗读者［读文本］：

随着苏格拉底，希腊人的鉴赏力骤然转向偏爱辩证法：这里究竟出了什么事？首先，一种高贵的鉴赏力被战胜了；随着辩证法，小民崛起。在苏格拉底之前，在上流社会，辩证的风格是被人拒绝

---

① 歌德，《浮士德》下部，11.12104-5。
② 尼采，《偶像的黄昏》，"苏格拉底问题"。

的：它们被视为低劣的风格，是出乖露丑。[110]人们告诫年轻人提防它们。人们也不信任所有这类表演的任何理由。

就像实在人，实在的事物也不炫示自己的理由。炫示自己那全部五个手指，这不体面。凡是先得证明自己的东西，没有多少价值。无论如何，只要权威属于良好风俗，只要人们不"说明理由"，而是发号施令，辨证论者就是一种丑角：人们嘲笑他，人们不把他当回事。——苏格拉底是一个让人把他当回事的丑角：这里究竟出了什么事？——①

施特劳斯：这个段落尽管没有给出解释，但分析了我们的段落。尼采在这里反对那种渴求充分的理由的要求，他说，这一要求基于下面这个事实：根本就没有充分的理由。只能暂时性地给出充分理由，但如果我们继续追问，则先前给出的充分理由就不再有效；这就是这里所谓的权威。根本意义上，我们面对的事情，用现代诗歌的表达就是"我意欲（will），所以我要求"。意志取代了理性的位置。

在权威这个术语简单的意义上讲，尼采并不是权威的崇拜者。那么，他何以能接受这种权威主义？我给你们读一下《善恶的彼岸》第231条格言："学习改变了我们"。这条格言与我们现在读的这篇演讲相关，其理由如下：尼采之所以谴责诗人，是因为他们没有充分地学习。

学习改变了我们，正如一切养料一样，其功能不仅仅是"保存"——心理学家对此非常清楚。然而在我们内心深处，在"那下面"，必定有某种冥顽不化的东西，必定有一块花岗岩，这就是精神的命运，是对天意甄选出的问题作出命中注定的决断和回答。在每一个重大问题上，都能听到一个始终不渝的声音："我就是这样"。

比如在两性的问题上，一个思想者不可能通过学习转变思想，

---

① 尼采，《偶像的黄昏》，"苏格拉底问题"，5。［译按］译文引自《偶像的黄昏》，前揭，页47-48。

而只可能通过学习加深了解，——直到最后发现，在他那里什么是
"恒久成立"的。有时人们发现了解问题的某些方法，这恰恰使我
们产生了强烈的信任，或许今后会称之为"信仰"。以后——人们
发现信仰不过是自我认识的足迹，是通往问题即我们自身的路
标，——更确切地说，通往天大的愚蠢即我们自己，通往我们的精
神命运，直至在"那下面"的冥顽不化的东西。①

换句话说，尼采的意思是，古老意义上的权威对尼采来说已经丧失
了全部的力量。但什么取代了它？[111]根本上讲，是人自身的创造
性，自己的创造性取代了权威。但尼采不再证明这种"人的创造性"，
也没有为其辩护。在这种意义上，"人的创造性"更接近于古老意义上
的权威，而非……②

当然，这也在那些纯粹的顽固之人和尼采所意指的顽固之人之间
提出了一个巨大的区分。或者更为彻底的问题是，什么是真理？如果
我们在任何伟大思想家那里所发现的终极原理就是这个自己——思想
家只能使自己成长而不能修正它，真理是什么？真理难道不是变成了
诗？因此，尼采必须在扎拉图斯特拉和诗人之间做出清晰的区分。我
们读一下 221 页中间的部分。

朗读者[读文本]：

他说："相信"不会使我快乐，尤其是相信我。

假若某人严肃地说过诗人谎话连篇：那么，他的确说对了——
我们是谎话连篇。

我们知之甚少，是糟糕的学生：故而不得不撒谎。

我们诗人谁没有在自己的酒糟里掺酒呢？我们的酒窖里储存
了某些有毒的混合酒，许多不可形容的事情在那里发生。

---

① ［译注］尼采，《善恶的彼岸》，前揭，页 195-196。
② 可能掉了一个词或词组。

（"论诗人"）

施特劳斯：这也是对《浮士德》结尾的引用，①但也是对《浮士德》的讥讽。

朗读者[读文本]：

> 因为我们知之甚少，故而钟情精神贫乏者，尤其是年轻女子！
> 我们甚至渴盼老妪夜间闲扯的琐碎家常。我们把这叫做我们永恒的女性气质。
> 似乎有一条获取知识的秘密捷径，想要学点什么的人，却不得其途：于是，我们就相信民众及其"智慧"了。
> 所有的诗人都以为：谁躺在草地或荒凉的山坡上，凝神静听，谁就能对天地间的事物有所领悟。
> 如果诗人得到些温柔的触动，就以为自然本身爱上了他们。
> 他们以为自然溜到他们的耳畔，说出密语和情话：在所有凡人面前，诗人们以此自吹自擂。
> 哎，天地间有多少只有诗人才能略微梦见的事物！
> 尤其是天空之上：因为一切神明均是诗人的寓言，是诗人们的诡骗！
> 真的，这东西总是把我们牵往高处——就是说，彩云的王国：我们把自己那些色彩斑驳的玩偶置于云上，并称之为诸神和超人：——
> 但愿它们足够体轻，恰恰可以坐上这些云椅！——所有这些神明和超人啊。
> 哎，我多么讨厌这偏偏被当做真事的子虚乌有啊！哎，我是多么厌倦诗人啊！（同上，页221-222）

---

① 歌德，《浮士德》下部，ll.12108-9。

[112]施特劳斯：我没有能力就这些段落给出一个解释。但其中的某些要点对我而言是清晰的。诗人的特征是缺乏理智诚实。就如我们说的，知识是对某个文本的解释，是对给定的毫无意义之物的解释，而意义恰恰来源于这一解释。但不必歪曲给定之物，只需照其真实的样子接受，只需掌握其真实的样子。绝不能将给定之物归于解释或创造。但诗人不做这种区分。更进一步说，诗的创造不同于扎拉图斯特拉的创造。诗的创造依赖于最流行的意见，并且这种创造只能产生"闲扯的琐碎家常"。诗人不忠诚于大地，他美化大地。这篇论诗人的演讲中的某些地方似乎尤其含混，但绝不是说它们是荒谬的，例如"一点性欲快感和百无聊赖：这便是他们最佳的思索（"论诗人"，页223）"。很难知道，尼采说这话的意思。我们读一下 224 页最后 1 段以下。

朗读者［读文本］：

真的，诗人的精神就是孔雀中的孔雀，就是虚荣之海！
诗人的精神需要观众：这观众就是水牛啊！——
我已厌倦这样的精神：我看，这精神总有一天会厌倦自己。
我瞧见诗人们变样了，他们把目光投向自己。
我瞧见精神的忏悔者走来：忏悔者来自于诗人。（同上）

施特劳斯：这些精神忏悔者就是尼采在这一部分的开头在"论毒蜘蛛"中所言的丑陋真理的猎物。一种彻底新式的哲人必须来到，他们的特征就是理智诚实。尼采提及那些接受丑陋真理的人，绝不意味着是对自然主义注解。可能的情形是，对后尼采时代的诗人的理解，例如里尔克（Rilke），将有助于我们理解这篇演讲。在这种新式诗歌的视野中，所有早先的诗歌都显得"太过肤浅"，因为所有早先的诗歌假定一个理想的世界，而不是探究大地和揭露大地的深度。

在这个意义上，新的部分开始了。尼采在这个新的部分中，将以一种不同的视角转向哲人。这个新的部分是卷二的最后一部分。这一部分最重要的演讲是"论拯救者",这篇演讲前面是"论伟大的事件"和"卜卦者"。

"伟大的事件(Great events)"是尼采精心选择的术语,这个术语与"最伟大的事件(the greatest event)"绝然不同。在《善恶的彼岸》第285条格言中,[113]我们可以发现下述评论:"最伟大的事件和思想——不过最伟大的思想就是最伟大的事件——,最晚被人理解"。①最伟大的事件的一个例子,也是最重要的例子就是,上帝的死亡。我们现在读一下这篇演讲的开头:

朗读者[读文本]:

大海中有个岛屿——离扎拉图斯特拉的幸福岛不远——岛上有个火山常年冒烟;民众说,尤其是民众中的老妇说,此岛像是横在地狱门前的一块巨石:有条狭路越过火山,直通下面的地狱之门。

扎拉图斯特拉在幸福岛上盘桓之际,发生了这样的事,一只船在火山岛边停泊,船员们登岸去猎射野兔。将近中午的时候,船长和船员再度集中,这时他们突然发现有人从空中向他们走来,有个声音清楚地说:"是时候了! 到了最紧迫的时候了!"这个影子来到他们极近之时——像影子一样飞过,向火山岛而去——他们认出是扎拉图斯特拉,惊诧不已;因为除船长外,他们以前都见过扎拉图斯特拉,同民众一样,他们也曾爱他:这番邂逅,可谓惊喜交集。

"瞧!"老舵手道,"扎拉图斯特拉进地狱啦!"——

也就在此船停泊于火山岛时,谣传扎拉图斯特拉销声匿迹了;有人问起他的朋友们,他们说他夜间乘船走了,但不知其去向。

这引起人们的不安;三天后,水手们讲起亲眼所见的飞人故事,更加重了人们的不安情绪——所有民众都说魔鬼抓走了扎拉

---

① [译注]尼采,《善恶的彼岸》,前揭,页271。

图斯特拉。虽然，扎拉图斯特拉的门徒们觉得这说法可笑，其中一个门徒说："我宁可相信扎拉图斯特拉抓走了魔鬼。"但他们仍是忧心忡忡，异常思念：所以，当扎拉图斯特拉第五天回到他们中间的时候，他们便喜不自胜。（"论伟大的事件"，页 226-227）

施特劳斯：扎拉图斯特拉并非像民众以为的那样是去了地狱，而是去了地下的世界。地下的世界位于野兔所在的岛屿。这一点很难理解。我碰巧知道，海涅（Heine）所讲的一个故事中出现过一个野兔岛，尼采应该很熟悉那个故事。那个故事名叫"被流放的诸神（The Gods in Exile）"。在海涅的那个故事中，野兔岛被描述为被废黜的和贫困的朱庇特的居所。①

这两个故事绝非不相关，因为尼采和海涅有一种重要的联系，他们的联系在于下述两个方面：首先，都渴求复兴异教用来对抗圣经的灵性主义和禁欲主义；其次，海涅是反歌德的诸位领袖中的一个，尼采也继承了对歌德的反对，就如你们在《不合时宜的观察》第三篇文章中看到的那样。②

但这意味着什么？我们无法讲完海涅的那个故事，我仅仅提到结尾出现的最重要的要点。火狗隐喻什么？火狗似乎是指精神革命，或者指平等主义的破坏精神。其位置在法国，这是我的看法。那些猎射野兔的船员和船只又隐喻什么？［114］除过船长，每个船员都认识扎拉图斯特拉。我的意见是，这是指 1870 的普法战争，船长是俾斯麦。尼采希望否定 1870 年战争的重要性，而这次战争在德国被认为是构建德国统一的伟大事件。与欧洲的革命运动相比，普法战争就类似于猎射野兔，不过是巨大的政治运动中的一个小事件。有一点是清楚的：火狗就是平等主义革命的精神。翻到 229 页。

朗读者［读文本］：

---

① ［译注］关于"被流放的诸神"的故事，见《海涅文集》"小说、戏剧、杂文卷"，张玉书选编，北京：人民文学出版社，2002，页 136-158。
② 尼采，《不合时宜的观察》，"作为教育者的叔本华"一章。

尽管相信我吧,地狱喧嚣之友! 对我们来说,最伟大的事件——并不是最喧嚣的时刻,而是最宁静的时刻。

世界并不是围绕新喧嚣的发现者旋转:而是围绕新价值的发现者;它的旋转无法听见。

尽管承认吧! 你的喧嚣和烟雾过后,所获的结果微不足道。一个城市变成木乃伊,一根雕像倾颓于烂泥,这原本算不得什么!

我也要把这话说给颠覆雕像柱的人听。撒盐于大海。倾雕像于烂泥,这最愚蠢不过。

雕像柱倒在你们蔑视的泥淖中:然而它的法则恰是,从蔑视中再创造生命和人生之美! (同上)

施特劳斯:从这篇演讲的结语看,扎拉图斯特拉为了控制时代的事件,他反对两个敌人:一方面是革命,另一方面是国家和教会。结尾处另外一只火狗的出现,使得扎拉图斯特拉的意图显露出来。翻到230 页,阅读中间的部分。

朗读者[读文本]:

火狗终于安静了些,喘息也有所缓解;当它完全平静下来,我笑着说:

"火狗呀,你生气了:如此说来,我对你的看法没有错!

为了说明我的看法正确,请你听我讲另一只火狗吧:它真的在大地的内心说话。

它的呼吸喷出黄金和金雨:它的内心要求这样。在它,灰烬、烟雾和灼热的烂泥这些算什么!

从它那里飘来一阵欢笑,犹如彩云翩然而至;它讨厌你喉咙里的咕噜声,讨厌你的喷吐和脏腑的绞痛!

黄金和欢笑——这是他从大地的内心里取来的:就是要让你知道——大地的心以黄金做成。"(同上)

施特劳斯：这另一只火狗同样也是革命的象征，因此它也被称为另一只火狗。之前我们在讨论"论毒蜘蛛"那篇演讲时，我们已经看到，尼采是毒蜘蛛的敌人。[115]同样地，在这篇演讲中，他将自己呈现为另一只火狗。但尼采心中所想的革命与平等主义的革命不同。尼采心中所想的革命不仅反对平等主义革命，而且反对平等主义革命所具有的极端反叛特征。然而尼采所想的那种革命却不是一种反叛的革命，这听起来似乎有点自相矛盾。这篇演讲的结尾强调，大地的心由黄金做成，根本没有地狱，根本就没有什么要对抗的东西。不过，黄金所做成的是大地的心，而不是天堂的心。因此，要忠诚于大地。民众在哪里设置地狱，哪里就有纯粹的黄金。

朗读者[读文本]：

"我该怎样理解这件事呢？"扎拉图斯特拉说，"我难道是魔鬼吗？"

可是，也许是我的影子。你们一定听说了漫游者和他的影子的事情吧？

这是一定的：我必须缩短我的影子——否则，它会败坏我的名声！"

扎拉图斯特拉再次摇头，感到奇怪，重复道："我该怎样理解这件事呢！"

"魔鬼为何叫喊：'是时候了！到了最紧迫的时候了！'

最紧迫的时候——究竟是为了什么呢？"（同上，页231）

施特劳斯：这是敲响警钟吗？请想想"最紧迫的时候"这个词的含混性。在某种意义上，这个词指紧迫，但在字面上，这个词的意思是最高的时刻。在卷一末尾，尼采谈到了正午，在这个时刻，让人们开始意识到超人的可能性和必然性。

接下来一篇演讲是"卜卦者"（The Soothsayer），其标题与之前的演讲明显不同。之前演讲的标题是"论什么"，而这篇演讲简单地就是

The Soothsayer。我们读一下这篇演讲的开头。

朗读者［*读文本*］：

"——我看见一种巨大的悲哀向人类袭来。最优秀的人厌倦了他们的工作。

一种教诲出现了，又有一种信仰与之相伴：'万事皆空，一切相同，一切俱往！'("卜卦者"，页232)

施特劳斯："相同"这个词的德语是 gleich，也有平等的含义。尼采在这里讨论平等主义这个敌人。这个敌人不是政治含义上的，而是在精神和理智意义上的。这是一种悲观主义，叔本华的作品尤其暗示了这一点。"一切相同，一切平等"这个说法事实上暗示的是一种平等主义。要想彻底地理解这一篇演讲，必须阅读尼采的《不合时宜的观察》。［116］在这部品中，尼采呈现了三个现代人物：卢梭、歌德和叔本华。卢梭当然是教授平等的毒蜘蛛，在这部作品的一开头就反对卢梭。歌德由于沉湎于沉思，过分地关注自我保存而遭到尼采的批驳。叔本华在那里被呈现为一个真正的教育者，但尼采在那时就已经知道，叔本华身披伪装。真正的叔本华是真正的悲观主义者，在一开始就受到尼采的反对。①

那么尼采为何称为"卜卦者"？他根本没有谈论未来，那么他是如何谈论未来的？他通过否定一种未来，来谈论未来。在尼采之后，根本就没有未来可言，尼采的意思正是斯宾格勒的《西方的没落》所表达的意思。

这篇演讲的结尾描述了一个扎拉图斯特拉所做的令人恐怖的梦。

朗读者［*读文本*］：

---

① 对照尼采，《不合时宜的观察》，"作为教育者的叔本华"，第4节。

我梦见自己拒绝一切生活。在死亡的孤寂山堡上,我成了守夜人和守墓人。

我在那里守护灵柩:发霉的拱顶墓道里,全是这一类胜利标志。消逝的生命从透明的灵柩朝我凝视。

我呼吸到一种布满尘灰的永恒气味:我的灵魂沉闷,尘土堆积。在那里,谁能让自己的灵魂透过气呢!

我的周围总是午夜的光芒,孤独与午夜相守;还有第三者,即呼噜有声的死寂,它是我最糟糕的女友。

我手握锈迹最甚的钥匙;我也知道怎样打开所有门中最戛然作响的那扇。

当这扇门开启时,一声穷凶极恶的嘶叫,响彻长长的墓道:这只鸟怀着仇恨而聒噪,不愿醒来。

可是,当沉默再临,四周一片寂静,却更可怕,更让内心纠结,我独坐于这险恶的沉默之中。

假如还有时间,时间也从我身边溜走:我怎么知道时间呢!但惊醒我的事情终于发生。

出现三次撞击大门的声音,有如雷鸣,拱顶也响起三次怒号的回响:于是,我向门前走去。

Alpa!我喊道,谁把他的骨灰拿到山上?Alpa!Alpa!谁把他的骨灰拿到山上?

我插进钥匙,倾力推门。可门纹丝不动:

这时,一阵呼啸的狂风吹开了大门:狂风打着尖厉的呼哨,把一句黑棺刮到我的面前:

黑棺在吼叫、呼啸和尖叫中碎裂,爆发出千般轰笑。

小孩、天使、猫头鹰、愚人,还有小孩一般大小的蝴蝶,这千百张面孔都在笑我、讥我、吼我。

[117]我惊恐异常:倒在地上。我因惊惶而叫喊,我还从未如此叫喊。

我的叫喊惊醒了自己:——我醒了过来。——(同上,页234-235)

施特劳斯：扎拉图斯特拉曾经是一个悲观主义者,尼采曾经是叔本华的一个学生。但后来他做了一个梦,一个关于重生的梦,一个关于新的生活的梦。但这个梦似乎只是新生活的一种漫画般的描述。在结尾处,扎拉图斯特拉的门徒解释了这个梦。不过,他只看到,扎拉图斯特拉是克服死亡的卜卦者。这个卜卦者是模糊不清的;这位门徒是一位悲观主义者,然而扎拉图斯特拉处于另外一个极端。这篇演讲的结尾暗示,门徒的解释是错误的,至少是不充分的。那么,扎拉图斯特拉难道不是死亡的拯救者吗?

"论拯救"以及接下来的最后两篇演讲("论人类的聪明"和"最寂静的时刻"),都没有以"扎拉图斯特拉如是说"结尾。① 这三篇演讲对应着"夜歌"、"舞蹈之歌"、"坟墓之歌"。最后一篇演讲"最寂静的时刻"对应着"坟墓之歌",且再次重复了"卜卦者"中的梦。

现在我们开始读"论拯救",这篇演讲是卷二的第二部分最重要的一讲。现在你们有什么问题要问吗?

学生：……(所提问题听不清)

施特劳斯：在接下来的一篇演讲中,有某些东西消失了,同时有某些东西以暂时的方式得到了承认。但是强烈的悲观主义依然是清晰的:大地之心是黄金做的。如果是这样,那么这个世界就不可能是所有可能的世界中最坏的一个。在卷一的结尾,尼采提及新的早晨,即紧接着夜晚之后新的早晨。但那时我们还不知道为何这是必要的。卷一最后一篇演讲第一次出现"永恒复返"这个问题,某种程度上我们在接下来的这篇演讲中能够看到尼采在卷一末尾论及"永恒复返"的原因。

学生：……(所提问题听不清)②

施特劳斯：权力意志似乎是一个最新的智慧,它由一系列现象开始,试图让我们把权力意志当作所有现象最本质的原因。尼采部分是在"论自我超越"那篇演讲中这样做的。或者,权力意志仅仅是一个假设? 但即便权力意志是一个假设,难道我们不会问,为何这个假设是必

---

① ［译注］"论人类的聪明"是以"扎拉图斯特拉如是说"结尾,施特劳斯有误。
② 誊写者注明,这位学生的问题涉及理性与权力意志的关系。

要的? 如果某人做了一个丝毫不合理的断言,那么这个断言在任何情况下都毫无意义。但如果这个人通过他自己的思考方式以及其他一切可能的方式证明,他是一个天才,这不会让别人感到大惊小怪。问题在于,这种证明必须符合理性。[118]所以,关键的问题是,理性证明是否具有引导我们能得出一个确定结论的品质。通过谈及一个不可解决的问题,这个人就会暗示某些无法证明的东西。只有通过回顾,他才能表明一个问题可以得到解决,然后他就无需再追溯。这是可能的一种方式。换句话说,必然会有某种理性存在。要点只在于理性证明在何种程度上是充分的。

学生:……(所提问题听不清)

施特劳斯:"你是一名真理的追求者,还是一个疯子?"这个问题直到这本书的结尾依然不清晰。但是,哲人和诗人之间的亲缘关系在尼采那里要比在之前的哲人那里更为紧密。这是那些巨大困难中的一个。

让我们开始阅读新的演讲"论拯救"。这篇演讲延续了"论自我超越"中的讨论。自我超越不仅仅是低者通过更高者的意志来实现自我超越,而且其本身就是自我超越的意志。某种意义上,自我超越的意志必然也是这一种拯救,我们可以说,这是整部《扎拉图斯特拉如是说》的一个转折点。我相信,这篇演讲在字面上也是整部作品的中心。你们还记得,在卷一的第一篇演讲中,尼采区分了三种精神:骆驼的精神——你应该;狮子的精神——我要;小孩的精神——尼采没有给出一个名称。"我要"某种程度上不是最高的,然而它必然是在"意欲"。我们读一下这篇演讲开头。

朗读者[读文本]:

一天,扎拉图斯特拉走过一座大桥,一些残废人和乞丐围着他,一个驼背的人对他说:

"瞧,扎拉图斯特拉,民众也向你学习,并从你的教诲里获得了信仰;可是,要民众相信你,你还必须做一件事——你必须首先说服我们残废人！这方面你有许多选择，真的，机会多的是！你可以治愈盲人，可使跛子奔跑；对于身后有太多东西的人，你也可以拿去一些——这，我以为便是让残废人相信扎拉图斯特拉的妥善法子！"（"论拯救"，页238）

施特劳斯：这位驼背之人建议扎拉图斯特拉成为一个治愈者。

朗读者［读文本］：

　　扎拉图斯特拉这样反驳那位说话的人："倘若去掉驼背者的驼背、就等于剥夺了他的精神——民众如是教导，倘若使盲人复明，他就看见世间万端丑恶，这会使他咒骂治愈他眼疾的人。令脖子奔跑，会给他造成最大的损害：因为他一能行走，罪恶就与他同行了——关于残疾人，民众如是教导。如果民众向扎拉图斯特拉学习，那么后者为何不能向民众学习呢？（同上，页238）

[119]施特劳斯：换句话说，扎拉图斯特拉拒绝了驼背之人的建议，并证明他的拒绝正是基于民众的智慧。甚至民众也知道，那些缺陷是必要的，在这个意义上也是好的。

朗读者［读文本］：

　　自我置身人群，我就看见：'这个人缺一只眼，那人缺一个耳朵，第三个人缺一条腿，还有缺舌头、鼻子和脑袋'，这些对我都无关痛痒。
　　我看见，也曾着见更加糟糕的事，以及种种丑恶，令我不愿一一缕述，但有些事却难以缄默：就是说，有些人某物过盛，其余人则全缺——只剩一只大眼，或一张大嘴，或一个大肚皮，或其他大的东西——我把这类人称为反向的残疾人。（同上，页239）

施特劳斯：身体的缺陷是最不重要的缺陷。民众根本没有看到最大的缺陷。最大的缺陷是与伟大之人相对立的那些人所具有的缺陷。这里产生了一个问题：民众的智慧断言，缺陷是必要的，在这个意义上也是好的，是否可以说，那些最大的缺陷也是必要的？我们翻到前面"论乌合之众"读几段话。

朗读者[读文本]：

有些人之所以从生命退开，只为避开乌合之众：他实在不愿与他们共饮井水、共享水果、共用暖火。

有些人走进荒漠，与猛兽同受干渴之苦，就是不愿在水槽边与肮脏的骆驼客共坐。

有些人像破坏者一样来临，仿佛冰雹袭向一切果园，他们只想把脚塞进乌合之众的嘴里，堵住他的咽喉。

最让我呛噎的食物，并不是要明白，生活本身不可能没有敌意、死亡和折磨人的十字架：——

而是我曾发出的疑问，且这个问题几乎令我窒息：什么？生活也必须乌合之众吗？

中毒的井水、发臭的火、污秽的梦和生命面包中的蛆虫，都是必需吗？（"论乌合之众"，页173）

施特劳斯：你们看到，身体的缺陷是一个微不足道的问题。我们回到"论拯救"，读239页倒数第2段以下。

[120]朗读者[读文本]：

对驼背者以及驼背者为代言的那些人这样说过之后，扎拉图斯特拉转身面对门徒，甚为不快地说道：

"真的，我的朋友们，我在人群中漫游，就如同在人的断肢残体里行走！

这对我的眼睛真是可怖：我发现人体支离破碎，仿佛残肢断体，散落于战场和屠场。

我的眼睛从现今观望过去：所见的总是同一个东西：残肢断体和可怕的偶然——唯独没有看见人！

大地上的现在和过去——唉，我的朋友们啊——在我，这些都无法忍受，倘若我再不是个先知，不能预见必然要来的事物，我就不知如何生活了。

先知者、有意志者、创造者、未来、通向未来的桥梁——啊，同时也是桥上的残疾人：凡此种种便是扎拉图斯特拉。

你们不也常常自问：'我们以为扎拉图斯特拉是何许人呢？我们该如何称呼他呢？'你们也像我这样自问自答。

他是许愿的人吗？或是完成者？征服者吗？或是继承者？是秋天？或是犁头？医生？或是康复者？

他是创造者吗？或是诚实的人？是拯救者？或是被缚者？善人？或是恶人？

我在人群漫游，如在未来的残肢断体：正是我预见到的未来。

我的全部创作和努力，便是组合碎片、谜和可怕的偶然。（"论拯救"）

施特劳斯：扎拉图斯特拉的说法是：迄今为止，所有的人，包括扎拉图斯特拉在内都是残肢断体。没有谁是完整的。先于尼采的几个世纪，人们依照完人（the universal man）概念谈论过一种完整的人。从这个视角来看，我们可以说，超人似乎就是完整的人。

另外一种不同的说法是：迄今为止，偶然统治一切，这导致了下面这个未来概念：征服偶然，征服人的破碎。我们前面看到了这种对偶然和破碎的征服。我们翻到"论馈赠的道德"第 2 节。

朗读者[读文本]：

不仅数千年的理性——而且数千年的愚妄均在我们身上发

作。做继承人太危险啊。

我们还要同"偶然"这个巨人搏斗,迄今,依旧是荒谬和无意义统治着全人类。("论馈赠的道德",页140)

施特劳斯:在其他的段落中,例如"论自由地死"中,你们会发现,"多余者不应该出生!"[121]在尼采后来的作品中,以一种更为极端的方式表达了这一点。例如,《瞧,这个人》中论《悲剧的诞生》那一节,他说:"那些拥有了新生命的人,他们会把所有使命中最伟大的使命和把提高培养人类的使命掌握在手中——包含着无情地消灭每一个颓废者和寄生虫,只有这样才有可能让源于希腊的那种文明再次降临在大地之上"。① 这意味着什么? 迄今为止,人都是不完整的,某些人甚至是颓废者和寄生虫。从实践角度讲,对偶然的征服不就包含一种优生学?——从《善恶的彼岸》视角来看,这种优生学不就包含对低者、病态者和堕落者的排斥?② 要想否定尼采著作中的这一要素,是不诚实的。在这一篇演讲中,他谈论对偶然的拯救,这与对偶然的征服并不相同。他在"论自我超越"中谈论了知识作为对存在的拯救,以区别于对存在的征服。

那么,这一对偶然的拯救是什么意思? 他接下来进行了解释。

朗读者[读文本]:

倘若人不是创造者,不是猜谜者和拯救偶然的人,那么,我如何能忍心为人!

拯救过往,把一切"过去如此"改造成"我要它如此!"——我以为这才叫拯救。("论拯救",页240-241)

施特劳斯:拯救是对偶然、机运和破碎的拯救,这三种东西都源于

---

① 尼采,《瞧,这个人》,"悲剧的诞生",第4节。[译按]译自施特劳斯的引文。
② 尼采,《善恶的彼岸》,第62条格言。

人的过往。在这种意义上,拯救乃是对过去的拯救。但拯救不是征服,而是对偶然、过去和碎片的肯定。这是一个非常极端和令人震惊的改变,我们必须试图理解这一点。首先,可以说,这是一个完全不必要的建议,因为对偶然的征服已经暗示了拯救。想想马克思和其他类似的学说就够了。对过去的拯救在这个事实——过去就是未来的基础——中不就得到了暗示? 所有的痛苦和愚蠢都要求提出这种完成(consummation)。对偶然的征服不就是为痛苦和愚蠢辩护? 康德在他历史哲学梗概中已经看到了这一点,后来黑格尔和马克思继承了这一看法。我们现在可以说,这绝不是尼采要表达的意思。

朗读者[读文本]:

　　意志——解放者和带来快乐的人尼意志的别名:我的朋友们,我要这样教导你们啊! 但你们还需记住:意志本身仍是个囚徒。
　　[122]意愿解放:可是,给解放者套上枷锁的东西又叫什么呢?(同上,页241)

施特劳斯:所有以往关于意志的教诲根本上都是不完整的,因为那些教诲没有考虑到意志的本质局限。这就是尼采此刻关心的东西。

朗读者[读文本]:

　　"过去如此":这便是意志的切齿之恨和最孤独的忧伤。意志对于一切完成之事无能为力——对于过往之物,意志只能怒目而视。
　　意志不愿后退;它不能打破时间和时间的贪欲——这便是意志的忧伤,最孤独的忧伤。(同上,页241)

施特劳斯:"过去如此"这个表达是着重语气,在《史学对于生活的利与弊》的开头也曾说过一次。在那里尼采说,人无法忘记这点:他是一个动物。野兽会立即忘掉这一点。因此,人差不多活在过去。无法忘记过去,使得我们无法像野兽那样做到彻底的真诚,也阻止我们完全变成自身所应该是的样子。我们总是我们现在所是的样子,同时,我们也总不是应该是的样子。我们自身的存在是一种永不可能变得完美的不完美。因为人无法忘记他的过去。因此,人在任何地方都看到流变,而不能看到存在。这尤其适用于人看到自身的方式,每个个体看到自身的方式。某种程度上,人要是无法忘记过去,也就不可能存在,不可能有属于自身的特质。某种程度上,人只有能忘记过去,只有变成非历史性的,人才能创造,因为创造是当下时刻的行为。但是,忘记过去无法将我们从过去中解放出来,也无法将我们从自身的不完整和猿猴起源中解放出来。

此处扎拉图斯特拉的论证思路如下:意志渴求成为最高统治者,渴求成为创造性的,但意志的这种渴求依赖于给定的东西,也就是依赖于过去。意志在面对过去时虚弱无力。过去是不可抵抗的,是不可被意欲的。过去不仅是时间的三个维度之一——过去、现在和未来,它还是时间本身的特征,因为时间总是在不断过去。为了反抗过去,意志就必须反抗时间,就必须反抗对时间的渴望,也就是反对渴望时间停滞。但我们或许可以再次这样问:当未来可以被意欲时,过去难道不是可以被意欲吗?我们说,过去是未来的条件。然而,这忽视了下面这个事实:要是不意欲过去,过去就只是过去如此,将来只是在之后才到来。那么,意志就总是受到过去和时间的阻挠。

[123]为了击败时间,意志会做些什么?尼采接着回答了这个问题。

朗读者[读文本]:

意愿解放:但意志本身应思考什么,以便摆脱忧伤,并嘲笑被禁锢的自己呢?

唉,被囚禁者皆愚!被囚的意志也在愚蠢地拯救自己。

时光不能倒流,这便是意志的怨恨;"事既如此"——意志推不动的石头便如此称呼。

　　它怨恨而恼怒地推起石头,并向不像它一样怨恨、恼怒的东西复仇。

　　于是,这意志,这解放者变成了痛苦的制造者:它向一切受苦者复仇,原因就是它再不能倒退。

　　这一点,单单为这一点便要复仇:意志对时间的反感、对时间的"过去如此"的憎恶。

　　真的,我们的意志里大的愚蠢;可这愚蠢竟然学会了精神,简直是对所有人性的诅咒!

　　复仇的精神:我的朋友们,这是人类迄今的最佳思索;哪里有痛苦,哪里便有惩罚。("论拯救",页242)

　　施特劳斯:那么,意志为了打败时间的流逝,意志会做什么?尼采的答案是:意志转向复仇。正如尼采说的,人最好的思想就是他的复仇精神。所有之前的思想,包括那些最好的思想,都具有复仇的特征。这是什么意思?意志否定它无法意欲的东西,意志否定过去、时间、时间的流逝、所有易朽的东西。意志假定某些不朽的、不变的和永恒的事物。它欲求超越那种从易朽转而渴求死后世界的状态,欲求超越由于易朽而诽谤大地的状态。意志假定永恒,目的是逃离时间、流变和死亡。另外一种不同的表述是:永恒是一种假想,目的是为了逃离不确定性,因为永恒之物是严格意义上的知识唯一的对象。在这里,尼采给出了他对哲学——在这个术语前尼采式的意义上——的最终分析,哲学是对时间的逃避。

　　这篇演讲接下来表明了这一点如何与道德性解释相关,而道德性解释遍及对过去的解释,某种程度上,这个过去是尼采自己的时间。因此,他在后来更受欢迎的作品中用所谓的"怨恨精神"标明圣经传统和现代道德的特征。尼采之前谈论过复仇精神。他将平等主义革命追溯到复仇精神。在通俗的意义上,其说法是:穷人嫉妒富人。[124]复仇精神在平等主义革命上是有效的,且在所有早期的思想上,包括圣经的思想和哲学的思想上,都是有效的。那么,它们之间的关系究竟是什么？永恒之物仅仅来自于暂时，但这种来源归因于人渴求逃离暂时、逃离易朽之物。因此，人假定了某些绝不可能受某个传统影响的东西。

但是，你们只有通过阅读马克思和恩格斯才能看到，平等主义革命根本没有任何永恒可言。难道平等主义是一个谎言？那关于自由王国的说法呢？如果某些永恒之物是被假定的且被接受，当这些永恒之物被视作比易朽之物更有尊严时，人的生命的堕落就是接受永恒之物的结果。理想被视作是永恒的。理想本身使得质疑现实之物或真实之物变得可能，因为即便某些现实之物与理想一致，现实之物的尊严也要归因于理想，现实之物自身没有尊严。理想依然是标准。每个理想都是原则，从而有益于革命目的。任何普遍或抽象的原则必然会有一种革命效果和破坏效果，并且这就是现代革命运动的源泉，而现代革命运动终究是从人的永恒或自然权利开始的。这一趋势尽管在 19 世纪遭到了遏制，但一直存续至当代。事实是，根本没有任何超越的标准和理想。那关于超人怎么说？超人方案不包括对之前的人的谴责吗？难道尼采不是通过这部作品在道德上谴责之前的人，尤其是谴责末人吗？超人必须表明，某种程度上也包含对之前的人和末人的接纳。

学生：……（所提问题听不清）

施特劳斯：过去是不可挽回的，也不再以任何方式屈从于权力意志。然而，过去可以被意欲。这就是驱使尼采的悖谬。但是，这个悖谬并不意味着它是荒谬的。它仅仅意味着背离了已经接受的意见。

以超人为例。超人拥有巨大的力量和渴望，技术性知识等等。为什么一个超人组成的社会不可能？在特定意义上，自由王国就是一个超人社会。所有都是创造性的，从必然那里挽救一切，使之变成创造性的。尼采这样做的意图是什么？从他的视角出发，为何一个超人社会是不可能的或不可欲的？为何这个说"消灭所有堕落之人"的人（译按，指尼采）也无法实现这一最伟大的成就？是不是在严厉批判前人和[125]要求过去的全部智识人存留之间有一种紧张？如果不平等预设了人更高的尊严，就不能希望消除不平等。尼采的学说某种程度上预设了一种自然秩序。在尼采那里，自然的位置是什么？尼采难道不是完全破坏了自然的概念？——他所凭借的理由是客观真理受到了质疑。意欲过去是这样一个行动：凭借自然所造之物被扎拉图斯特拉意欲过去的意志，以一种不可思议的方式降低其原来的重要位置。

学生：……(所提问题听不清)①

施特劳斯：例如，尼采所理解的超人必然预设了基督教。如果超人是凯撒与基督的灵魂的结合，从尼采的视角来看，以黑格尔哲学的方式将基督教的出现确立为一种本质的必然性，就是不可能的——基督教不过是偶然出现的。某种程度上，超人的概念不能被理解为一个富有理智的、目的论的进程的一个部分。

---

① 誊写者注明，学生的问题涉及尼采的教诲中"机运"问题。

第八章　总结与评论

——融合柏拉图和创造性的自己

[126]施特劳斯：我们已经抵达《扎拉图斯特拉如是说》的核心，所以应当不断回到开端反复思考这部作品的核心问题。在我们意识到根本的问题之前，我们已经构建了我们的思想，或我们的思想已经被其他人构建。在我们思考之前——这意味着纯粹为了我们自己而思考，我们已经拥有了某些意见或信念。在一个像我们这样的社会中，那些意见常常来自于哲学。在我们的社会中，我们是在占统治地位的思想流派的影响下成长的。在我们自己进行探究之前，我们无法知道，当今的那些思想流派是否拥有真理，或它们是否教授真理。所以，我们必须适当地尊敬各个流派，至少在我们的成长阶段要尊敬。但是，也正由于这同一个原因，我们对当今思想流派的尊敬必须有所保留，因为我们在开始思考时都知道，那些过去的思想流派也可能教授了真理。

当然，我们对这个时代的堕落印象深刻；我们这个时代是种种思想声音最多的时代，是最嘈杂的时代，也是最有力量的时代。然而，我们现在越来越搞不清楚，哪个思想流派是更高的，哪个思想流派有权统治时代。在那些不太重要的事情上，我们能更容易地看到，这种对强有力的和已经构建起来的思想流派的尊重，仅仅因为它们是强有力的和已经被构建起来的，不过它们是粗俗的或愚蠢的。

不过，针对我们这个时代思想的力量，我们更容易上当受骗。其中一个原因是：只有时代的思想流派能够拥有时代处境的知识。但是，如果我们不能在时代处境被理解、被判断、被发展的视野下，首先获得关

于最基本原则的知识,关于时代处境的知识就毫无用处。那些对时代
处境一无所知的思想家们,或许也拥有关于最基本原则的知识,反之
亦然。

　　然而,我们或许渴求思想开放和真正的自由,上述的时代倾向和见
识驱使每个人走进任何现存的思想流派。[127]无论在任何时代,只
有极少的人,才会试图走一条前人未曾走过的路。那么,在我们进行探
究之前,那些试图走一条前人未曾走过之路的人,比起那些现存的学
派,就根本不值得受到尊重,因为那些极少之人所走之路也许是疯狂之
路。但是另一方面,我们必须说,那些极少之人也有权被阅读,就如同
任何别的人,满足他们最微小的要求,即给予一个人被他人阅读的权
利。那些极少之人有权开口,他们思索了一些别人从未听说过的事情,
或他们要教授一种全新的东西。我们不能因为他们的教诲与所有之前
的教诲相矛盾,就反对他们。我们不能要求这些创新者,必须在裁判者
的意见面前为他们自身辩护,因为他们否定裁判者的权威,他们公正地
否定了裁判者的权威。不存在必须要阅读的文本,没有谁有权占据思
想领域。你们知道占据思想领域的权利意味着什么吗?“谁先到,谁
先得”是一条健康的原则,但只适用于财产事务。在思想领域,这样的
权利是不适用的。

　　如果我们环顾我们的时代,我们可以发现四种思想流派:实证主
义、存在主义、马克思主义和共产主义。在西方的学术生活中,尤其是
在盎格鲁—撒克逊国家,占统治地位的是实证主义。实证主义的宣称
并非毫无根据。实证主义的唯一权威是现代自然科学,在今天每个人
都能以种种方式认识到这一点,因此实证主义更进一步基于对整全知
识的合理要求。从这两个假设出发,实证正义提出如下断言:自然科学
的成功方法是普遍适用的,也就是说,自然科学的方法根本上说就是数
学物理学的方法,适用于每个事物,尤其是适用于人和人类事务。

　　换句话说,实证主义者们说,唯一真实的知识是科学知识,科学知
识是什么依赖于分析方法或科学方法。但这个说法有这样一个困难:
自然科学的方法广泛应用在人和人类事务上,而不会像自然科学研究
那样,扭曲和破坏种种社会现象,这是否可能?人难道不是宇宙中独一

无二的存在？在人和非人之间是否有本质差异？对人的自然科学式研究难道不是依照那些低于人类（sub-human）的术语来理解人？这难道没有暗示人的堕落？实证主义应用于人的最明确的形式就是事实和价值的区分。也就是在科学这个评判者面前、这唯一真实的知识面前、知识的最高形式的评判者面前，[128]一切价值都是平等的。通过一种简单的统计学考虑，这一判断在效果上导致最低的价值和那些堕落之人占据了优势。一种价值自由的社会科学是否可能？就如你们都知道的，我认为这种科学不可能。但我现在不能集中探究这一已经变得陈腐的社会科学类型。

　　实证主义的不充分性已经被意识到，但知识和科学的实证主义概念根本上还是被广为接受，随后存在主义兴起。我知道这需要很多证明，但请允许我这样自由地谈论。存在主义是我们时代除实证主义之外另一个强有力的竞争者，因为共产主义和马克思主义都有很深的实证主义思想。存在主义的历史渊源有两支：基尔克果和尼采。基尔克果是一个基督徒，他的整个教诲都服务于确立基督教。存在主义的哲学根源吸收自尼采，并且只是吸收自尼采。还有另外的原因支持这一点。首先，基尔克果生活于一百多年前，他的声誉只是在20世纪近几十年才超出丹麦，且是紧随着尼采声誉的扩展而来。我们更进一步提到存在主义最伟大的代表，海德格尔。要想理解存在主义，必须从尼采开始。①

　　还有更深入的考虑：尼采是共产主义的批评者，他所凭借的原则与共产主义的基础是同一种原则，即尼采的著名表达"上帝死了"。但问题是，我们是否能质疑这一现代假设本身，这一假设对于实证主义、尼采和马克思主义是同一的。在实践上，共产主义得到了实践，尽管我们时代的共产主义是新共产主义（neo-communism），因此不能简单地将其等同于原初的共产主义。不管实践中的共产主义可能会变成什么，共产主义作为一种哲学——不管其神学的部分，也是古代的一种哲学

① 施特劳斯在"相对主义"一文中重复这一看法，见《古典政治理性主义的重生》（*The Rebirth of Classic Political Rationalism*）一书中，Pangle 编，Chicago：University of Chicago Press, 1989, 页24。

教诲,共产主义依赖于柏拉图、亚里士多德和西塞罗等等。我们在其中找到了自然法(natural law)和自然正确(natural right)的概念。这个概念受到当今所有思想学派的反对,这迫使我们超越时代的视野。因此我们就要从尼采与自然正确的或明晰或晦暗的关系,来接近尼采。

自然正确或自然法的概念——我此刻不会深究这二者之间的差异——基于如下假设:自然在人类行为方面,给予我们指导,自然是好的。自然正确的现代反对者正是基于质疑这个假设。笛卡尔的普遍怀疑表达了这种质疑,在笛卡尔的怀疑中,[129]将自然归于一种邪恶的精神,对自然的征服这个概念暗示了这一点,例如霍布斯的自然状态是需要被避免的概念保留了对自然的怀疑。自然的位置在现代思想中首次被理性和历史取代。

尼采的独特位置在于:他试图扭转历史具有引导作用的概念,并试图绕过理性,回到自然。他绕过理性的方式基于他对理性的批判。理性、自我——不过是自己的仆人,他用夸张的表达说,自己就是身体。某人会期待某个时刻,在这个时刻尼采从历史转向自然正确的思想。从后面我们会看到,这不完全错。但主要方面,这个期望会落空。那么,是什么东西阻碍尼采的转向? 可能这个阻碍也是现代的阻碍,通过理解这一阻碍,我们能够更加清晰地理解现代的前提假设。

依据尼采自己的说法,他最重要的作品是《扎拉图斯特拉如是说》。这部作品的主要出发点是上帝死了。这是人类生活最为重大的事件,是人类的超级危机。这个事件的主要后果是末人的前景。末人不再有志向、不再知道任何英雄主义、任何献身、任何尊严。末人只知道舒适的自我保存——通过精神分析来保存自己。无需说,尼采没有谈论过精神分析,因为精神分析恰恰是由于尼采才出现的。尼采仅仅说:

> 没有一个牧人的一群羊! 人人需求同一,人人也都一样:谁若感觉不同,就自觉进入疯人院。("前言",第 5 节,页 43)

但尼采的这一表达假定无法治愈这种差异,而精神分析学意在治愈这种差异。换句话说,精神分析学真正地完成了尼采所看到的"末人"——人人绝对相似。尼采关于末人的描述从反共产主义的视角出发,末人就是共产主义的自由王国真实的样子。共产主义的自由王国宣称,在最高阶段,人的创造性以及每个人的创造性才开始。但如尼采表明的,自由王国绝不可能与任何形式的创造性相容。

然而,尽管朝着末人前进的趋势非常有力,但这一趋势的胜利并非必然。上帝之死让人的最极端堕落——成为末人——变得可能,同时,这个最大的事件也使得成为最高之人成为可能。超人的特征就是创造性,对创造性的意识,[130]对下面这个事实的意识:所有的意义和价值都源于人,而不是源于上帝,也不是源于自然。因此,超人就是一个求知者,因为超人具有至关重要的对自己的意识。因此,尼采能称超人为未来哲人。因此,超人也具有骄傲和同情的特征——超人是一个骄傲的创造者,超人是主动的创造者,是最富有同情的人。

同情取代了怜悯的位置。同情尊敬别人的骄傲,然而怜悯伤害他人的骄傲。我们也必须强调下述事实:尼采意义上的创造者是极为孤独的,因此也承受着最高程度上的痛苦。超人的概念在政治上绝非中立。尼采反对左派和右派,反对平等主义和国家。但是,他疾呼创造性,疾呼创造性个体的觉醒,也具有政治上的效应,与此同时,尼采没有能力阐明政治行动的道路。因此,尼采的政治效应必然会导致对他的教诲的曲解和误用。这种曲解和误用就是法西斯主义。尼采和马克思在这里有一个巨大的差异。据说,列宁和斯大林滥用了马克思主义,这样说某种程度上正确,但他们对马克思教诲的误用,远远不如希特勒和墨索里尼对尼采教诲的误用。

超人概念的前提是上帝已死,也就是说,反对任何永恒、不变和不朽的事物。存在的位置被生成取代,永恒的位置被时间取代。但在尼采看来,生成的本质特征是什么?尼采说,生成的本质特征是"权力意志"。权力意志学说只有以人这种现象以及所有政治现象作为出发点,才能得出。尼采所想到的东西与杜威(Dewey)及其他人所称呼的

"生长"（growth）类似。① 这是一个多少有些困难的表达。古代思想所理解的生长概念必然有一个限制。就如一则德国谚语说的：即便全力呵护，树木也不可能抵达高天。因此，生成必然会达到一个顶点，在这个顶点处，生成到达它的终点。我不想否认，尼采所理解的权力意志概念和杜威所理解的"生长"概念之间没有太大的差异。也就是说，如果存在就是生成，那么就不可能有一个限制概念。总会有某些事物会挡住其他事物的光——想想森林中的树木就够了。说的直率些就是：某些人的意志会造成对他人的伤害。要么你接受这种伤害，要么做些事情阻止"生长"。然而，那些谈论"生长"的人还没有充分意识到人群中的这一部分人，但是，当尼采谈论权力意志时，他充分意识到了这一点。

[131]无论尼采在发展权力意志学说时主要思考了何种关于人的现象，我认为，知识现象可能要比其他任何现象对尼采来说更重要，尼采感到被迫将权力意志普遍化。权力意志不仅是人的本质，而且是任何有生命之物的本质。权力意志学说意在对进化的向上运动进行解释，对人的历史的向上运动进行解释，没有假设一个预先存在的目的，没有假设一个预先给定的目的，是权力意志本身引起"生长"这种向上的运动。因此，权力意志可以严格地应用于柏拉图的爱欲观点，爱你所渴求的某些事物，这些事物本身要先于你自己的爱欲。权力意志学说不仅在本质上不同于早先的形而上学，因为权力意志学说中明显没有神，而且在形式上也不相同——绝不存在永恒之物。

与此对应，也不存在能够感知到永恒之物的纯粹精神。理性、理智、自我仅仅是自己的表面。因此，知识被理解为最高之人的一种功能，知识不能被理解为纯粹理智的一种实现。知识是最高之人的一种功能，是自己的一种功能，而自己就是身体，因此就像某些人说的，知识也是身体的一种功能。因此，知识最终也是对权力意志学说的一种修正。知识是有生命存在的一种活动，有生命的存在本质上是权力意志。知识在终极意义上是不可感知的，是创造的。知识就是为无意义之物印上一个模式，从而区别于感知到一种模式。

---

① 参杜威，《经验与教育》（*Experience and Education*），1938 年出版。

在这种意义上,唯有知识在最后的分析中才能被尼采接受;他要表达的意思体现在《扎拉图斯特拉如是说》中的一首歌中,即在智慧和生命之间有一种亲缘关系,智慧被理解为生命的某种基本特征,也就是权力意志——铭刻某种模式在事物上,而不是感知一种模式。但是,在这些条件下,真理意味着什么? 难道不是尼采的权力意志学说证明了尼采自己的权力意志或尼采自己的个体性? 尼采如何理解这个学说要比其他任何问题更重要。就像尼采说的,所有的知识都是一种透视,属于一种特殊的视角,且只在那种视角下才可能有效。但是不存在纯粹精神的求知者的视角。也没有客观知识,因为不存在那种完整的、充分的,可以给予我们引导的客观知识。某种程度上,存在某种类似于客观知识的东西,但这种知识必须通过解释才能完成。[132]但是,比起对纯粹客观和给定的文本的意识来说,解释具有一个完全不同的认知位置。如果所有的知识都是透视,那么更高的透视必须是更具理解能力的透视。

因此,尼采的权力意志学说将其自身理解为某个特定阶段的,迄今为止最好的意见。这种哲学不是最终的哲学,而是未来的哲学。其如此做的必要性可以表述如下:如果权力意志学说意味着最终的真理,那么就意味着它是最高秩序的创造的终点,因此从尼采的观点看来,这一哲学学说是人的创造。但是,我们所渴望的明显是更高层次创造的无限进步,是更为宽广的透视。在《朝霞》的最后一条格言中,我们读到了关于这一困难一个漂亮的表述。①

尼采将哲学称为权力意志的最富精神性的形式。② 这种精神性的意思是什么? 这意味着权力意志转向了自身。我们在这个机械世界和大多数时代中的人的身上发现的权力意志,是一种尝试克服和吸收所有其他事物的企图。但在最高阶段,权力意志转向自身。与一切唯心论进行争论的意图,迫使尼采夸大身体的重要性。

这个"或者"是什么? 或许是发现一块人类从未知晓的土地。尼

① 参尼采,《朝霞》,第 575 条格言。
② 参尼采,《善恶的彼岸》,第 9 条格言。

采在此暗示的是这个问题：是否必然会导向进步的终点？要是不可能有一个最终的终点，进步是否可能？在这一点上，如果这种进步不是一种无意义的努力，这种进步必然会对我们变得清晰可见。

重复一下：尼采的形而上学不同于之前所有的形而上学。但与这一点同等重要，或者比这一点更重要的是，尼采的形而上学在形式上不同于之前所有的形而上学；尼采的形而上学的形式是，权力意志学说不单单是一种理论学说，而且还与尼采的创造性概念紧密相关。这是尼采的透视与所有之前的透视的根本差异。每一位伟大的思想家都拥有他自己的透视法，但所有之前的思想家们的透视法都具有某种共同点，但与尼采的透视法有根本不同。因为，所有之前的哲人都将他们的透视法绝对化。他们并不知道，他们的教诲与一种特殊的透视法相关，然而尼采知道，所有的知识，包括他自己的知识都是某种透视法。

换句话说，这就是你们今天从粗俗的相对主义那里知晓的问题。[133]权力意志学说也许是对那种洞见的一个解释。因此，这一解释兴许是尼采本人特质的结果，但洞察到所有知识都具有透视特质，本身已经是终点。我给你们读一下《瞧，这个人》中的一段话。这部作品包含了尼采对他全部作品一种充满欣赏的概述。在对《朝霞》第二部分的概述中，他说：

> 我的任务是为人的最高自我意识，准备一个时刻。这个时刻是一个伟大的正午，在那时，人将看到未来，在未来，人将摆脱偶然的统治，并首次能作为人而提出"为什么"和"为了什么"的问题。①

此处暗示，这就是创造。尼采宣称，他首先为那些能提出"为什么"和"为了什么"这两个问题，并试图回答这两个问题的人准备伟大的正午。最高的正午，即人的顶峰时刻。一旦存在一个顶峰，这个顶峰就也是终结。这里暗示，上述问题要比任何答案在等级上更高。因此，上述

----

① ［译按］译自施特劳斯引文。

问题提供了最宽广的视角。不仅是比其他任何视角宽广,而是最为宽广的视角,就是绝对视角。为什么?所有知识的本质特征在"正午时刻"变得清晰明了。如果我们接受权力意志这个假设,权力意志在尼采那里就会变成对自身的意识,这就是绝对时刻。在之前所有的时代,权力意志在诸思想家那里都是非常活跃的,不过他们还没有意识到权力意志,现在尼采意识到了权力意志,这就是彻底的和绝对的差异。

价值的体系或每一种世界观都是一种创造。这不单是尼采的断言,而且是每一个大学新生都会学到的东西。但这一断言——每一种世界观或价值体系都是一种创造——不是一种创造,而是一种洞察,是所有洞察中最根本的洞察。表述地不同些就是:客观真理——科学所发现的客观真理是不完整的。人只能靠主观真理来生活。但这整个思想和论证所指出的真理,本身不是一种主观真理。人的生活是视域形成的方案,因此我们只能凭借这样的方案来生活,只能凭借创造性,凭借我们或他人的创造性来生活。但这种将人的生活理解为一种视域形成的方案,本身并不是视域形成的方案。

因此,我们最终可以实现一种理论洞察,这一洞察宣称自身就是终点,自身就是最重要的洞察,就是终极真理。这一点本质上不受下述事实影响:这些洞察预设了创造性的经验。如果创造性经验是这一理论洞察的前提预设,这一洞察本身就是一种理论独断。这一真理被发现是基于第一个完全意识到创造行动的人。[134]这一创造行动当然不是绘画、音乐的那种创造,而是首次有意识地对一种世界观和价值体系的创造。

根本不存在真正的、客观的、超越表面的世界。因此,只有很多涉及民族、个体的主观世界,我们与一个无限多的主观世界紧密相关,恰恰是基于这个观点:主观世界要优越于最丰盈的个体性(richest individuality)的创造。但依照尼采的看法,这一创造以对精神的创造性的自我意识为前提条件。在最高意义上,可以说,意识到自己就是客观真理,创造性行动和主观真理内在一致。还可以说,超人所代表的是一种想象,意在实现主观真理和客观真理的内在一致。一个不具备创造性的人不可能接近真理,不具备创造性之人就是指我们这些没有创造能力的人。但是,尼采呼召我们要拥有创造性。

尼采和基尔克果有一点非常一致,亦即,要求人纵身一跃(make a jump),跃过存在的深渊。本质上,这是同一个问题。在此,我们通过引证就能说明这一困难,因为"纵身一跃"这个概念,从历史角度讲,首先使用的是人基尔克果之前的一位德意志思想家,雅各比(Jacobi)。[①] 雅各比曾经与莱辛有过一场对话,在这场对话中,雅各比要求莱辛进行死亡一跃(salto mortale)。莱辛说,他太老了,不能进行如此一跃,雅各比回答说:"这并不是难题,你只需抓住这个跳跃的点,你的意志会实现跳跃"。莱辛对此回答说,这已经是跳跃本身,已经跃过需要跳过的那个点。换句话说,没有任何方式可以不断谈论这个问题,要么使它变得微小,要么使它变得温和。有人可能会说,这一跳跃某种程度上必然已经准备好。用朴素的英语来说就是,我们必须靠论证将我们引导到跳跃点,在这个点上,情境会使得跳跃必然发生。

在我们继续前进之前,我们必须牢记下面这一点:尼采的知识概念或者说真理概念,不是基于意识到必然存在绝对时刻这个事实,而是,基于意识到可能会有这样一个绝对时刻。这一绝对时刻就是人的顶峰、人的正午。但是,一旦承认顶峰,也就必须承认下降。这一下降的终点——用马克思的话来说,这一下降会在自由王国实现之后来到——要么是持续不断的无意义,同时废除了人的生活的意义;要么是复返,并且在原则上是永恒复返。

尼采与马克思和黑格尔不同,他面对了人之顶峰所面临的目的问题。知识主要关涉自然或是排除自然。就如我们看到的,知识要么意味着为给定的、还毫无特征的事物印上特征,[135]要么意味着感知到给定之物的特征——给定之物本身就有特征和表现形式。一种类似的思想运动——类似于我们就知识观察到的思想运动,也可以用在对自然的观察上。尼采对自然的独特理解,与他对知识的理解,有何种类似性?

我从《善恶的彼岸》中摘取了三条格言。第一条是格言9:

①　Friedrich Heinrich Jacobi,1743-1819。

　　你们想要以"遵循自然"的方式生活？而生活？哦，你们这些廊下派的高人啊，扯了这样一个弥天大谎！请你们想象有一种东西，它和自然一样挥霍无度、冷漠无比、漫无目的、毫无顾忌、从不施舍怜悯与公正、既丰饶又贫瘠、从无一定之规。想想这种冷漠的权力吧！——你们怎么能遵循这种冷漠而生活？生活难道不就是想要有别于自然吗？难道生活不就是估价、偏心、不公正、受束缚，想要与众不同吗？即便说，你们的命令"遵循自然而生活"其实意味着"遵循生活而生活"，——那么，你们怎么可能不如此生活呢？有什么必要从你们现在正处的状态，同时也是你们必须如此的状态之中，鼓捣出一条原则来呢？——真实情况并非如此，你们假装心醉神迷地阅读着你们自然法则的圣典，其实有着完全相反的目的。

　　你们这些出神入化的戏子，自欺欺人的家伙！你们甚至骄傲地试图以自己的道德、自己的理想来规定自然、吞食自然，你们连自然都不放过。你们要求自然成为"遵循廊下派"的自然，要求万物按照你们自身的形象存在——并且永远盛赞廊下派，让廊下派涵盖万有！

　　你们热爱真理，却强迫自己如此长久、如此顽固、如此受了催眠般死板地以错误的、即廊下派的方式看待自然，直到你们再不能以其他方式看待自然，——最后，还有某种深不可测的傲慢将灌输给你们一种疯人院里的希望：因为你们懂得自虐——廊下派主义就是自虐——，所以自然也愿意受虐，廊下派不就是——自然的一部分吗？……

　　不过这故事由来已久了：当年在廊下派身上发生的，今天仍然在发生，一旦哲学开始自信，这故事就没完没了。哲学总是按自己的形象创造世界，它不可能不这样。哲学就是这么一种暴虐的欲望，即精神上的权力意志，"创造世界"的意志，追求第一因的意志。①

---

① ［译注］尼采，《善恶的彼岸》，前揭，页13-14。

这是尼采关于哲学的意思最清晰、最明确的表达,即为给定的无意义之物加上印记。[136]尼采关于科学的看法准确地来说也是一样的:在严格和狭隘的意义上,科学不是哲学。那么,尼采在此处怎么说?自然冷漠无情。自然如何能成为人的向导? 自然要想成为人的向导,只能通过对自然的歪曲(falsification)。人由此推论出关于自然的看法,人发现自然是坏的。你们都知道这种思想,萨拜因和其他人一直宣扬这种思想。但是,尼采提出这样一个转折:或许廊下派指的不是遵循严格意义的自然而生活,而是指遵循生命而生活。尼采然后说,生命本身无法提供一个标准,因为我们自然地就依照生命在生活,也就是依据如下假设在生活:生命不可能有任何方向。我们或许可以从生活的道路中得到启发。黑格尔、尼采和霍布斯这些人将自己的意志强加到无意义之物上。人的理想除过自身的权力意志,没有任何基础。

我们现在读另外一条格言230,这条格言非常有趣,但篇幅很长,所以我们只读结尾的部分:

> 这是些漂亮、闪亮、叮当作响的喜庆词儿:正直、对真理的热爱、对智慧的热爱、为了认识而献身、诚实的英雄主义,——这些话着实能让人飘飘欲仙。不过,我们这些隐居者和土拨鼠,我们早就在自己隐士的良心深处说服了自己,认定这种冠冕堂皇的绚丽辞藻页是不自觉的人类虚荣之中的陈旧谎言的涂层、破烂和金粉,在浓墨重彩、精雕细刻的一派溢美之词背后还是必定能辨认出那可怕的自然人的底色。
>
> 把人类还原为自然状态;自然人的永恒底色上迄今为止被乱涂乱画上了大量的阐释和附加意义,而我们要成为掌控这些阐释和附加意义的主人;力求使人今后站在人面前,正如今天在科学训练中变得强硬起来的人站在另一种自然本性面前,带着俄狄浦斯无畏的双眸,带着奥德修斯封闭的两耳,对形而上学捕鸟人引诱的笛声听而不闻,后者已在他耳边念叨很久了:"你更伟大! 你更高贵! 你的出身非同一般!"
>
> ——这可能是一项奇特而美妙的任务,但这是一项任务——

谁会否认这一点呢！为什么我们偏偏选择了这项美差呢？或者换言之："我们为什么非要认识呢？"——谁都会这么向我们发问。我们被如此步步紧逼，我们自己也曾千百次地扪心自问，却到目前为止还没有找到一个更好的答案……①

尼采前面给出了答案，他在这条格言的前半部分说：权力意志反对自身，或权力意志是残忍的最精神性的形式。[137]知识就是权力意志反对自身；超越变成自我超越，与作为创造性的知识不同，后者意味着将某人的权力意志强加到给定之物上去。他在这条格言中谈论的理智的诚实，在《扎拉图斯特拉如是说》中"论高尚者"那篇演讲中也说过，这些高尚者就是猎获丑陋真理的丑陋者。全心全意忠诚于真理，不期待从中得到任何指引。我们在此发现，再次将人转译为永恒的、最基础的文本，人是自然，就是自然本身。尼采这样做想表达什么意思？在这条格言中，自然是如何被理解的？自然某种程度上被理解为与创造性相矛盾，不过自然的意思更多是他在格言9中说到的，孤独荒凉的自然，冷漠无情的自然。

我们现在读一下第188条格言。我想指出一个至关重要的特征。整条格言，自然这个词都加了引号，只是在最后几行才去了引号。

与放任自流正好相反，任何道德都是一种对"自然"的暴政，也是一种对"理智"的暴政；这倒不是反对道德的理由，因为你必须从某种道德出发才能宣布，无论何种暴政或非理性均在禁止之列。无论何种道德，其本质和难以估量性就在于，它是一种长期的束缚：若要理解廊下派、波尔罗亚尔女修道院或清教主义，也许就应该回想一下对语言的束缚，迄今为止的每种语言都在这种束缚下走向了强大和自由，——我指的是格律的束缚，韵脚和节奏的暴政。

无论在哪个民族中，诗人和演说家都给自己弄出了多少麻

---

① ［译注］尼采，《善恶的彼岸》，前揭，页194-195。

烦！——如今那些写无韵散文的人也不例外,他们耳朵老是盘踞着一个不依不饶的良知——"为了一种愚蠢",就像功利主义的傻瓜们说的那样,他们此语一出,便觉得自己是聪明人了;——"出于对专制法律的屈从",就像无政府主义者们说的那样,他们此语一出,便以为自己"自由"了,甚至具有自由精神了。

然而令人惊异的事实是,人世间曾有或现有的一切自由、精美、勇敢、舞蹈以及卓越信心,无论是存在于思想本身之中,还是存在于统治里,无论是存在于演说和游说里,还是存在于艺术或者美德之中,都是凭借"这种专制规则的暴政"才发展起来的;不开玩笑,它们很有可能恰恰就是"自然"或者"自然的"——而不是放任自由！每个艺术家都晓得,随心所欲的感觉和其"最自然的"状态天差地远,在"灵感"出现的一瞬间自由地安排、布置、运用、塑造,——恰恰为此他必须十分严格、一丝不苟地顺应千百种规则,这些规则恰恰因为自身的刚性和确定性,嘲讽一切借助概念的描述([138]与之相比,哪怕最确定的概念也含有某种漂移的、多样的、多义的东西——)。

"天上地下"本质性的东西看来是——在此重申——方向一致的长久顺从:如此久而久之,无论过去还是现在,都会出现一些东西,为此值得在大地上生活下去,比如美德、艺术、音乐、舞蹈、理智、智慧,——某种美化的,精致的、出色的和神圣的东西。长期以来精神的不自由,思想的间接性及其不信任的束缚,思想者背负的纪律枷锁,迫得他们的思想顺从教会和宫廷的规定,遵守亚里士多德的前提,还有由来已久的精神意志,要求按基督教模式解释一切发生的事情,在一切偶然的事件中不断发现基督教上帝并为之辩护,——这一切暴力的、专横的、强硬的、可怕的、反理智的东西都是某种手段,用来培育欧洲精神,使之强大、灵活,并具有肆无忌惮的好奇之心。

诚然,不可避免地也有许多力量、许多精神遭到压死、窒息、腐坏的命运(因为在此和在别处一样,"自然"淋漓尽致地展现着它的奢侈浪费、无动于衷的大气派,令人愤慨,却不无优雅)。

千百年来,欧洲思想家只想着证明什么——今天倒转过来了,凡是"想证明什么"的思想家在我们看来都很可疑——,在他们那里,本来应该通过严格到极点的深思熟虑才产生结论,却总是早就确定了,就像从前的亚洲占星学,或是今天"为了上帝的尊荣"、"为了拯救灵魂"而对周围的个人事件作出的无关紧要的基督教道德解释:——是这种暴政,这种专制,这种一本正经、冠冕堂皇的愚蠢,教育了精神。

奴役,无论对其的理解是粗是细,看来也都是精神管教和精神训练的不可或缺的手段。任何道德都不妨如此来看:道德的"本质"是教人憎恨放任自由,憎恨过分自由,是培育对有限视域和眼前任务的需求,——是使眼界变窄,在某种意义上就是把愚蠢当作生活与成长的条件来传授。

"你应顺从,无论对谁,持之以恒:不然你便将毁灭,失去对你自己最后的尊重"——在我看来,这便是自然的道德命令,不过这命令当然并非如老康德要求的那样是"绝对"的(因此有了"不然"——),也不是针对个别人(自然对个别人不感兴趣!),[139]但大抵是针对各个民族、种族、时代、阶层的,尤其是针对"人"这一动物的全部的,针对整个"人类"的。①

你们看到这种有趣的转换,开始时自然都加了引号,而在最后自然没有加引号。

以一个传统的自然概念,也就是一个有疑问的自然概念开始,但是在反思自然的过程中,自然变成了非传统的概念。我们从这里只学到一点:自然命令服从。但是,我们在读了《扎拉图斯特拉如是说》中的"论自我超越"之后已经知道,"自然命令服从"是尼采思想的根源,因为服从与命令彼此相关,服从与命令之间这种相互作用的关系是权力意志最根本的特征。从这一相互关系得出的结论是,自然就是权力意志,自然不再是纯粹的孤独荒凉,从而与尼采在《善恶的彼岸》第9条

---

① ［译注］尼采,《善恶的彼岸》,前揭,页121–124。

格言中关于自然的说法不同。自然就是权力意志,并且权力意志存在各种层次。

这意味着存在一种自然秩序,一种等级制。现在,我们面临一件非常矛盾的事情。在《敌基督》的格言 57 中,尼采对比了圣经—基督教道德与印度道德—摩奴法典。在那里,尼采辨识出柏拉图式的自然等级概念。所以,尼采关于自然的最后说法是,自然暗示了一种自然秩序。自然拥有一种自然秩序,这不是意志所意欲的,而是自然本身就暗示了的。尼采以这种奇怪的方式——可能仅仅是在某些时刻——恢复了柏拉图的观点。尼采的整个学说都依赖于等级制这一学说,他罕有地称这种等级制为一种自然等级制。对尼采来说,自然变成了一个问题,但另一方面,他又需要自然,这是他的永恒复返学说的基础,我们上次课已经开始讨论永恒复返学说。

学生:……(所提问题听不清)

施特劳斯:试图根除权力意志只会导致虚无,因为即便自杀也无法根除权力意志。尼采兴许会说,对人而言,意欲虚无要比不欲求任何东西更容易些。在对虚无的意欲中,权力意志仍然存在,只不过经过某种修正。克服权力意志的唯一形式就是权力意志反对自身,这就是最高的权力意志形式,亦即试图认识:不再将某人的权力意志强加到事物之上,而是让事物保持其所是并对之进行沉思。这是人的智性勇敢的态度,一种极端的、庄严的态度。尼采将这种态度视作精神的最高形式,精神的这种最高形式仍然有可能先于这一彻底转变。

[140]为了不致于误解尼采,必须思考他所强调的另外一个选择。依照尼采的说法,自然就是权力意志。某人会说,依照柏拉图的说法,自然就是爱欲。这二人都说,生成和易朽之物不同于任何永恒之物。但生成的本质是什么? 对柏拉图来说,生成就是朝向某物的爱欲。如果你们问亚里士多德,他会说,自然是行动的形式(form of act)。尼采反对这种说法。尼采说,不可能有一种圆满(entelechy),也不可能存在一种形式——这种形式就是存在的完美。对尼采来说,自然的最高层次意味着超越,但不可能有一个顶点。

当然,尼采的困难就是,他必须在终点处,即在正午保留一个顶点。

亚里士多德的出发点是下述概念：必然会有存在的一种秩序。我的观点是，尼采回到了亚里士多德的这一观点。尼采仅仅相信，他的权力意志概念能够产生形式的理智种类，从而总是存在对给定的阶段的一种超越。尼采不得不为解释"进化"的自然，找到一种解决办法。

另外一个问题是，如果没有一种关于进步的标准，是否能够断言，人类历史的一个阶段优越于之前的阶段。历史主义的思想家试图保留进步这个概念，与此同时却反对一种超越的目标。在黑格尔和马克思那里，这一点是由否定提供的。如果你有一个给定的历史阶段，你总是通过否定这个历史阶段开始。因此就有两种情形：要么是一种简单的衰落，要么是民族、阶级依然有效，会有一个更高级的阶段来终结这种否定过程。那个阶段之所以是更高的，是因为那个阶段解决了低级阶段无法解决的问题。以物理学为例，当今的物理学被认为要比牛顿的物理学更高级，不是因为当今的物理学拥有真理，也不是因为当今的物理学拥有物理学目标的清晰概念，而是仅仅因为当今的物理学知道牛顿所发现的全部，能够解决牛顿的问题，另外，还可以解决牛顿无法解决的问题。

尼采反对这种否定概念，因为这个概念会导致下述可能性：即会有一个最终的阶段，在那个阶段一切所有的否定都将被解决。尼采的主要意图是，找到一种原则，这一原则允许无限的进步，也意味着人的每个阶段、人身上总是有某种东西，人凭借这种东西可以超越那些给定的东西。尼采说，必定有一个顶峰，否则就不可能有真理。这一点是否有益于理解人这个族类？是否会促使某人宣称人高于野兽？[141]难道某人不能说，以野兽的权力意志为标准：人难道不是比所有野兽更有力量？换句话说，人在野兽的原则上击败了它们，因此从狮子和老虎的标准出发，人由于有理智，就比所有没有理智的动物更有力量。

我认为，尼采那里有趣的事情是，由于人遭受了最大的堕落，他提升了人的现代概念。我相信，过去和时间问题被隐藏在整个自然问题中。尼采的困难在于，当他将自然和权力意志看作同一时，却将自然解释成一个不被意欲的秩序，一个不可理解的秩序，这归于权力意志的行动：这是权力意志自身的特征。

　　我已经尽力表明,尼采何以某种程度上成功地解决了知识的问题和自然的问题,同时没有明显的内在矛盾。这并不意味着,尼采的方案就是真实的。这仅仅意味着,直接的和大量的反驳还没有得到直接证明。我们必须转向尼采自身所看到的困难,在"论拯救者"那篇演讲中讨论了这一困难。正是这一困难致使他提出永恒复返的学说。尼采认为,他的学说所面临的唯一困难被永恒复返学说给解决了。我们必须看看,首先,这是否得到了证明;其次,如果没有得到证明,阻碍是什么。

第九章　希腊哲学和圣经：自然与历史

——《扎拉图斯特拉如是说》卷二,章 20-22

[142]施特劳斯：我想重复一下上次课的某些内容,因为理解起来有些困难。我说过,尼采的权力意志学说与之前哲人的差异,不仅是本质的差异,而且在形式上也不同,因为之前的哲人都将自身构想为沉思性的、掌握事物之所是。尤其是,之前哲人的本质被认为是精神。他们将自身构想为对精神完全的自我意识的表达。但对尼采来说,沉思性的知识要低于创造性的知识。我提醒你们注意尼采的比喻:月亮比喻沉思性知识,太阳比喻创造性知识。知识的最高形式是赐予光和赐予生命的知识。这种最高的知识就是更高之人的创造,是他们的自由方案,这种创造植根于他们最深处的权力意志,植根于他们的自己。如果所有之前的哲人认为他们已经掌握了真理是错误的话——这些哲人事实上不过是映射了他们的自己,那就必然会有多种多样的创造。

尼采的第一个说法是:所有的知识都是一种视角。不过,却不是透视本身,之前所有的知识都是一种特殊的视角。但是,有狭隘和全面的视角之分。尼采自己的权力意志学说是迄今为止出现的最好的、最全面的视角。但是尼采被迫断言,他的视角不仅是迄今最全面的视角,而且是最终的视角、是绝对的视角。这一绝对性只建立在下述事实之上:生命的本质或说存在的本质头一次被完全掌握,存在的本质就是权力意志。尼采的视角的决定性仅仅建立在下述事实上:生命头一次变成了对自身的意识,生命头一次知晓了自身的真实。

因此,尼采的学说,由于他假定了权力意志和创造性行为的自我意识以及生命本质的自我意识，[143]在创造性行为内部就有一种内在一致。尼采知道，他是这一学说的创造者，但创造不仅是尼采或任何别的思想家的独特行为，创造性也是生命本身的本质。生命本身只能通过其顶峰得到理解。在生命的顶峰，最富精神性的权力意志就是哲学。

我说过，在尼采的学说中，将自己的印迹强加在事物上与认识这种印迹是"同时发生"的。他的诗歌、他的自我表达以及他对真理的追求最终都是同一的，尽管他的诗歌和他对真理的追求之间的张力，除了在最高点上，在他的思想每个阶段都存在。这种"同时发生"非常难以理解。但，另一方面，看到下面这一点非常重要：这种"同时发生"不仅是一个关于人的疯狂概念，而且对于这种人的概念也是必要的，我们想知道是否有一个更好的解决办法。我做如下解释，尼采对所有知识的理解的消极前提是，根本没有纯粹精神。尼采反对这种陈腐的柏拉图式、亚里士多德式的假设。

但是，如果没有纯粹精神，认知就必须被理解为生命的一种功能，不是精神、理性或自我之事的功能，而是"更深刻"之事的功能。在尼采看来，比精神更深刻的事物就是自己。从这一观点出发，导致了如下看法：对整全的理解在最高意义上就是自己的一项事业。我首先陈述一下驱使尼采如此不同地言说的原因，然后将其与今天最为流行的观念进行对比：哲学是关于事物之所是的知识。必须在最高存在的视野下来理解所有存在者，这是传统的哲学。

因为，要是不依最高存在的视野来理解所有存在者，最高存在就会堕落到最低存在，这正是唯物主义观点的典型特征。但是依照尼采的说法，最高的存在不是上帝，而是人。人由于他的创造性行动而不断变化。因此，如果我们想要理解事物之所是，我们就不能忽视人的本质——但是人根本没有本质——相反，必须关注变化中的人。不同的表述是：之前的各类哲人对应着各种文化。

这意味着，有多少文化，就有多少真理。众多的哲人对应着众多的自己，这不过是对这一观点的一种修正，在根本上它们是相同的。现在，一旦有人意识到哲人之于生命的相对性，他就会以一种完全不同于所有之前的方式去寻求真理。必须意识到这个事实：认知在最高意上就是创造。但是,这种历史洞见是最终的、也是唯一的。因此,创造性行动来源于这种历史洞见,创造性行动要想与这种历史洞见相一致,[144]只能成为这样一种行动:成为最终的创造。

这些事情对实证主义者无疑最不可思议,而实证主义是当今学术生活中最强大的力量。实证主义必须面对的问题是,实证主义宣称自己是对知识的一种理解,尤其是对知识的最高形式的一种理解,亦即对科学的一种理解,哲学变成了对作为知识的最高形式的科学的一种理解。实证主义当然也不会承认一种纯粹精神,否则实证主义就会成为这种纯粹精神的现实化。实证主义必须将科学构想为一种特定的生命体的功能,即科学是人这种生命体的一种功能。实证主义也必须将科学构想为一种历史现象。

如果严肃对待这一观点,就会导致下述推论:关于整全的科学式观点不过是众多此类观点中的一种。若是如此,这种科学式观点有何权利宣称优越于其他整全式观点?实证主义者会说,因为,这种科学式观点更真实。但是,实证主义不是在科学方法的基础上定义了真理是什么吗?这种科学式真理不就是一种循环?实证主义不能说,这种科学式观点由于它更好就更优越,因为科学式的价值判断是不可能的。因此,实证主义所理解的科学就无法回答下述问题:为何是科学?科学的意义何在?举个例子,《美国政治科学评论》(*American Political Science Review*)上有一篇麦克罗斯基(McClosky)的文章,这位作者说,保守主义者是倒退的,从而暗示自由主义者是进步的和更健康的。[①] 保守主义、反启蒙主义、自由主义和科学有一种密切的关系。这是一种试图证明科学的善的含蓄尝试。

我不想探究麦克罗斯基的论点在经验上的正确性。但你们能看到这里面的困难:科学与精神健康是同一的,至少是精神健康必不可少的因素。一旦他这样说,他就承认了客观价值判断,从而与他论点的基本原则相矛盾。科学要么是某些家伙和迷信它的人的偏好,要么非科学

---

① Herbert McClosky,"保守主义与个性"("Conservatism and Personality"),见 *American Political Science Review*, 52(1958),页 27–45。

是其他人的偏好。科学的善的问题不能得到回答。若情形如此，从科学的视角出发，科学的选择就是毫无理由的选择。为了理解这种选择，我们不可能从科学心理学那里得到任何帮助，因为科学心理学解释科学的选择的基础是科学。从这种实证主义观点出发，我们最终所面临的现象是一种自由的深渊，这种深渊不可能得到理解，只能指出，这一深渊变成了存在主义的一种简单表达。

对尼采来说，这里所谓的"自由的深渊"必定是对下述事实的一种警醒：无论人与野兽有多么不同，人也是一种动物。[145]因此，必然会出现一种高深莫测的表达，这一表达可以包含所有存在者；这一表达在尼采那里就是权力意志。尼采所面临的问题源于历史主义，历史主义真正的洞察是：所有的思想本质上都是历史性的。为了解决这些困难，尼采卷入了某些最基本的困难，这些困难导致后来的思想家不是回到历史主义之前，而是给出了完全不同于尼采的建议，尽管后来的思想家在根本上与尼采有亲缘关系。我会在后面谈论这个问题，因为准确地说，这实际上就是存在主义：为了试图从表面上消除尼采对所有早先思想的批判，结果堕落为一种普遍学说。但首先让我们回到尼采当时所面临的困难上。

学生：……（所提问题听不清）

施特劳斯：事实上，存在一种原则上不受历史变化影响的客观知识。尼采以多种方式许诺了客观知识的另外一种选择，因为客观知识本质上不完整，也不是来源于生命（life-giving）。但尼采的目标是真理的终极统一性。科学依赖于特定的原则，这些原则永远不可能得到证明，它们仅仅是假设。仅仅提到最重要的原则就够了：因果律。问题在于，因果律的地位是什么？因果律仅仅是一种假设，还是说，这一原则是必要的和显而易见的？休谟认为，因果律不可能被视作一种理性原则。休谟尝试了一种心理学解释——习惯和习俗。在当今，这样做被视作是不充分的。一种心理学解释并不能证明因果律的有效性。

历史科学的一种更深刻的观察表明，存在各种各样这类的解释，甚至存在人之思想的基础假设的历史。即存在一种"范畴体系"的历史。如果你们说，科学的体系发挥着作用，那么别的体系也同样地发挥作用。科学依照自身的标准取得进步和改善自身的方法。但是,为什么这是一种必要的标准?实证主义者无法回答这些问题。曾经有那么一段时间,人们认为,这种神奇的科学不再有任何作用。如果某人扩大这一简单的常识性思考,就会得到这一观点:科学是一种人类的努力,凭借科学,人能够预测未来,科学与预测的关系必须被视为人的需要。这已经是一种非常陈旧的观点。

当尼采用权力意志来反对生命意志时,生命意志绝不会让其与超越的关系变得可理解,自我超越是人之生命的最高层次,这是最明显的。依照尼采的说法,生命是人解释进化原因的唯一方式。如果某人构想了一种新理论,即便当前的理论在科学上依然有某些价值,这些理论也不再充分。他必须发明某些东西。这些所谓的创造性行为的地位如何?[146]无疑,它们会屈服于特定的实验。

尼采也会承认这一点。因此,他称权力意志为一种假设。但依然有种差异:既然这是一种关于人的学说,正确的实验就不是在试验室里,因为尼采称人为一种更大的努力——实验只能靠生命来进行。尼采用德语 Versuch 来谈论实验(experiment),但 versuch 在德语中还有"尝试"(temptation)的意思。① 这一学说的真正实验是,它在生活中是否有效。尼采会认为,我们今天任何实验室中的实验都与超人的可能性无关,因为可能性不能被测试。关键的事实是,我们不能忽视这种关于知识、关于真理的古老概念,这一概念的某种严格的修正形式还活跃在现代科学中。

我们如何获得更高的生命概念?人的起源是猿猴。我们如何得到关于时间更丰富的理解?绝不是因为人本身有一种朝向完美——这种完美是人之本性所决定的——的倾向。尼采的答案是,他是一个伟大传统的子嗣:他是希腊传统和圣经传统的子嗣。人由于创造性行动已经变得与猿猴毫不相干。尼采以这样的方式开始:通过铭记这一伟大传统的道德在漫长的腐朽过程中留存下来的道德。然后就是某些个体,例如拿破仑、歌德表明了之前从未存在过的一种人的可能性。

---

① 对照尼采,《善恶的彼岸》,第 42 条格言。

　　换句话说,历史意识参与到对善的认识中。尼采说,每一种善都是继承而来的,这意味着每一种善都是获得的。人没有一种自然禀赋,其意义就是每一种善都是被迫加于人的,人在本性上绝不可能拥有任何目标,人的理性也无法告诉人的目标。所有的目标都植根于创造性行动,在目标被创造出来之前,人不可能参与这种创造性行动。根本没有目的论,因此尼采从这种累积起来的证据开始他的思考,这些证据当前的形式正处于衰退的状态。之前的创造行为的顶点,在尼采看来,对一直以来都在被败坏的人来说不充分。迄今为止,所有的科学家不管他们取得了多大的成就,仅仅是局部性的科学家。

　　在一种更为严格的意义上,现在的人面临着成为大地的统治者的使命,亦即,人这个族类形成一个整体,进而意欲统治大地。这种人之处境的根本变化,要远远超过从所谓的城邦国家到民族国家的转变,[147]因为其他所有类型的转变中,都总是有一个外在的敌对者;这种人之处境的根本变化与一个单一社会的出现相比,具有更重要的意义。因此,所有之前的知识都是不充分的。在凭借理性获得洞察,与在涉及创造的意义时理性的完全缺失之间的严重不对称,无疑是一种根本的缺陷。历史意识断言,我们不可能超越一种特定的历史视域,也绝不可能达到一种人之本身的视域,这是当今非常流行的一种观点。标准的实证主义的看法是,科学本身某种程度上排除了历史主义,然而价值却不能。关键的问题是,科学是否能够逃脱历史的洪流。

　　在尼采看来,曾经存在过一个人的顶峰,这一顶峰位于早期希腊——苏格拉底之前的希腊人。但这仅仅是这个故事的一部分。他以争论的方式夸张地表述他自己的“完整性”。然而,正如你们在《扎拉图斯特拉如是说》中看到的,有某种完全不同于希腊因素的东西,即出于神的缘故而爱人,正如尼采说的,这是人迄今为止人的最高层次。这意味着什么？对人的爱缘于某种超越人的东西。没有合理的原因和理式,然而在特定时刻,某个问题会呈现自身。在这一特定时刻,人认识到,理念是一种创造。因此,在这一时刻,最终的价值体系就是可能的。能够看到整个过往,这就是顶峰。有人或许能够以一种确定的方式重构尼采如何融汇希腊思想和基督教。

　　黑格尔和尼采在这一方面的差异是:对黑格尔来说,最终的认识源于历史的完成,完美社会来源于黑格尔对历史和社会的认识,即凭借黑格尔对创造性行为已经完成的认识。对尼采来说,自己意识(self-consciousness)的高度高于黑格尔的视角。因此在尼采和马克思看来,未来是开放的,对黑格尔来说,则不存在一种开放的未来。

　　学生:……(所提问题听不清)

　　施特劳斯:我们读一下《扎拉图斯特拉如是说》卷一最后一篇演讲的最后三段。

朗读者[读文本]:

　　这是伟大的正午,这时人已置身在他的轨道中心,介于动物和超人之间,并欢庆自己走上通往傍晚的道路,这道路是他的最大希望:因为这是通往新的早晨之路啊。

　　到那时,坠落者将为自己祝福,因为他成了过渡之人;他的认知太阳在正午为他高高照耀。

　　[148]"所有的神明皆死:现在,我们希望超人活着"——这就是在未来伟大的正午时刻,我们最终的意志! ——

　　扎拉图斯特拉如是说。("论馈赠的道德",页143-144)

　　施特劳斯:从这三段可以看到,在正午超人是被意欲的,他还没有到来。由于采取这种时间性的视角,我们会说,人通向傍晚的道路是人的最高希望,但人的最高希望是超人,因此超人必然位于傍晚。傍晚之后必然是夜晚,夜晚之后必然是一个新的早晨。尼采这样说意味着什么? 如果存在一个顶峰,那么随后就是一个下降,即所有可能历史之目的的完成,人这个族类的毁灭——即,永恒复返。尼采面临着下面这一巨大的困难:全部未来主义者,即大多数的现代人都生活在对人这个族类的未来的期望之中,但没有直面下面这一问题:依照人之未来所基于的科学的视角,无论人之未来多么荣耀,随着荣耀时刻而来的依然是人这个族类的毁灭。尼采试图用永恒复返来解决这一困难。这意味着,对未来的意欲有某种方向,即一旦对未来的意欲得到满足,就不再是超人的未来,而是过去的复返。永恒复返是尼采对他所意识到的难题的解决办法。

我首先基于我上次就权力意志概念与成长(growth)概念之间的亲密关系所说的内容,暂时描述一下尼采所意识到的难题。这两个概念有一点是相同的。由于下述事实,这两个概念与一般的进步主义不同:进步主义事关思想、制度等非个体事物的进步。但尼采关注的是个体。我们首先思考一下"成长"概念。谈论"成长"的人,不管他是否承认,他也会谈论衰落、腐朽和死亡。如果他想严肃对待自己对成长的信仰,他就不能避免对衰落、腐朽和死亡的谈论,也不能将其视作为一个偶然事件和意外事故。

严格地说,"成长"概念不仅需要对生命的沉思,也需要对死亡的沉思。在现代的开端处,斯宾诺莎(Spinoza)反对传统哲人对死亡的沉思,并试图用对生命的沉思来置换对死亡的沉思。[1] 但是,现在我们谈论"成长",我们必须再次直面对死亡的沉思。可以暂时说,尼采对死亡进行沉思的结果就是他的永恒复返学说。但是,如果这一学说作为对死亡的沉思并非充分——我相信这一假设是可能的,因为这一学说告诉我们,生命是永恒的——[149]那么就必须找到一种始终如一、能够在尼采的基础上解决对死亡的沉思的方法。这种新的解决方法就是存在主义。

首次清晰提到永恒复返是在卷二"论拯救"的演讲中,但是我们知道,我们刚刚读的卷一最后三段中也暗示过永恒复返思想。"论拯救"这篇演讲以呈现人的缺陷开始。但更为极端的表述是,所有人迄今为止都是残肢断体(fragments)。必须要超越人的这一碎片性,并且将会被超人超越,从这一点看来,超人就是完整之人(the universal man)。换句话说,正如尼采在这篇演讲中说的,迄今为止一直都是偶然在统治,现在对偶然的征服将是可能的。但在尼采给出这些暗示后,出现了突然的转变。不是对人之碎片性和偶然的征服,而是对人之片段性和

---

[1]　Spinoza,《伦理学》(*Ethics*),命题67。

偶然的拯救。这种拯救不包含对偶然的征服,你们会说,对偶然的征服仅仅是偶然可能的,相反,拯救包含对人的碎片性的超越,对碎片性的肯定和偶然的肯定。

为什么是这个样子?尼采在这篇演讲的结尾谈论了权力意志的本质限制。权力意志不可能意欲过去本身。当然,权力意志会意欲过去之物,但过去的本质特征是时间,而时间的特征就是时间总是在流逝。权力意志在时间面前无能为力,权力意志对抗时间。这种对抗与复仇精神一致。尼采在这里说,关于最高秩序的所有之前的思想的特征都是复仇精神,是对时间、流变和短暂的报复。之前在"论毒蜘蛛"演讲中已经提到过复仇精神。

尼采提到柏拉图是一位反平等主义者,这与平等主义革命之间有什么联系?首先,平等主义革命在早期阶段,一直受人的权利的引导,受普遍的、不变的和抽象原则的引导,并且假定这些原则的实现会导致千禧年来临——千禧年意味着持续到永远。之前思想的顶峰是圣经思想和柏拉图的思想,这两种思想的特征是反对自然的生成和朽坏。自然作为生成和朽坏的领域被否定,因为它被一种不生成的存在超越,在这种意义上,这种存在是超自然的,因此也就是在贬低自然。[150]平等主义革命在形式上与自然是同时出现的,平等主义在实践上最重要的特征就是反抗,亦即反对等级秩序,反对不平等。现在我们读一下243页的内容:

朗读者[读文本]:

我要带领你们离开这类寓言之曲,我要对你们说:'意志是一个创造者'。

所有的'过去如此'都是碎片、谜、可怕的偶然——直到创造意志补充说:'我要它如此!'

可是,意志这样说过吗?何时说过?意志已卸下自身那愚蠢的羁轭呢?

意志成为自身的拯救者了吗?成为带来快乐的人吗?它忘记

了复仇的精神和所有切齿痛恨的事吗？

谁教它与时间和解、教给它高于一切和解的东西？

意志必须要求高于一切和解的东西：此即权力意志——：但怎样做到这点呢？谁教导它也要后退呢？（"论拯救"）

施特劳斯：超人只有远离复仇精神、远离对永恒的渴求才是可能的。这包含在对流变的意欲中。对时间的意欲、对过去的意欲，意味着意欲过去的复返。意欲永恒复返是这种意志的胜利，这种最高的胜利是权力意志的顶峰。由于从复仇精神中解放出来，权力意志恰切地变成了被意欲之物，因为权力意志从它所遭遇的困境中解脱了出来。

我们必须理解的是下面这一点：尼采从未放弃对未来的意欲。在意欲过去的同时，他也意欲未来。他说，一个人要是不意欲过去，就不能意欲未来，也就是说，要是不意欲过去的复返，就不可能意欲未来。黑格尔和马克思也说过，一个人要是不意欲过去，就不可能意欲未来，意思是，如果过去不是它本身的样子，未来就不可能。但尼采在此处意欲过去的复返。我们意欲过去和未来，但只有过去和未来是一个循环，我们的意欲才可能。这一点在《扎拉图斯特拉如是说》卷三中得到进一步的发展。我们读一下"论拯救"这篇演讲的结尾。

朗读者［读文本］：

——说到此处，扎拉图斯特拉顿住，像一个极度惊骇的人。他用惊骇的眼神注视着他的门徒们；他的眼睛宛若箭矢穿透他们的思想和隐念。［151］稍顷，他又笑了，平静地说：

"与人类相处，非常沉重，因为保持沉默很难。爱说话的人更是如此。"——

扎拉图斯特拉如是说。那个驼背者掩面听完了这次谈话；当他听见扎拉图斯特拉发笑，便好奇地抬头注视，继而慢声说道：

"扎拉图斯特拉对我们所说，为何不同于对他门徒们所说？"

扎拉图斯特拉答曰："这有什么好奇怪呢！同驼背者说话，应该用驼背的方式呀!"

　　"说的好,"驼背者说:"那么同学生们说话,就可闲话那些不该说出的东西。可是,扎拉图斯特拉同学生说的话,为何又与自己说的话不同呢?"——(同上,页243-244)

施特劳斯:扎拉图斯特拉没有对他的学生们宣讲永恒复返。但是对一个驼背者说话,就可以用驼背的方式。另外,更重要的是,永恒复返学说产生的结果是肯定,是对驼背者的接受,当然这意味着对人的碎片性的接受。这篇演讲的结尾非常自然的过渡到下一篇演讲,"论人类的聪明"。扎拉图斯特拉不仅以不同的方式对不同的人说话,而且对自己说话。如这篇演讲的标题显示的,尼采不仅将这种说话方式称作"聪明",而且称作"人类的聪明",英文 human prudence 并不是对德文 Von der Menschenklugheit 的完美翻译。

　　然而,在《扎拉图斯特拉如是说》中,有一种动物也拥有聪明——蛇是兽类中最聪明的动物。但问题是,扎拉图斯特拉的聪明是什么?这一点虽然很难看到,但非常重要,因为尼采的写作或者说扎拉图斯特拉的演说,要求某种聪明,正如下面这个事实所暗示的:扎拉图斯特拉对他自己说的话与他对学生们说的话极为不同。这是哲学史上非常古老的一个问题。"论人类的聪明"的第一节暗示了这种最明显的差异。扎拉图斯特拉的聪明与审慎一点关系都没有。我们必须试着理解为何是这个样子。我们或许能在尼采独特的写作风格中找到某些答案。

第十章　永恒复返

——《扎拉图斯特拉如是说》卷二,章21;卷三,章1—13

[152]施特劳斯：　直有同学问我,超人学说的社会重要性是什么以及创造性对生活在共同体的中的人有什么意义。为了回答这两个问题,我建议我们读一下"论新旧标牌"第11节(337页)：

朗读者[读文本]：

我对过去一切的同情在于,我看见：它们悉遭转交,——

——转交给每代人的仁慈、才智和迷狂,过去所来的一切都曲解为他们的桥梁!

一个大暴君、一个可笑的怪物可能会出现,他可能用仁慈和不仁强逼过去的一切：直到它们变成他的桥梁、先兆、令驱和公鸡啼鸣。

另一种危险,也是我的另一种同情确是：出身群氓的人,只有忆及祖父——只到祖父一代,时间就停止了。

过去的一切就被这样移交：因为群氓有朝一日,群氓可能出来主宰,一切时代都将在浅水溺死。

哦,我的弟兄们,所以需要·种新的贵族,他是所有群氓和暴君的仇敌,他会在新标牌上新写上"贵族"一词。

这就需要许多高贵的人,有许多高贵的人,这样就有了贵族!或如我曾经在这一比喻中所言："有诸神,但没有上帝,这才是神

道！"("论新旧标牌"第 11 节,页 337)

施特劳斯: 现在我不会深入分析这段话,而是仅限于指出最表面的意思。有两种危险,一种是僭主,另一种是群氓统治。对尼采来说,群氓统治和民主制之间的差异毫不重要。因此,就需要一种新贵族。

为了理解这一点,我们回顾一下 19 世纪对民主制的讨论。[153]最著名的表述是托克维尔的《论美国的民主》。托克维尔曾经是法国的一位贵族,后来他某种程度上背叛了他的阶级,认为必须接受民主制。在美国待了一年之后,他确信,民主制作为一种优良的政体是可能的。法国大革命没有证明这个事实。因此,美国的经验就至关重要。但是在接受民主制时,托克维尔将民主制与法国古老的政制——贵族制,进行了对比。他以一种不偏不倚的态度对比这两种政制。他认为,之所以选择民主制并不是因为民主制本身的优越性,而是因为历史、天意(providence)决定支持民主制。

托克维尔的分析中至关重要的一点是,以"他人导向"(other-directedness)的名义在当今广为流行的东西。① 人民受别人的言论、思考和信念所引导——这与拥有自己观点的人极为不同——是民主制的主要特征,也是民主制的危险所在。托克维尔相信,贵族制要比粗鲁的个人主义更受人偏爱。在理解尼采时必须时刻想到这种观点。

如果你们想要一个简单的答案——简单的答案由于太过简单,就不真实——你们就会说,尼采写作的目的是期待一种新贵族,他确信传统的贵族被彻底终结后,一种新的贵族就会出来统治。我们暂时假定,这就是尼采的目的,1900 年代所有的精英主义某种程度上都是来源于尼采。这个问题变成,如何得到这种新贵族。尼采并不关心这个问题,因为他认为,在严格的意义上,获得新贵族唯一的方式是唤醒个体意欲成为真正的个体。然而,参与政治的人们不得不思考实践的手段,结果是法西斯主义和国家社会主义。当然,还有别的一些考虑,例如尼采从

---

① 参 David Riesman, Nathan Glazer, and Reuel Denney,《孤独的人群》(*The Lonely Crowd*), New Haven: Yale University Press, 1950。[译注]中译见理斯曼(David Riesman)等著,《孤独的人群》(*The Lonely Crowd*),王崑译,南京:南京大学出版社,2002。

未谈论过的经济问题。

另外一个问题,我表述如下:尼采主要的关心不是政治问题,这既有优点也有缺点。我先谈论优点。尼采认为,要想找到一种政治的解决办法是不可能的。这可能意指政治的解决方法。对尼采来说,政治问题就是道德问题,并且某人可能在误用这个术语的情形下,谈论一种宗教的解决办法,而忽视他的无神论。[154]在尼采看来,一个社会要是没有它自身的文明,是不可能的。一个文明最终要求某种献身,我们可以宽泛地称之为宗教。这就是尼采的主要关心,即对人的再创造。这在政治上这意味着什么,尼采毫不关心。

我给出下述分析:我们举一个日常的问题,青少年犯罪的问题。人们思考这个问题,并且试图解决这个问题,但是,真实的情形是,人们所有的思考和策略毫无效果。青少年犯罪问题与我们整个社会的深层危机紧密相关。真实的情形是,青少年犯罪现象归因于年轻一代希望的丧失,或者缺乏能够唤醒公共精神的那种伟大的公共使命。

如果事实如此,显而易见的是,青少年犯罪问题就不能孤立地来看待,将青少年看成社会整体的一个部分就是必要的。不管试图缓解青少年犯罪的行动究竟是温和地进行还是严酷地进行,与将其看作社会整体的一个问题来说,是非常次要的问题。针对这种情形该做什么,不是立即采取可能是毫无用处的社会行动,而是要进行社会的重建。只要夸大这个在任何之前的危机中都没有可比较对象的问题,你们就能理解为何尼采在涉及实践问题时含含糊糊。

在我们阅读《扎拉图斯特拉如是说》的过程中,我们已经抵达了尼采的核心教诲:永恒复返的教诲。依据尼采自己的说法,永恒复返教诲是核心,一切事物都依赖于这一教诲。为什么?我们回想一下永恒复返学说被暗示出来的语境。我再次回到开端。语境就是:上帝之死和超人的可能性;其次是,上帝之死和对人以及人所属的整全的全新理解。这种全新的理解表述在下述观点中:自然或生命就是权力意志,权力意志与柏拉图的爱欲学说相对立,后者努力朝向预订的目的、不变的目的和超越的目的。但是,权力意志创造目的。权力意志与现代的另外一种学说——生命意志——相敌对,因为生命意志并没有解释人向上的渴望,没有解释对低者的超越,没有解释进化中的创造。超人是权力意志的最高形式,因此,超人和权力意志这两种概念彼此相属。

现在,我必须转向哲学这个主题。照尼采的看法,哲学是最高的权力意志。请大家再次注意《善恶的彼岸》第9条格言。尼采在这条格言中说,曾经在廊下派那里发生的事情如今依然存在,即哲学始于自身的某种信念。

> [155]哲学总是按自己的形象创造世界。它不可能不这样。哲学就是这么一种暴虐的欲望,精神上的权力意志,'创造世界'的意志,追求第一因的意志。①

为何哲学就是探求第一原因的意志? 因为意义、给定的解释是任何特殊意义和哲学的第一因,如此之类的尝试就是第一因。如今,哲学变成了最神圣性的权力意志。哲学,这种权力意志最具精神性的形式,迄今为止一直都受复仇精神的推动,亦即受报复生成、朽坏、人的碎片性和缺点的动机推动。迄今为止,哲人们都是在用这种复仇精神来假定(conjecture)某些永恒的、不变的、完美的和最终的事物。这意味着,哲人们试图远离暂时的、变化的和碎片以及永不可能完成的事物。

尼采的权力意志哲学是哲学这种最神圣的权力意志的最高形式,因为尼采的权力意志哲学是首次从复仇精神中解放出来的哲学。尼采的这种哲学不会反对生成和朽坏,而是接受和肯定它们,并且是无限制地进行肯定。这种对生成和朽坏的无限肯定是对永恒复返的信仰:生成和朽坏没有终结。尼采的哲学与此同时也是权力意志的最高行动,因此也是创造一种世界观。同时,尼采的哲学也是权力意志的"自己意识"(self-consciousness)。因此,尼采的哲学也是创造和纯粹的认知。权力意志同时也是被意欲的对象,同时又独立于被意欲的事物。在这一学说中,"我意欲"(I will)可以转译成"我是"(I am)或被"我是"超越,正好可以对应卷一第一篇讲辞中的三种比喻。

---

① ［译注］尼采,《善恶的彼岸》,前揭,页14。

现在,我想就这一学说做出更详细的解释。这一学说似乎是自相矛盾的,甚至是荒谬的,但我们必须看到促使尼采这么做的原因。尼采提出这一学说的原因不是他后来疯了,而是因为他分享了他的时代和学术界中的大多数假设。第一个假设是"知识就是创造",而不是意识知觉(sense perception),意识知觉必须被解释。对意识知觉的解释并不是基于精神知觉,不是基于形式或理念,而是基于创造。用今天的语言就是:逻辑建构。逻辑建构这个词比创造更为丑陋,另一方面,这样说又是恰当的,因为在这些逻辑建构中有创造性。第二个假设是陈旧的康德式观点:认知行动(the understanding)预设了自然作为认知的律法。这第二种假设不同于康德的观点,当然也不是范畴和价值本身,而是诸范畴和价值的一种历史类别。[156]这种观点在今天是非常普遍的观点。显然,今天虽然注重价值,但是更注重诸范畴。

如果我们从这些假设出发,就会出现下述问题:存在这个事实——没有所谓的范畴和价值,只有价值的历史类别,以至于你们不能说某个价值比另一个价值更值得受到偏爱。我们称这为历史主义。然后就会出现这个问题:洞察到历史主义的那个精神处于什么位置。总是存在创造范畴和价值的精神,但我们现在关注意识到这种根本的相对性的那种精神。如果这种精神是通过历史浓缩而来,那么就会出现下述困难:如果存在一种超历史的精神,上帝就知晓人的思想的历史性。所以,为了保持前后一致,就不得不承认,意识到这种历史性的精神也是历史性的。这种历史性意识,本身就是一种历史现象。这个问题的答案是,历史意识事实上属于历史,而不是居于一种统治的地位,因为历史意识就是对历史的自我意识,或者说,历史意识是对历史变化的原因的自我意识。

我们举马克思的辩证唯物主义为例。辩证唯物主义宣称,它揭示了所有变化的原因,因此也就是所有范畴和价值的原因。生产方式是所有历史变化的原因,从而会出现一个上层建筑,在这个上层建筑中,我们发现了范畴和价值。与此同时,被反映出来的范畴和价值,是封建贵族的范畴和价值,马克思主义断言这就是真理,并且是终极的绝对真理。马克思说,封建贵族的这些价值和范畴都是错误的。无产阶级是第一个没有意识形态的阶级。用马克思主义的话来说,意识形态是关于整全的的一种错误观点。无产阶级的阶级意识是真正的意识,因为它暗示了对作为一个整体的历史进程的自我意识。

然而,依然有这样一个困难:依照马克思的说法,意识依赖于存在,因此无产阶级的意识就依赖于无产阶级的存在。那么,革命之前的无产阶级就不是应该取得胜利的无产阶级。我们如何能够预先知道,如何用胜利的革命来塑造无产阶级?因此,如果辩证唯物主义是真理,那么它必定对一个完全优越于无产阶级的存在有意识,但这个存在不可能是无产阶级。这一存在只能是思想家,例如马克思。对历史变化的原因的自我意识必定是历史的目的,[157]在这一意义上,这一自我意识必定与发现范畴和价值体系一致。我说到"发现",是因为严格来说我们不可能预先发现价值和范畴,而是创造范畴和价值。在尼采看来,马克思的整个概念导致了末人,这归因于这个事实:马克思—黑格尔追求的仅仅是自由,因此也会导致最严重的危险,另外,马克思主义内部没有对共产主义社会的自由王国之目的的反思。

对尼采来说,这一历史洞见之所以在历史进程中占统治地位,因为这一洞见是对历史的自我意识。不过,这首先意味着历史的终结,因为,在某人知道了所有的范畴和价值都是创造之后,他就不再能创造它们。这种知识具有使人麻痹的能力,要是某人知道所有价值和范畴都是创造,他就不再相信它们。第一个结果是尼采称之为的虚无主义,或者如他在《扎拉图斯特拉如是说》中表述的,一切都是虚无,一切都一样,一切都曾经存在过,不会有未来,因为不再有创造性。那么,在拥有了对历史的自我意识后,如何可能有一个未来?答案是:对历史变化的原因的自我意识本身就是创造行为,且是最高的创造行为。尼采所看到的世界是尼采所意欲的世界,只有以这种方式,终极知识会麻痹人的结果才能被克服。这一意欲,也就是永恒复返被人接受,就会彻底改变人——将人转变成超人。

我再陈述这个问题一次。让我们从柏拉图开始。在柏拉图那里,意见和知识之间的差异至关重要。依照柏拉图的说法,意见与生成有关,知识或科学与永在的和不变的事物相关。这并不意味着,不存在关于不变之物的意见。所以,意见具有宽泛的意义,意见不仅涉及生成之物,而且属于生成之物,因为意见不是真理,且是人的主观之物。无论如何,从柏拉图的观点看来,各种各样的意见不同于真理、知识和科学。这些意见在一个方面是有限的,换句话说,你们可以归类意见的种类,但是另一个方面意见又是无限的。然而,依据柏拉图的说法,任何意见都不可能拥有真理。很容易可以理解这一点:如果某人说,此刻是夜晚,他明显说的不是真理,然而这一陈述明显包含一定的真理。难道没有黑夜这回事吗? 难道没有"现在"这回事吗? [158]所以,要是没有某种意识,绝无可能提出一个理智的、不基于某些真实事件的陈述。

　　现在我要跳到黑格尔那里。我们可以将黑格尔的观点陈述如下:黑格尔也谈论意见和知识的对立。意见源于创造性行为,也就是说,意见不仅仅是对真理的拙劣模仿。但最重要的是,最根本的意见序列(sequence)是知识,如果这一序列被理解了的话。贯穿人的理智史的种种意见,如果理解地恰当的话,就是知识。为何是这个样子? 用黑格尔的话来说,客体就是主体,这意味着,真正的事物就是思想着的主体。所以,即便一块石头作为思想对象的客体,也是一块理智的石头,也就是说,在涉及到思想客体时,一块石头也是一块理智的石头。在历史完成之后,才会有知识或科学。产生这些意见的是理智,但理智不能知晓自身。所以,在黑格尔那里,历史变化的原因就是理性,而不是像在柏拉图那里是理性和非理性之物的混合。

　　现在让我们描述源出于黑格尔的另外一种选择,一定程度上对黑格尔的反对,某种程度上是被尼采所预先假定的。与黑格尔的说法相反,历史不会完成。由此导致如下观点:历史进程不是理性的,因为只有历史被完成,历史才能被认识到是理性的。因此,产生意见的就不是理性,而是某种别的东西。在最高意义上,最终的事实就是个体的创造性。从这一点又导致如下观点,不可能有知识本身、科学和真理,而是只有诸知识。

　　因此,我们不可能找到在柏拉图和黑格尔严格意义上的科学。我们首先找到的是,任何认知行为的假设都是根本性的意见,任何认知行为不可能比意见具有更高的地位。每种知识或科学依赖于仅仅对独特的人群才理所当然的假设。希腊科学基于对希腊人才理所当然的特定假设,但这些假设对我们来说不再理所当然。我们的科学与之类似。但是在我们的科学中,我们不可能认识科学,因为我们受制于我们的偏见。不管怎么说,对我们的假设皆具有历史性的意识就是知识,就是科学,这种意识却与相对性无关。对人之能力的最高意识,事实上就是知识,只不过这种知识以对创造性主体的自我意识的形式出现。

尼采说,如果这种意识不与一种创造性行为联系起来,虚无主义就不可避免。在当下的语境中,我提醒你们回想一下尼采就求知者和高贵者的区分。[159]求知者认知的事物只能被高贵地解释,但只有拥有未来,求知者所知之物才能被高贵地解释。这种新的创造性行为必须将虚无的真理转换成赐予大多数人生命的真理。换句话说,真正的对历史的自我意识,对人的一切信念注定腐朽的意识,不可能先于最高的创造性行为,它必然导致最高的创造性行为。

因此,对历史进程的真正的自我意识是对权力意志的认识。不同地表述是:如果对历史原因的自我意识不是创造行为的一种伴随物,那么在历史自身和哲学史家之间就会有一种彻底的分离。历史意味着创造性。史学家和哲学家仅仅是旁观者,用尼采的比喻来说,是月亮。如果存在这样一种分离,史学家和哲学家自身就不具备创造性行为。然而,一个人成为创造性之人必须要做的是理解创造性行为。一个人丝毫不懂音乐,也可以成为音乐史家。重复一下:对历史进程的自我意识,亦即知识的最高形式,必须是一种创造行为的伴随物,必须是最终和最高的创造行为的伴随物。

现在我们继续读"论人类的聪明"。前一篇演讲首次提到永恒复返。现在尼采转到人类问题上来。他首次谈论人类的聪明,"聪明"的意思是尼采或扎拉图斯特拉在与人类交往时的"聪明"。

朗读者[读文本]:

可怕的不是高峰,而是山坡!
人在山坡,目光向下,手则向上攀爬。内心因为自己的双重意志而晕眩。

　　唉,朋友们,你们也猜到我心的双重意志了吧?

　　我的山坡和我的危险是,目光向着极峰,而手却要撑在——深渊的边缘!

　　我的意志紧紧抓住人,我用锁链将自己同人紧紧绑缚,因为我被引向超人的高处:因为我的另一个意志向往这个高处。

　　于是,我盲目地生活于人群;仿佛不曾认识他们:使我的双手不致完全失去对坚固之物的依赖。("论人类的聪明",页245)

　　施特劳斯:对过去、人之碎片性的肯定,是永恒复返学说最核心的含义。换句话说,对超人的意欲不可与对人的意欲分离开来,就如同对未来的意欲不可与对过去的意欲分离。因此,就有一种双重的意志。扎拉图斯特拉的危险是超人。[160]因此他寻求人的支持,他必定对人群是盲目的,因为,如果扎拉图斯特拉从他自身来衡量人,他就会遭受不幸。现在,他处在悬崖边,危险是向下看,他必须寻得支撑。由于渴望超人,扎拉图斯特拉要向上看,以便找到支撑。他不能向下看,他必定对人群是盲目的。他为何需要支持? 对超人的希望依赖于人,依赖于人身上的某种自然。由于超人的缘故,扎拉图斯特拉是聪明的。我们接着读。

　　朗读者[读文本]:

　　我不认识你们人类:这蒙昧和安慰常常充塞我的四周。

　　我坐在无赖汉门前的路上,问每一个无赖:谁愿意骗我?

　　这是我第一种人类的聪明,我让自己受骗,于是勿需防骗。

　　唉,倘若我提防人:人又怎能做我气球的铁锚呢! 那我就会被轻易引走,引向高处!

　　这是支配我命运的天意,所以我勿需谨小慎微。(同上,页245-246)

施特劳斯：扎拉图斯特拉的这种聪明与审慎毫无关系。因为，如果扎拉图斯特拉警惕人类，如果他不信任人，他就会放弃人。因此，他聪明地让自己受骗。接下来，他谈到一系列聪明。第二种聪明是在观看虚荣之人所演出的喜剧时，爱护虚荣之人。第三种聪明是观察恶人。喜剧是好的，爱好虚荣之人也害怕人的邪恶，因此他们谴责邪恶之人。我们接下来在一个不同的语境中会考虑的主要一点是，审慎。扎拉图斯特拉的聪明，不管有何种意思，都与他的审慎无关。他无需谨小慎微地对待任何事情。

接下来的演讲是卷二的最后一篇演讲，"最寂静的时刻"。在这篇演讲中，扎拉图斯特拉还没有准备好说出他的真理，即永恒复返学说。他依然害怕嘲笑他的人群，他依然感到羞愧。他的犹豫对应着这一学说的沉重。

我们转向卷三，第一篇演讲是"漫游者"。我们读一下 258 页中间的段落。

朗读者［读文本］：

你走上你的伟大之路：这里不再有人悄悄尾随！身后那条写有"不可能"的道路，已被你的脚踏灭。

［161］倘若你找不到任何阶梯，你就必须知道，如何从自己的头上攀登：否则如何向上攀登呢？

从你的头上，越过你的内心！于是，你身上的至柔也必成为至刚。

一味爱惜自己的人，最终要吃溺爱的苦果。使人坚强的东西才值得赞美！那流满——奶油和蜂蜜之地，我并不礼赞！

为了多做观察，必须不计自身——坚强，每个登山者都必不可匮乏。（"漫游者"）

施特劳斯：扎拉图斯特拉在这里以及别处谈论他自己，上面这些段落在相当程度上是无法转译的。

　　那么,这些评论的意义是什么? 他在谈论自己时用了一个稍微会引起误解的词,即"种类"(genus)。他不仅呈现教诲,而且将自己呈现为传播教诲的老师。那些接受他的教诲的人,还没有经历这位教师受到激发的经历。然而,这位教师独有的经历是他的教诲的一部分,因为他的教诲事关生命,事关人。为了理解人群,必须懂得只有最伟大之人才拥有的经历。一切心理学,如果不考虑这类经历,根本上都有缺陷。我给你们读一段《瞧,这个人》中的一段话。我在巴雷特的《非理性的人》中发现了下面这段话。我先给你们读一段巴雷特这本书中的一段话:

> 尼采自己描述过激发他写作《扎拉图斯特拉如是说》的过程,他的描述无可争辩又清楚地告诉我们,我们正面对着无意识异乎寻常的宣泄和侵袭。①

　　也可以说,无意识的本质,已经为我们这些毫无偏见(open-minded)的人准备好。

> 在身处比较有生气的时代的诗人们的心目中,所谓灵感究竟指什么,对于这个问题,生活在十九世纪末的人,有谁有过一个明确的概念呢? ……如果不曾有过的话,我倒愿意来描述一下……启示这个概念相当简明地描述了这种状况;所谓启示我的意思是指某种深刻地震撼和扰乱人心的东西,突然变成看得见听得着、具有无法描述的确定性和精确性……有一种狂喜的出神状态,其可怕的紧张有时可借一串串眼泪宣泄出去,在这期间,从不由自主的激烈狂躁到不由自主的缓慢迟钝,每个人的进展变化不同。②

---

① 引文见于巴雷特,《非理性的人》,前揭,页187-88,紧接着引用了《瞧,这个人》对《扎拉图斯特拉如是说》一书概述的第三节。[译注]参巴雷特,《非理性的人——存在主义哲学研究》,前揭,页200。

② 此段引文是巴雷特引自尼采《瞧,这个人》对《扎拉图斯特拉如是说》的评述,巴雷特在引用中没有给出引文的译者,可能是巴雷特自己从尼采原文译出,见巴雷特,《非理性的人》,前揭,页188。[译注]中译见巴雷特,《非理性的人——存在主义哲学研究》,前揭,页200-201。

那些还没有想到这个问题的人们应该读读神秘主义者就他们的神秘经历所写的东西。尼采此处的表述让人想起神秘主义式的表述。事实上,他的表述就是一种无神论神秘主义,有人也许会说,这是一种生命的神秘主义经历。

我们现在转向下一篇演讲,"论面貌和谜"。某种程度上,这篇演讲是整部作品最重要的一篇。这个标题是一种误导,让人以为这篇演讲的主题是面貌和谜。[162]然而,这篇演讲的主题是永恒复返。这篇演讲处理了对扎拉图斯特拉来说显得是面貌和谜的东西,这种东西就是永恒复返。但这个标题强调了扎拉图斯特拉涉及永恒复返教诲多变的和谜一般的特征。这篇演讲被分成几个部分,迄今为止,唯一另外一篇也被划分成几个部分的演讲是卷一最后一篇演讲"论馈赠的道德"。但从这篇演讲开始,演讲被划分为几个部分会变得极为频繁。扎拉图斯特拉唯独在此处谈论了面貌。面貌是什么?他谈话的对象不是他的门徒,也不是他的朋友,而是无名的海员。我们读一下这篇演讲的开头。

朗读者[读文本]:

船员中传言扎拉图斯特拉便在船上——因为有位来自幸福岛的人,与他一道登船——于是顿生极大的好奇和帮助。扎拉图斯特拉因为悲伤,沉默两日,神情冷漠而麻木,对于别人的目光和问题,一概不予理会。次日傍晚,他虽然依旧沉默,但已竖起耳朵在听人讲话:在这条已经远航,并要继续远航的船上,还真有许多怪事、险事可听呢。扎拉图斯特拉是远游者的朋友,是没有冒险即无法生活的人的朋友。瞧!他听着听着就禁不住摇唇鼓舌,打破了内心的坚冰:——他这样开口说话了:

你们,勇敢的寻觅者,尝试者,以巧帆驶进可怕海洋的人,——

你们,陶醉于谜的人,喜爱晦暗的人,长笛把你们的灵魂诱至迷乱的深渊:

——因为你们不愿用胆怯的手源线求索;能作猜想,你们就厌作推断——

　　我只给你们说说我看见的谜，——最孤独之人的面貌。——
（"论面貌和谜"，页262-263）

　　施特劳斯：为何扎拉图斯特拉只向无名的海员讲话？扎拉图斯特
拉是没有冒险就无法生活之人的朋友，这些人喜爱谜，这些人不会厌恶
那些无法被证明的最重要之事，他们喜爱猜谜。为何他们会从中得到
快乐？如果真理能够被证明，那么真理就与生命不相容，因为生命是变
化的和不确定的。智慧不会与生命不相容，智慧必须承担生命的多变
性和不确定性。

　　接下来，扎拉图斯特拉描述了他的向上之路。

朗读者[读文本]：

　　最近，我怀着忧伤，在尸色的薄暮中独行——忧伤而冷酷，紧
闭嘴唇。于我而言，不仅仅是一个太阳落下了。

　　[163]一条小径倔强地随碎石攀升，一条凶险而孤寂的小径，
没有野草、没有灌木愿伴它而生：这山路在我双脚下沙沙作响。

　　我默默跨过卵石，卵石发出嘲笑似的沙沙声，我脚踏令我蹒跚
的石头：我的双脚如此勉力向上。

　　向上——抵抗那个要拖它向下，拖向深渊的精神，这沉重的精
神，我的敌人和魔鬼。

　　向上——尽管它坐于我身，半是侏儒半是鼹鼠；瘫痪；使人瘫
痪；像铅注于我耳，铅粒一般的思想注入我脑。（同上，页263）

　　施特劳斯：扎拉图斯特拉走上了向上之路，因此他不得不克服重
力。他克服了重力精神或曰天堂精神。那么，重力精神或天堂精神是
否与复仇精神一样？接下来，侏儒代表了这种天堂精神，最终被勇气克
服。这是真实的，因为天堂精神植根于死亡或对死亡的恐惧。对这种
恐惧的克服内在于对死亡和生命的各个阶段的真正接受，一次、两次，

无限地开放,亦即永恒复返。由此得出的结论是,对死亡的恐惧和所有其他恐惧都缺乏勇气,由于渴求安全和确定性从而导致堕落。

复仇精神难道不是源于对永恒之物的假想吗？我相信,并不是在所有方面都是如此。复仇精神与信仰可以并存,天堂精神却不能。意识到下面这一点非常重要:扎拉图斯特拉将自身呈现为受天堂精神的威胁,而不是受复仇精神的威胁。只要天堂精神一直占据人们的灵魂,死亡就是终点或从死亡中解脱出来,进入永恒。时间的从生到死是不可逆转的。一旦天堂精神被克服,就会出现死亡的无限循环。在此处,如在其他许多段落中,解读《扎拉图斯特拉如是说》的困难尤其大。

在海涅的《莎士比亚的少女和妇人》(*Shakespear's Maidens and Women*)中,有一段特别漂亮的表述,但不幸那个段落太长而不能在此读给你们。在那个段落的结尾,海涅给出了一位法国哲学家基佐(Guizot)非常著名的理论。我在引证海涅时很谨慎,因为在风格的明快和沉重方面,他对尼采有独特的影响。海涅称莎士比亚为大象,并且说大象是正确的。莎士比亚式喜剧的灵魂是快乐、轻快的幽默,莎士比亚在他的喜剧中总是在花丛中舞蹈,很少触及现实。在给出这一陈述并表示赞同后,海涅以下面的一个梦给出了对喜剧的描述。海涅的意思是,这个梦真正地表达了莎士比亚喜剧的本质,然而,海涅的这一分析与学院教授对喜剧的分析毫不沾边。[164]这个梦的内容是:他在威尼斯附近海面上的某个小船上,

> 一位可爱的女士站在船边咆哮着对我哭泣说:"你有对莎士比亚式戏剧的定义,对吗？"我不确定我是否回答了"是",那位漂亮的女士随即掉进了水里,水花溅到了我的脸上,然后我爆发出大笑,我就醒了。①

---

① Heinrich Heine,《弗洛伦萨之夜》(*Florentine Nights*)、《冯·施奈贝莱沃普斯基先生回忆录》(*The Memoirsof Herr von Schnabelewopski*)、《巴赫拉赫的拉比》(*The Rabbi of Bacharach*)、《莎士比亚的少女和妇人》(*Shakespeare's Maidens and Women*), New York: John H. Lovell Company, 1891, 页432-38。

海涅要表达的意思是：存在那种无法用理性语言表达的经历。

一般地表述就是：我们如何知道，理性的因素、清晰的、可证明的言辞能与最重要的真理和谐一致？莎士比亚式喜剧或许只是一个小主题，不过是为了应用于最高的事物。传统意义上的哲学预设，理性与最重要的真理是相容的。但是这一预设能够被证明吗？这是尼采的问题，也是他的表述的特征。显而易见的是，这个问题不是一个怀疑论的问题，即否定获得真理的可能性。将这种观点与当今流行的关于柏拉图观点对比一下，在柏拉图那里，神话似乎与理性、逻各斯判然有别，并且神话暗示了理性的局限。尤其是，人们说在柏拉图那里关于灵魂的真理是通过神话呈现出来的，因此，柏拉图有一种相似的看法：最重要的真理不受"逻辑表述"的影响。但我们绝不能忘记，在柏拉图那里，也存在永恒之物，亦即理式（ideas），理式超越灵魂，超越生成和流变，另外，在柏拉图看来，诗歌仅仅是模仿，与哲学比起来，诗歌是次要的。① 对尼采来说，永恒之物已经消失。因此，这并不具有必然性：诗歌或类似于诗歌之物、面貌和谜就应该取代哲学式的论证。这就是他用快乐精神反对沉重精神所要表达的意思。

沉重精神总是阻止向上的路，克服这种精神唯一的方式是通过勇气。接下来，在"论面貌和谜"的第二节中，尼采发展了"面貌"本身。我们接着读。

朗读者［读文本］：

"站住！侏儒！"我说，"要么是你！要么是我！我们两个我是强者——；你不了解我深渊的思想！这——你无力承受！"——

此刻，我感到轻松了：因为侏儒从我肩上跳下，这好奇的家伙！它蹲在我面前的石头上。这里恰好是个大门通道，我们就站在这里。

［165］"侏儒！你瞧这大门通道！"我继续说，"它有两副面貌。

_____

① 施特劳斯提到了《王制》卷十对诗歌的讨论。

两条道路在此交汇:尚无人走到路的尽头。

这条长路向后:通向永恒。那条长路通往——那是另一种永恒。

这两条路彼此相反;它们恰好在此碰头:——大门的通道边上,恰好是它们交汇的地方。大门通道的名字刻于上方:'暂时'。

要是有人沿其中一条路前行——一直走下去,越走越远:侏儒,你以为这两条路永远相反么?"

"一切笔直的东西都在骗人,"侏儒不屑地咕哝。"一切真理都是弯曲的,时间本身便是个圆环。"

"你这沉重的精神!"我怒吼道,"别说得那么轻慢! 你这个跛脚鬼,不然,我就把你扔在你正蹲的地方,——以前我把你抬高了!

看啊,我继续说,你看这个暂时! 从这个暂时的大门通道向后,有一条永恒的长路:我们身后是一种永恒。

一切事物中凡能奔跑的,不都已经跑过这条路了么? 一切事物中能够发生的事,不是已经发生过、完成过,并且消失了吗?
(同上,页 265-266)

施特劳斯:这里暗示的东西是什么? 无限的时间、有限的数字组合(the number of combinations)必定都已被完成,因此不可能再有任何新的东西。问题在于,为何数字组合是有限的? 在无限的时间中肯定会存在有限的数字组合。答案是,必然的力量。我们读一下 313 页第 1 段。

朗读者[读文本]:

我的智慧,我那笑容可掬而又清醒的白昼智慧,它嘲讽了所有的"无限世界",难道是它对我的梦悄悄说话吗? 因为我的智慧说:"哪里有力量,数字就会成为哪里的主人:她的力量更大。"
("论三种恶行")

施特劳斯：请记住这一点。这是至关重要的假设，数字组合的有限性归因于下述事实：任何力量，包括整个世界的力量，必定都是有限的。

朗读者［读文本］：

　　倘若一切事物本已有过：你这个侏儒如何看待暂时呢？这个大门通道原先是否已经——有过呢？
　　一切事物是否紧密相连，甚至于暂时把一切未来之物也拉到自己身上？就是说——还有它自己？
　　一切事物中，凡能奔跑的：都从这条长路向前而去——也必定在此奔跑！
　　在月光下缓缓爬行的蜘蛛，该月光本身，在大门通道旁相互低语永恒事物的你我——［166］我们这一切原先不也存在过么？
　　——回来，再从前面另一条路抛开，在这条可怕长路上——我们不是必须永恒复返么？——（"论面貌和谜"，页266-267）

施特劳斯：用更具体的、宇宙论式的语言来说，从单细胞生物到超人的进化，再到达人类的终结，之后是一个新的开始，如此永恒复返。如你们在这个表述中看到的，尼采字面上要表达的意思是，同类之物的永恒复返。古代的某些哲人也教授过永恒复返，他们认为，机运扮演着巨大的作用，以至于某些特殊的类不会实现永恒复返。尼采的原则是，将时间的无限对应数字组合的有限。

现在我们总结一下这一章。扎拉图斯特拉在说出一种面貌之后，他感到恐惧。随后又出现一种新的面貌。他听到犬吠，然后这只狗将他带到牧羊人面前。扎拉图斯特拉看到，一条黑蛇爬进了熟睡的牧羊人的口中，扎拉图斯特拉督促牧羊人咬断黑蛇的头，然后牧羊人获得自由，并大笑起来。扎拉图斯特拉之前从未听过这样的笑声。这就是超人出现的标志。不是扎拉图斯特拉，而是牧羊人的变形者，本来是保卫低者(the lower)的牧羊人变成了超人，变得能够忍受永恒复返。

但是,此处还有一个困难。牧羊人咬断黑蛇的头不是破坏了永恒复返的循环吗？或者说,这个循环是没有头的吗？亦即所有部分都是平等的？峰顶和平原之间的差异在永恒复返那里,必定不再重要,这就是悖论。关于超人的整个教诲,关涉创造性的整个教诲都指向未来,都朝向对未来的完成和拯救——这才是人类的顶峰。依照尼采的观点,这一顶峰要求,人达到这个这样一个顶点:高处与低处开始变得毫无差异。从宗教的观点看来,这相当容易理解。从超历史的观点看来,从永恒的观点看来,人与人之间最大的差异变得毫不重要。尼采试图保持一种非宗教性的视角的方式就是最终超越历史进程。

学生:永恒复返教诲不会引发一种决定论,这种决定论会取消末人与超人之间的抉择吗？

施特劳斯:这依赖于你所持有的态度。如果你置身事外,例如作为一个求知者,就不能做出这一选择。[167]让我们假定,尼采或扎拉图斯特拉对超人的到来绝然重要。但是,尼采不是被迫教授超人学说吗？要是不考虑他所教授的偶然性的地位,我们就无法知道这个答案。在尼采无法放弃他的使命的意义上,他是不自由的。他不断地尝试这样做,但他根本的意志强迫他继续前进。这种根本性的意志是他的必然性,是他的命运。

我们读一下"初愈者"中的一段话。

朗读者[读文本]:

"哦,扎拉图斯特拉,"动物们接着说,"像我们这样思考的人认为,万物自己舞蹈:它们出来,彼此握手,欢笑,逃走——复又回来。

万物离去,万物复归;存在之轮永恒运转。万物亡逝,万物复生,存在之年永远奔走。

万物破碎,万物新和;存在的同一屋宇自我构建。万物分离,万物复聚,存在之环永远保持自我。

存在开始于每个瞬间:"彼此"之球围着每个"此地"转动。到

处都是中心。永恒之路蜿蜒曲折。"("初愈者",第二节,页359-
360)

施特劳斯：如此清晰的说法不是人说的,而是动物说的,这个事实
非常重要。尼采心中所想的东西与别人在一个世纪之前称呼的"复归
自然"(return to nature)有亲缘关系。① 现在,没有未来和过去的这种
生命,就是区别人和野兽的东西。依照尼采的观点,某种程度上,人类
必定意欲最高者。但是,在顶峰,他只能意欲万物的循环,从这种观点
出发,所有重大的差异,包括超人在内,都变得毫不重要。

在卢梭那里有同样的困难。卢梭描述的自然状态,处于这个状态
中的人还不是真正的人,因为处于自然状态中的人还不拥有理性,他仅
仅拥有获得理性的能力。因此,处于自然状态中的人就是愚蠢的动物。
尽管如此,卢梭的整个学说,在卢梭教诲的顶峰,你们再次看到,对自然
的复归——对自然状态的复归。这意味着,卢梭的实践教诲在人性的
层面回复到了自然状态。这是最高之人才能做到的事情。这类最高之
人不再是市民,而是超越了市民社会,与自然进行交流。尼采与之有类
似的东西。在人性的层面回到自然,因为构想超人的人,当然不可能是
一只野兽,但他依然与野兽拥有共同的东西,[168]这种东西从历史的
人的角度区分了野兽和超人,亦即自然循环的整体与和谐。

学生：……(所提问题听不清)

施特劳斯：你们一定不要忘记下面这个简单的事实:在第一次对
永恒复返的表述中,对永恒复返的表述很短,首先看到的是有缺陷的
人。说得更一般些,主题是人的碎片性。人的过去与已经完成之人、超
人进行对比。悖论在于,对超人的意欲要求肯定人之碎片性、人的过
去,亦即要求意欲永恒复返。如尼采说的,同样之物的复返假定历史进
程是先在的,不是人类进化的偶然事件,这一历史进程基于地质学的进
程——这二者紧密相连。如果你谈论此时此地任何发生的事情的复
返——这以整个过去的复返为前提,那么你就如同必须在完全荒凉的

---

① 施特劳斯似乎心中一直想着卢梭,在下文和随后几章中愈发明显。

沙漠中肯定正在发生的事情，而人对这一荒漠一无所知。

　　我提醒你注意一下尼采在别的评论中提到的一点。尼采有一个非常简单的动机。由于丧失了对不朽、永恒的信仰、永恒的极乐的信仰，尼采确信人类会运用严肃和热忱，如果连这一切也都消失，我们就只能靠吃喝过活。尼采想到了一种平衡，这种平衡不会将人引向他所谓的对死后世界的信仰，而是忠诚于大地，同时拥有不朽信仰所具有的力量。尼采相信永恒复返可以提供这种不朽。你不可能知道你在上一次生命中所做的事情，但是，你一旦知道会毁灭剩余生命的可怕事件，你就会在未来的生命中无限地重复。无疑，你们会说这毫无意义，然而依照灵魂不朽学说，死后你会记住你的罪恶。依照尼采的观点，在未来的生命中，不会记住任何先前的罪恶。在《扎拉图斯特拉如是说》没有提到这一点，而这非常重要。

　　学生：……（所提问题听不清）

　　施特劳斯：尼采的意思是，存在两种不同的视角：理论的视角和道德的视角——这只有对于自康德以来尼采之前的德国思想家的思考才是独特的。其意思是，如果你思考一个问题，就要看你本身是受这个问题困扰，还是说你只是从外部来思考这个问题。永恒复返是一种最终的教诲，这种教诲不是一种末世论，它不是你思考起点的最终预设，也不是你推演结论的预设，不管是道德还是实践方面的推演。[169]永恒复返的论证中最关键的要点是，你必须意欲接受这种最深刻的视角，你必须有勇气接受它。换种说法是：如果存在这样一种会抵达顶点的进程，那么一切就有意义。

　　那么，这一进程的结果是什么？在永恒复返中不同阶段的重要性要远远小于它们对于此时此地生活的我们来说的重要性，此时此地的我们只有有限的视角，与那些拥有永恒复返这种视角的人相比简直是判若云泥。一旦你接受永恒复返的整个过程毫无目的，那么首要的论点就是人有一个目的，即超人。一旦你洞察到这一点，你就会看到尼采的终极教诲是在一个极高的层面进行的一种恢复。凭借尼采的断言，那种令人绝望的、死气沉沉的东西被转换成最富生机的思想，因为这一思想要求人们以最高的勇气去接受它。

　　虚无主义者不会意欲这一思想。虚无主义者在理论上将其视作一个事实,因此他们的意志死气沉沉。上帝之死、末人的即将来临导致超人的可能性,超人的这种可能性克服了复仇精神和天堂精神——这一思想就表达在永恒复返这一学说中。一定不能忘记侏儒的行为:侏儒只是重复,没有理解扎拉图斯特拉就人的意义所说的东西。扎拉图斯特拉说到重力精神,这种精神不会让超人的出现轻而易举。没有看到这一点的人,就会认为超人的出现是轻而易举的。尼采要求的是,全心全意的献身、全部的热情,因为超人拥有人之会朽的知识。人之会朽这一点不仅被勉强接受,而且作为一种严酷的必然性被肯定。这种肯定在最极端的意义上是无限的肯定,即永恒复返。这就是要点。

　　尼采在后来的岁月中想从理论角度研究物理学,因为他想为永恒复返的教诲给出一个理论的支持。某些批评者说,这是一种对尼采彻底的误解,但我不认为如此。不管这一教诲最终是否以理论的面目出现,它的起始点、它的意义都不依赖于理论上的证明,因为理论证明属于重力精神。

　　无疑,永恒复返学说也是某些古代哲人的学说。其问题非常简单:如果没有全能的神存在,并且没有哪位古代哲人会承认一位全能的神存在,那么宇宙就是永恒的;这种可能性最清晰地体现在亚里士多德那里。或者,如果可见的宇宙进入了生成领域,它就迟早会朽坏,那么宇宙就会无限循环地经历生成和朽坏。某人可以说,这完全忽视了历史证据。[170]廊下派是关于这一观点最著名的学派,他们的教诲与赫拉克利特密切相关。赫拉克利特是尼采最尊敬的哲人。在尼采看来,赫拉克利特犯了什么错误?

　　尼采关于赫拉克利特有两点保留:(1)赫拉克利特忽视了感觉,(2)赫拉克利特没有一种历史意识。结果就是赫拉克利特对人具有创造力这种现象毫无意识。① 赫拉克利特的一条残篇说,所有人的律法都被唯一的一种神法所滋养。② 人类的律法源于那种神法,所以毫无

---

① 　尼采,《偶像的黄昏》,“哲学中的‘理性’”,第2节。
② 　依照 Diels-Kranz 的编码,是残篇 B114。

创造力可言,当然也没有权力意志。对尼采来说,历史及其意义绝对是本质性的。尼采试图做的是在现代历史意识中建立一种传统的结构。历史意欲战胜自然,但其方式不是黑格尔所认为的方式,而是要超越历史。

学生:……①

施特劳斯:如果你将康德所说的视作理所当然,当然那不是纯粹的虚构,而是无法从理性证明的论断,但是我们必须辨别我们是否是一种道德存在。依照康德的说法,上帝的存在无法从理论上得到证明,但如果我们理解了遵守道德律这一行为的真正含义,我们事实上已经断言上帝的存在。尼采对此相关的表达是"面貌和谜"。我相信,这个标题所蕴含的终极意思就是面貌和谜——它们是永恒复返。在尼采那里有一种哲学基本原理的残余,所以你不能将它们抛弃。尼采只是在象征上才发现这个问题的一种和谐一致。在尼采看来比传统意义上的哲学有更大的优越性的东西,或许对他人才显得是一个很难补救的根本缺陷——这对尼采有时也是如此。尼采最后的那部著作,即现在只以片段形式存在的、没有恰当编辑的那部著作,②尼采意在使其成为一种哲学的理论体系。

亚里士多德没有严格意义上的永恒复返学说,但他以有限的方式提出了这种思想,即周期性的大洪水、新的开端,一般而言这个过程绝不会被人类打断。当亚里士多德建立他的学园时,当他从事一项事业时,他心里非常清楚这些事业都不会永恒地持续下去。他们知道未来会有新的野蛮阶段,但他们无法避免这一点。这一点与下面这种看法没有根本的差异:人作为个体而言,[171]我们都知道我们会死,尽管如此,我们还是要尽力做到卓越。为什么不应该将这种思想应用到政治社会的历程中呢?

学生:……(所提问题听不清)

施特劳斯:在涉及机运的时候,可能有一些误解。尼采那里没有

———————————

① 誊写者指出,所提问题与理性在尼采思想中的位置的问题有关。

② [译注]指《权力意志》。

亚里士多德那种严格意义上的机运概念,亚里士多德的机运概念是用来与自然进行对比的。因为,对亚里士多德来说,机运是整全的一种可能性。尼采所想的是,迄今为止历史一直在发展,而现在,人能够操纵历史之舵的时刻即将来临。稍微粗糙点说,现在的人知晓了历史的机械发展。之前,事物都是自发地在发生,而现在人能够依照他的理解和知识控制事物的发生。尼采说,从最高的视角来看,人现在能够控制历史的进程,并进而变成这个星球的主人;但是从更宽泛的视角来看,人统治大地仅仅是历史的一个阶段,人还必须学会与大地一起生活。人必须有能力将全心全意的献身于一种光辉的未来与心甘情愿地接受未来终究会毁灭这一点结合起来。

尼采意识到,任何非永恒之物都无法令一位哲人满足。在马克思那里,没有关于这一点的一种溯源,而这恰恰是尼采的优越性所在。但是,尼采被迫这样做的方式——亦即使生成和朽坏永恒化的方式,从而使得没有什么东西会超越生成与朽坏的循环过程——导致了所有的困境。如果存在一种超越那一循环过程的永恒之物,这种东西就是纯粹精神;如果那种永恒之物不存在,知识和理性就只能被称为生命的功能。尼采的前提绝非自相矛盾,它们是 19 世纪和 20 世纪共有的前提。但尼采想得更远。我们能从他那里学到的是,放下我们自身的沾沾自喜,仔细思索:如果我们严肃对待他的那些前提,我们应该被导向何种教诲。

依照尼采的说法,要是不同时存在一种非高贵性,超人的高贵性就不可能。高贵性必然预设了不高贵的大多数——高贵者统治着这些大多数人。某种程度上,接受人的片段性或接受末人,是必然的,因为依照尼采的说法,传统的人不再有任何高贵的可能性,未来要么走向末人,要么成为超人。问题的关键在于,末人是否会成为未来唯一的人。

第十一章　审视：尼采与政治哲学

[172]施特劳斯：我想再次给出一个类似于我在这次课程开始时给出的对尼采总体的审视，因为如果我们不能整体上理解这部作品，继续读下去就毫无益处。这样的审视自然是非常广泛的，另外这样做也不是没有危险。但是，另一方面，要是不给出这样广泛的审视，也有危险。那么，危险在何处？因为，为了进行这样的审视，某人自然要么是谈论他还不知道的事情，要么是谈论他一知半解的事情。千万不要成为那种写作某位伟大人物的思想传记的愚蠢之徒！

我们今天面临另外一个尼采自己提出的问题：不是成为专家，就是成为骗子的问题。然而，比起恰当地理解和行动，恰当地表述要更容易些。公式非常简单：在某些重要的事情上，一个人应该变成专家。但无疑这只是公式的一种，且需要冗长的评论，为了让其讲得通，还需要通过例证来分析。然而，给出整体的审视是必要的，因为我们所有人都需要审视自身，我们所有人都是在关于西方思想史的一种特定说法之下长大的，并且接受我们还未充分认识的事物，总是有危险。

因此，必须要时不时地把这一点说明白。不越过已经理解之物的界限的谦逊，事实上是一种伪装，因为我们总是依赖于我们还没有充分认识的事物，因此，这种谦逊不过意味着伪善。因此，我面临着这一危险。但我督促你们不要相信我，而是要用你们的理智独立认识。要接受能够激励你们自身的思想的说法，不要接受我们相信如此的确定结论。即便如此，也绝不能从字面来理解。

在给出这一警告之后,让我们回到我在第一堂课上讨论的主题。让我们依照古代思想,尤其是依照古代政治思想来看待尼采。为了实现这个目的,[173]就必须在古典政治哲学和现代政治哲学之间做出区分。在现代政治哲学内部,我区分了三次浪潮。第一次浪潮以马基雅维利开始,第二次浪潮以卢梭开始,第三次浪潮以尼采开始。

首先,古典政治哲学对于理解我们时代的问题必不可少。古典政治哲学基于这样一个观点:人是一种理性动物。人之完美受人的自然和理性决定。这种观点的背后是下面这种观点:每一事物都有一种独特的活动,一种独特的功能,希腊语的表达是ἔργον。每一个体在发挥功能时有好有坏。举个简单的例子:一匹马不可能飞,飞不是马的功能,但马能跑,马跑得有好有坏。类似地,跑不是人的功能,虽然人能训练这种功能,但不可能跑得像马那样好,甚至可能跑得很糟糕。人在本性上趋向人之完美,因为人之独特性指向这种完美,正如马的独特性朝向马的完美。人之本性朝向他的完美、卓越和美德。人本性上朝向美德。美德的特殊含义依赖于这个事实:人之间有一种等级,身体比灵魂低的区分已经暗示了这种等级,身体的功能要低于精神、低于理智和努斯。人是一种理性动物,人是拥有逻各斯的存在。逻各斯意味着言辞或理性。

因此,人在本性上是一种社会动物,但这并不意味着人在本性上是美好的。人在本性上甚至远不是美好的。即便最大的罪犯和最不负责任的无政府主义者也是一种社会存在者,在社会这个词的积极意义上,一个反社会的存在者也不能不属于社会。因此,既然人在本性上是社会的,人之完美就与社会的完美紧密相连,并且能描述完美社会的概念就是最佳政制。最佳政制致力于美德,主要是致力于道德美德,最佳政制的特征是美德,并且最佳政制本身由有美德之人统治。

这一区分是在严格意义上的最佳政制之间做出的,是在最佳政制更为通俗的意义上做出的。严格意义上,最佳政制由智慧之人统治,不是由法律统治,即由活生生的智慧统治。与此紧密相关的通俗看法是贵族制的统治,这更容易理解一些。贵族制中的统治者是习俗上的好人,这种由习俗培育成的好人与智慧之人不同。贵族制是绅士的统治。

事实上,贵族制在过去理解为城市贵族的统治,城市贵族来源于土地贵族。[174]这是对古典思想更为普遍的特征的说明。

我们在思考现代的历史时,一定不能忘记,在古典时代,古典政治哲学之外还有另外一种选择,我们可以宽泛地称之为古典唯物主义。古典唯物主义的原则不是德性,而是快乐。但下面这一点才是决定性的:古典的快乐主义者是非政治性的。政治快乐主义是一种现代现象。换句话说,当我们谈论政治哲学时,不把古典的快乐主义者算作在内。古典的快乐主义者仅仅就如何在忽略政治的前提下活的愉悦给出精明的建议。

现在,让我们看看这个问题在现代是如何出现的,首先我要谈论我所谓的第一次浪潮,第一次浪潮的开启者是马基雅维利,这次浪潮导向了卢梭,但又不完全包括卢梭。这次浪潮的核心是我刚刚指出的不关注德性、只关注快乐的政治快乐主义。德性、道德、道德法或自然法,如这次浪潮说的,是衍生的。这次浪潮的法定表述是,人的责任不再是首要的,相反,人的权利成为首要的,人的诸多权利变成了最基本的一种权利:自我保存的权利——所有其他的权利都源于这种权利。这种观点的出现始因于降低古典政治哲学的标准。他们想当然认为,古典政治哲学的标准不仅很高,而且这种高很愚蠢,是空想。因此,就可以描述这些人——马基雅维利、霍布斯、洛克——的倾向:用我们的语言来说,他们是现实主义者,他们不是依照人应该成为的样子来看待人,而是依照人本身所是的样子来看待人。

在第一次浪潮中,人是理性之动物的这一概念得到了保留,更进一步说,人的自然起源这一概念得到了保留。但必须注意一个非常重要的变化:依照第一次浪潮的,人与自然的关系,不是根本的和谐,而是一种敌对——即征服自然,说得更准确些,人作为自然一部分对抗自然,并试图统治自然。换句话说,在第一次浪潮中,自然还是标准,不过是一种消极的标准。在第一次浪潮中,自然是被否定的,或需要克服的,自然的特殊特征就是为否定和克服自然提供一种标准。

要导向后来的发展还有很多困难。我指出其中两个困难:如果人意在征服自然,人就必须占据整全之外的一个位置,必定存在一个只有人才能站立的阿基米德式的支点。这一早期教诲没有为人的特殊性提供任何规定，并导致了后来关于自由的教诲，尤其是德意志观念论。这个问题也可以表述如下：[175]如果自然是坏的，如果自然必须被征服，那么自然能否给我们提供任何标准？这就是卢梭面临的问题。

在第二次浪潮中，自然已经不再是标准。不是自然，而是理性提供这些标准。这在康德那里尤其清晰，康德将道德法构想为理性法，理性法与自然法相冲突，然而在传统观点看来，理性法、道德法同时也是自然法——尽管传统观点在康德那里也有所保留。人作为理性之人的观点的命运如何？这一观点似乎得到了清晰的保留，但此时的理性似乎与古典思想意义上的理性已经不再是一回事。卢梭最为清晰地质疑了人是理性存在者的观点。他说，人的独特性不是理性，而是自由；人的独特性不是理性，而是对自由的意志。康德与这种观点关系密切，他将实践理性与对自由的意志看作是同一的。照康德的说法，实践理性要比理论理性更好。因此，康德，甚至黑格尔谈论的理性，不同于柏拉图和亚里士多德用理性所表达的意义。①

现在，随着这些根本的变化，第二次浪潮中的思想家们试图恢复古典政治哲学，试图赋予市民社会共同体以尊严，古典时代的政治社会曾经拥有这种尊严，但后来由于只强调个体的自我保存，这一尊严已经丧失。在卢梭那里，这一点非常清晰。他的整个政治教诲是试图恢复城邦的古典概念，这意味着恢复古典意义上的德性。卢梭针对他的前辈所发起的战斗，是对那种尝试找到德性的某些代替品的批判，例如试图用贸易来代替德性。如马基雅维利有些粗糙的表达：私人之恶等于公共之善，意思是特定的恶要比德性更能促进善，精明的个人利益能取代道德德性的位置，这个概念在18世纪和17世纪晚期非常流行。② 所以，卢梭和德国观念论者试图做的是，综合古典政治哲学——其严肃的

---

① 参施特劳斯，《论卢梭的意图》（"On the Intention of Rousseau"），见 *Social Research* 14（1974），页 462–63；《自然权利与历史》，前揭，页 254–55，尤其是页 255 注 4。

② 施特劳斯指的是曼德维尔（Bernard Mandeville, 1670–1733）的《蜜蜂的寓言》（*The Fable of the Bees*）一书（1714 年出版）的副标题：*Private Vice*, *Public Benefits*。曼德维尔此书的标题的全名是：*The Fable of the Bees*; *or*, *Private Vice*, *Public Benefits.*

概念是市民社会——和现代性第一次浪潮的独特现实主义。

这种精心创造的政治学说与历史哲学紧密相关,历史哲学只是在这个阶段变成一般而言的哲学的本质,尤其是变成政治哲学的本质。现代性的第三次浪潮又如何？第三次浪潮的特征是下面这个事实:最根本的决裂是与理性主义的决裂,理性主义认为人本质上具有理性因素。与理性主义的决裂基于对历史的信念——历史被理解为一种非理性的过程。思想的基本前提据说都是历史性的,[176]这些前提在不同的历史时代各不相同。这些基本前提视情况而定。自然实际上是所有历史的基础,但是我们关于自然或关于自然的思想所说的一切都是历史性的。历史根本不可能求助于自然或理性。尼采的特征是,他意识到了这一困难,并试图通过最终诉诸于自然来解决这个困难,但绝不可能求助于理性。

某种程度上,我必须从一个稍微不同的角度,通过再次陈述这一点来说得更清晰一些。我想以更接近尼采本人的表述来开始这一论证。尼采曾经非常清晰地说过——可能最清晰地说法是《善恶的彼岸》的"序言",他所反对的那种观点是柏拉图的纯粹精神感知纯粹真理的概念。依照尼采的说法,从这一观点出发,宗教尤其是基督教是唯一的民众柏拉图主义。这一柏拉图的观点,在经过某些不甚重要的修正后,成为亚里士多德的观点。存在一种精神、一种理智可以感知到形式。存在事物的形式(form)这一事实,形式是事物的本质,存在精神感知这一事实。

这当然不是前现代随便什么人的看法。曾经有过一种思想流派,尤其是在中世纪,但在古典时代也存在过,被称为唯名论,这一思想流派否定存在形式、本质和普遍性。唯名论简单地认为,像树、房子、人之类的普遍名称仅仅是名称而已。严格的唯名论认为,在现实中没有任何东西对应这些普遍的名称。然而,至关重要的一点是:依照前现代的唯名论者,自然的普遍性以一种神秘难解的方式运转。这些普遍名称不是人任意武断的作品,它们是人凭借本性产生的。在那些唯名论者看来,包括古代和中世纪的唯名论者,在人的思想和自然之间存在一种和谐,这一点与柏拉图和亚里士多德的观点一致。但是还有第三种选择，古典思想中更为极端的是怀疑主义。可以将怀疑主义的论点简单表述如下：在思想和自然之间没有和谐，或者换句话说，知识是不可能的。

现在，让我们看一下现代观点的典型特征，因为所有古代的观点都得以保留，某种程度上依然以各种方式幸存下来。现代观点的典型特征可以表述如下：在思想和自然之间没有和谐，但知识却是可能的。换句话说，现代观点接受了怀疑主义的论点，但不接受怀疑主义的结论。[177]在否定思想和自然之间和谐的前提下，却认为知识是可能的。这如何可能？因为知识仅仅是给定的材料的暂居之地，知识仅仅是人将自身的理解强加在给定的材料上。依照洛克的表述，抽象理念，亦即等同于普遍性的抽象理念，就是虚构和认知行动出于自身利益的创造物。换句话说，创造这些普遍性理念的绝不可能是一种自然过程。

出于与这种在17世纪迸发力量的观点紧密相关，为了理解尼采，还有两种我们不得不考虑的观点。

其中一种我想强调的观点是：可见的宇宙已经进入存在，却没有终极原因。可见宇宙的生成严格意义上是机械性的，笛卡尔清晰地描绘过这一景象，后来康德以一种反古典的形式进一步发展了这一观点。在这一基础上，这一新奇的结论由卢梭提出。如果可见宇宙进入存在却没有任何终极原因，且严格意义上是机械性的，那么它就会导致下述观点：理解、理性必定已经进入存在。这个观点的独特性在卢梭的《论人类不平等的起源》(*Discourse on the Origin of Inequality*)的论文中最为清晰明显。卢梭的这第二篇论文是对古代的一部唯物主义作品的模仿：卢克莱修(Lucretius)的《物性论》(*On the Nature of Things*)。在卢克莱修那里，并不存在理解和理性的生成，因为精神原子不可能生成且是永恒的。卢克莱修描述了寓言的生成，但卢梭将其转换成理性的生成——这是完全不同的说法。

诸如洛克之类的人讨论过理性的生成，不过仅仅讨论了个人的理性的生成。卢梭所关注的是人这个族类的理性的生成。人原初是一个愚蠢的动物，后来获得了理性。其结果就是，历史比至当时为止所有的思想更深刻。直至那时为止，历史的意思都是人类所发生的诸多事件，亦即基于人不变的本性所发生的诸多事件。但是从卢梭开始,一种不变的自然不存在了,人变成不断生成之物,人根本没有本性可言。

另外一种观点是:在17世纪的这些现代学说中,自然法的传统观点得到了重写,结果,重点变成权利,而不是义务。在自然法的传统观点看来,权利衍生于义务,我们之所以有言论的权利,[178]是因为我们有义务说话。这是在自然状态学说中得到发展的。人是一种理性动物,先于社会而存在——这就是自然状态。换句话说,人在本性上是理性的,但不是社会性的。社会衍生于思虑或算计。人是一个能思虑和算计的存在者。

在这里,我们看到卢梭开创一个新纪元的重要性。卢梭说,如果自然状态中的人是前社会性的,那么正是由于这个事实,人也是非理性的。如果自然状态中的人都是愚蠢的动物,那么自然状态如何能提供任何标准?对这个问题的解决办法由康德和他的后继者发现。不是自然,尤其不是自然状态能提供标准,而是理性——与自然法相矛盾的理性法提供标准。如果自然状态就是卢梭基于霍布斯和洛克而证明的东西,亦即自然状态是一种非社会的、非理性的状态,就让我们忘记自然状态,因为它对我们的目的毫无意义。这就是像康德和黑格尔之类的思想家提出的结论。但不是卢梭提出的结论,此处我们某种程度上已经接近尼采的学说。

如果自我保存是最根本的道德事实,它所暗示的是,自我保存尽力保存的生命本身就是快乐的。如果我们的生命不是被认为快乐或甜蜜的,我们为何要如此辛苦地去保存我们的生命?因此,卢梭说,任何自我保存的基础是存在者的情感:甜蜜、快乐,存在者的情感是所有别的情感的基础。在卢梭的说法中,存在者的情感与对自然的情感一致。由此导致下面这一点:自我保存的基础——亦即存在者的情感——与产生存在者情感的东西之间矛盾。存在者的情感产生了对自我保存的关切。因此你会渴望保存所有甜蜜之物中的最甜蜜者:存在者。自我保存所产生的东西是什么?简言之就是,文明。

存在者的情感不能明白无疑地产生文明。文明的全部努力就是尝试保存存在者、保存生命。依照卢梭的说法,在我们试图保存的和我们尽力追求的之间极端不平衡。因为，对人而言最根本的事实是，存在者的情感、完美的极乐的情感不可能通过人的努力实现，这种情感是存在的，但我们的活动使这种情感远离了我们，照卢梭的说法，这就是文明的悲剧。[179]换句话说，在社会和个人之间有一种不平衡，社会是旨在实现自我保存的恰当努力。在每一属于社会的共同之物和自己之间有一种根本的对立。卢梭由之而闻名的这些悖谬，并不令人感到羞耻，卢梭意识到了这些悖谬，他发现的作为终极解决手段的办法是回到自然状态中那种原始的朴素，但是，是在一种人性水平上的回归。卢梭并不认为，我们应该变成单纯的野兽是可能的或可欲的。与自然状态近似的是，我们称之为的孤独的漫游者，或是艺术地生活在文明的边缘。

卢梭最伟大的学生，德意志哲人康德和黑格尔共同反对这种自相矛盾，不幸的是，马克思在这个方面跟从黑格尔。他们相信，存在一种和谐的解决小法，亦即个人在共同休和宇宙中能实现自己的成就。从实践角度讲，个体作为理性国家或理性社会的成员能够在其中实现自己的成就。德意志观念论者的理论解决办法基于接受在自然和精神或理性之间根本的二元论。由于这一二元论，返回非精神性的自然状态当然不可想象。从这一观点看来，精神或理性的展开就是历史。这一学派通俗说法是，存在一种理性进程和已经得以完成的进程。

即便这与我们的问题紧密相关，这一进程之后发生了什么？可以描述为基于黑格尔对黑格尔的回应。黑格尔曾经教导过，个体——当然包括思想家或哲人——都是他所在的时代之子。人不可能超越他的时代或他的民族的根本假设。这一点被普遍接受，但反对黑格尔的人认为，历史进程没有完成，也是不可完成的。最高之人和最自由之人是他的时代之子，以及历史进程没有完成也不可完成，这一观点是德意志思想者称之为的"历史意识"的特征——这正是尼采的出发点。尼采的整个位置可以被描述如下：尼采反对德意志观念论，因此他转向卢梭的问题。个体不能通过国家或社会解决他自己的问题，也不能通过科学或理性的哲学解决他自己的问题。尼采的未来哲学不再是理性哲学。尼采站在历史意识的基础上回到卢梭的问题，这解释了尼采对卢梭的背离。

[180]我们看看,具体的情形是怎样的:理性或精神是派生性的——尼采和卢梭都赞同这一点,但理性或精神不仅仅是从感觉知觉派生的,正如一些英国经验论者会承认的一样。清醒的思想——包括感觉知觉和理性的整个范围——都派生于自己,如尼采说得很神秘的,自己就是身体。至于卢梭曾谈到过的存在者的情感,不再被尼采理解为一种根本的极乐的经历,相反,被理解为一种痛苦的经历。这就是19世纪中叶叔本华使之变得广为流行的观点。但尼采与这些悲观主义者不同,他谈论"意欲自由"(willing liberates)。① 由于生命的痛苦或不完美就否定生命或将死后世界作为避难所,这很荒谬。其中一种表达是:"大地之心是黄金之心",②永恒复返学说被理解为一种对遭受痛苦和充满不完美的生命的彻底肯定和理解。

要是恰当地理解意欲自由,就意味着意志行为和创造自由的行为是关于整全的完美观点,这一观点是被创造的民众或创造的个体所发展的。这些创造行为拥有一种序列,这些行为的整体性已经为我们所知,就是历史。思想是彻底历史性的。由此导致了下述观点:真理变得彻底成问题。因此,为了拯救真理的可能性或超越历史,将历史凝聚成一个超历史的整体就是必要的,人们将这个超历史整体称之为自然,尼采有时也这样称呼。尼采关于自然的表达——永恒复返,综合了历史,尤其综合了未来。将历史整合进自然,同时却无需将理性或客观知识恢复到其原初的地位。

接下来我再解释一下最后一点。我再次从头开始。根本没有什么永恒,也没有纯粹精神。所有的知识都是视角,并且属于一种特殊的视角。所有的知识都是生命的一种功能,是历史性的独特生命的一种功能。根本不存在不同于狗的视角或大象视角的人本身的视角。所有的真理都是主观的。每个人都理解的世界是表面的世界,真实的世界是一个无意义的术语。所有的知识都是解释,而不是文本,因此所有的知识都是创造。存在种种视角,这一变化不是一种理性变化,亦即不是一

① 参尼采,《扎拉图斯特拉如是说》,"论拯救"。
② 参尼采,《扎拉图斯特拉如是说》,"论伟大的事件"。

种进步的发展。

困难在于：如果我说所有的视角都是视角，那么我就拥有关于知识本身的知识。关于知识本身的知识是第二层次（second-level）的知识。[181]关于知识本身的知识是关于存在的知识，这一知识不是解释、不是创造、不是主观思想。这导致如下严重的后果：人有能力认识的最可理解的知识、最高的知识拥有客观知识的地位。关于人、宇宙、时间和人的任何观点都与思想的历史性相关，并且只有依照思想的历史性这一视角出发，这些观点才正确，但是关于世界观和独特的个体之间的关系的洞见不再是视角。现代科学的出现与现代人性概念的出现密切相关，首先是与现代西方的人性概念密切相关，正是凭借将全世界所有人西方化，获得了一种貌似合理的普遍性。

尼采为何没有忽视每个知识社会学家都会忽视的这一点？尼采为何要面对这一难题？尼采在《不合时宜的观察》的第二篇文章《史学对于生活的利与弊》中已经陈述这一难题。在这篇文章中尼采说，所有思想本质上都是历史性的这一学说是真实的，但也是致命的。因为这一学说使所有真正的思想都相对化了。如果我知道一切我所相信的东西、我所珍惜的东西，严格来说都不是真实的，那么这一真理就是致命的。

因此，在真理或科学与生活或艺术之间有一种根本的冲突。艺术与生命不可分割，因为艺术是生命的直接表达。为了更富人性地生活，为了有教养的活着，我们需要封闭的视域，而不需要哲学或科学的开放视域。我们需要一个封闭的视域，需要幻觉，如尼采说的，我们需要一个谎言。尼采这里的谎言不同于柏拉图用高贵的谎言所表达的意思，柏拉图的高贵谎言纯粹是为了政治目的，而尼采的谎言则认为，事物本身必须成为一个谎言。当然，这并非尼采的解决办法。没有谁比尼采更清楚：封闭人自身的视域是不可能的。这不是尼采的解决办法，而是对这一问题的表述。

对这一问题更为恰当的表述如下：基于历史主义或相对主义这一致命真理，难道不是再也不能符合人性地生活了？基于相对主义，在最高意义上难道不是再也不能符合人性地生活了吗？难道不是这一毁灭性的知识让人拥有了最大的机会可以实现人的最高可能性？——即尼采所谓的超人。因此，尼采被迫否定最富理解力的知识能拥有客观知识的地位。最高的知识必须是被创造的。最高的知识必须是在比所有其他的知识更高的程度上被创造的，并且这一知识必定与下述事实紧密相关：最高的知识是头一回被创造的知识，这一知识具体体现为对知识的创造性特征的自我认识。[182]这如何可能？人开始意识到，他就是所有范畴和价值的创造者。尼采说，这一意识不是真正通向非创造之人的道路。人能够重复这些说法，但不能理解。他将创造性说成是一位盲人面对颜色。

　　因此，对创造性这个术语的引入，如果这个术语不是一个无意义的语词的话，就会彻底改变图画本身。然而，尼采的前提是一种非创造性的知识，创造性之人和非创造性之人都能平等地接受这一知识。每个人都知道这一知识就是：上帝已死。然而，这一所有人都能平等地接受的知识是不完整的，因此也不是客观的。因为这一知识不完整，所以它就能被解释，并且必定可以按两种极为不同的方式来解释：可以低贱地、非创造性地解释，如一般的相对主义那样；也可以高贵地、创造性地解释。这不过是学院相对主义者的一个基本假设，这些相对主义者说，低贱的解释要比高贵的解释更科学，但两种解释本身都不是科学。这一功能性的准则是中立的，因此也是不完整的。

　　我提醒你们注意，尼采对求知者和高贵者的区分。创造性解释就是，所有的价值和范畴都是人的创造。所以，这一看起来客观的准则是主观的，是历史性的。但是为了将所有的价值和范畴理解为创造，也为了更有意义的运用这一表述，个体必须拥有某些创造的经历，某种程度上个体必须是一个创造者。然而，创造性解释包含在这一论断中：人的一切思想都是人的创造，接着就发展到了下面这一观点，存在就是权力意志。从尼采的视角来看，最根本的错误是存在永恒之物，这绝非仅仅是理论错误，而是植根于复仇精神、重力精神或天堂精神，这意味着权力意志的一种特殊形式，意味着意志的一种特殊形式。

　　尼采在"论面貌和谜"这篇演讲中就这个问题给出了某些答案。依照尼采的说法，永恒复返学说基于一种神秘莫测的面貌。我们或许可以说，一种神秘莫测的面貌的概念是认知、客观知识和创造的综合体。换句话说，我们称之为创造的东西也可以被诗人们解释为受灵感激发。这不仅是诗人们有意识的创造，也是他们无意识的结果。永恒复返学说不是纯粹的意识。[183]永恒复返学说——这一尼采学说的试金石事实上是一种超历史性的学说。但尼采的学说本身不是一种理性学说，相反具有神秘莫测的面貌。

我希望我已经成功向你们阐明了尼采所面临的问题。至于他给出的答案，很难理解。尼采给出的答案听起来不过是论断，以至于我们不知道这些答案究竟在回应什么。

学生：……（所提问题听不清）

施特劳斯：凭借这个表述和归纳推理所暗示的东西，尼采达到了下面这种观点：Y 是 X 的功能。无疑，这种东西就是普遍性。下面是唯一可以避免普遍性的另外一种表述方式：将古代思想构想为一种呆板且僵化的古董，就如历史主义试图做的。廊下派的自然法学说是古典思想的特定阶段的一种表达。这个阶段曾经是真实的，随后被加入了自然法学说之中。这意味着这种普遍的学说，即廊下派的自然法学说之所以貌似是唯一普遍的，是因为其根源在于古典的人的概念。

当如今的人们谈论"我们的文明"时，无疑还没有意识到其理论假设的最粗糙的历史主义特征。实证主义社会科学在其顶峰提出了"我们时代的精神"的问题。在之前的时代中这是非常简单的：哲学问题就是陈述普遍的问题，哲人的名字除了偶尔的例外，不会出现在对问题的陈述中。例如，帕默尼德（Parmennides）有一种特殊的理论，亚里士多德也讨论了这一理论，那么亚里士多德必须提到帕默尼德的名字。若是基于历史意识，哲人的名字就会出现在最重要的段落中，因为如果人类植根于特殊性，就必定会如此。这种简单的陈述表明我们或早或迟必须面对普遍性，这就是现代思想的最大困境。这就是下述事实的结果：人类是理性存在者，普遍性是对人类理性的表达。

学生：……（所提问题听不清）

施特劳斯：当我谈论"金花鼠是什么"时，就预先假定了我知道金花鼠是什么。因此，这种先于所有可能的科学知识的知识，完全独立于任何科学性知识,在最极端的意义上这就是一种先验性。因此,科学是哲学研究的对象,但哲学无法教授科学任何东西……[有缺漏]你们能看到尼采如何解决神的问题。一般的无神论认为,[184]任何神都是对人的灵魂的反映,或与人的生产行为有关,或者是对人所拥有的东西的反映。海德格尔意识到这是不充分的,但另一方面他无法接受任何古代的信念。在海德格尔的解决方案中,神的起源不再是人的灵魂,而是"存在",存在成为所有原因中最高的原因。这就是我们常常假定的原因,我们也常常在《扎拉图斯特拉如是说》的任何一篇演讲中意识到这一原因。

第十二章　整全的善、苏格拉底式和海德格尔式的批评

——《扎拉图斯特拉如是说》卷三,章4-12

[185]我在尼采早期关于历史的论述中找到一个说法,这个说法使我在上次课上对尼采的评论更为清晰。

> 关于独立自主的生成的学说,所有概念、类型、种类的流变性的学说,在人和野兽之间缺乏根本差异的学说,都是真实的,但却是致命的。①

尼采在此处说的意思是,根本没有存在这回事,因此这是《扎拉图斯特拉如是说》中所谓的"上帝之死"的一个不同表述。如我们已经看到的,"上帝之死"的结果就是满足于自身处境的末人。此处陈述的假设也可以陈述如下:《快乐的科学》第301条格言,"本性(nature)总是无价值的"。②

那么,如果最全面的真理是致命的,我们该如何生活?首要的答案

---

① 引文源于《不合时宜的观察》第三篇论文《论史学对于生活的利与弊》,这是施特劳斯自己的翻译,在《注意尼采〈善恶的彼岸〉的谋篇》一文中,施特劳斯也使用了极为相似的翻译,见《柏拉图式政治哲学研究》,前揭,页177。[译注]尼采《不合时宜的沉思》,李秋零译,上海:华东师范大学出版社,2007,页223。

② [译注]这句话是《快乐的科学》卷四第301条格言中的一句插入语,那句完整的话是:"凡是当今世界上有价值的东西并非按其本性而估定价值——本性总是无价值的——价值是人赠予的,我们就是赠予者呀! 是我们创造了这个与人有关的世界。"引文见尼采《快乐的科学》,前揭,页285。

是,我们不得不生活在欺骗中,不得不生活在表象中,不得不接受根本的谎言。科学必定会遭到艺术的反对。少数人接受了这一概念,这些少数人在欧洲大陆要比盎格鲁撒克逊国家稍微多一些,但尼采自己从未满足于这一点,因为我们不可能在我们知道是谎言的基础上生活——理智的诚实要求我们直面这一现实。我们必须接受这一丑陋的真理,以至于诗人们必须变成"精神的忏悔者"——正如尼采在"论诗人"那篇演讲中说的。①

但是基于致命的真理生活,这如何可能?我引用《朝霞》第44条格言,这条格言用斜体标注,尼采是这样说的:

> 我们对事物的起源洞见的越多,这些事物呈现给我们的意义就越少。另一方面,那些离我们最近的事物,那些就在我们身边和我们内部的事物,却逐渐在我们眼前展现出人类梦想不到的色彩、美、魅力和丰富意义。②

然而,我们知道起源、进化以及诸如此类的事情,我们知道本性是毫无价值的,所有的价值都源于人,因此不会从自然或神那里得到任何支持。由于发现这个世界的虚无、客观真理的虚无、任何可能起源的虚无、[186]第一因的虚无,我们更为热情地转而关心我们的世界,转向我们的作品、我们的虚构世界。我们意识到,对起源的关切、对虚无的关切、对永恒之物的关切,使得这个世界和我们自己枯竭了。因此,我们废除了真实的世界。这不单单是一种任意武断的行为,因为这首先是由实证主义者对形而上学的批判——拒绝探究第一因转而寻求无限多原因完成的;其次是科学家意识到,科学仅仅是众多解释之一。

对"无"的取消,亦即对我们所生活和理解的这个世界之外的世界的取消,依照尼采的看法,从而使得我们能够忠于大地,能够完全将大地当作我们的家园。只要我们相信任何第一因,这第一因就比我们所

---

① [译注]见《扎拉图斯特拉如是说》,前揭,页225。
② [译注]这句话是《朝霞》第44条格言其中的一句,引文见尼采《朝霞》,田立年译,华东师范大学出版社,2007,页83。

生活的这个世界拥有更高的尊严,因此,任何对第一因的相信都会使我们所生活的世界枯萎。所以,我们必须完全将这个世界当作我们的家园,同时我们也意识到,我们所关切的这个世界除了我们的创造性外,得不到任何支撑。

换句话说,我们意识到,人是悬于深渊上方的一根绳索。但是这个世界的色彩和价值都是创造的结果或解释的结果,必然受历史决定。其表述就是:所有的知识都是视角,不存在客观知识,我们不能谈论主观知识,因为存在各种各样的主观知识。

困境在于:首先,存在各种各样的主观真理或最全面的看待这个世界的视角,然而真理必定是"一"。其次,也存在一种涉及众多主观真理的客观真理。这意味着,最广泛的真理、最高的真理是客观的。第三,这一客观真理是致命的,所以我们根本无法解决这个问题。然而,这是尼采论证的后一部分,即客观真理是含混且不完整的,客观真理必须被解释才能被理解。解释要么是高贵的,要么是低贱的。从客观角度看,根本无所谓高贵与低贱。高贵的解释依照人的创造性来解释人与诸世界观的关系,更精确地说,尼采将这种创造性定义为权力意志。这就是高贵的解释,因为高贵的解释基于创造性的经历,然而低贱的解释却缺乏这种经历。全新的解释、最终的解释、最终的哲学、最全面的视角,基于对创造性的自我意识。[187]所有之前的哲学都是解释,并且没有意识到创造性的根本重要性,它们也没有将自身呈现为创造或创造的伴随物。

哲学的顶点是永恒复返学说,这一学说意味着对充满痛苦和缺陷的生命的无限肯定。永恒复返学说保留了基本原则,即没有虚无。对虚无的关切于生命有害。或者,我们可以说,永恒复返学说所坚持的原则是:除了个体的个体性——同样之物的永恒复返外,没有什么永恒。依照尼采的看法,永恒复返学说基于一种神秘难测的面貌。可能所有之前关于世界的解释都是基于神秘难测的面貌。然而,它们宣称基于客观和理性的知识,这一宣称受到了理性批判主义的驳斥。尼采的神秘难测的面貌意味着,与所有形而上学的客观批判是一致的。尼采的神秘难测的面貌宣称与进化和历史主义这两种致命的真理一致。

现在,让我回到上次我提到的主题,尼采在成长为尼采之后的发展。例如,请思考一下撕去面具的心理学,尼采将其解释为每一种人类现象中的权力意志。或者,事实和价值的区分是后尼采式的,一定程度上源于尼采的某些特定主题。但是,在大多数情形中,尼采的影响不可避免,尽管这种影响可能不为人知。在我的评论中,我将让自己限于最重要的"存在主义者"——海德格尔。

依照尼采自己的思想,海德格尔对尼采的批评非常正确。海德格尔的批判首先肯定了永恒复返学说,因为如果这一学说被取消了,尼采的整个学说也就毫无意义。你们记得,尼采引入永恒复返学说,为的是成功克服复仇精神。依照尼采的看法,所有之前肯定永恒的哲学都植根于复仇精神,这一精神是为了逃避万物的易朽性。海德格尔提出的问题是:尼采克服了复仇精神吗?永恒复返学说的特征就是反对易朽、反对过去、反对时间吗?在海德格尔的学说中,根本不存在任何意义上的永恒。他的第一本著作命名为《存在与时间》,这本著作认为:存在在任何意义上都是处于时间之中,且与永恒无涉,这是可能的。尼采曾说过,"当一个遭受了深重痛苦的人受到了救护,在这个人身上就有复仇。"①我们读一下《扎拉图斯特拉如是说》中的一段话。

[188]朗读者[读文本]:

总是馈赠的人,总有失去羞愧的危险;总是施舍的人,手和心因一味施舍而起老茧。

我不再因请求者的羞愧而泪水涟涟;对于那些捧满东西的颤抖的手,我的双手变得硬冷。

---

① 此处看起来是对《扎拉图斯特拉如是说》中一句译文的改述,实际上源于海德格尔的文章《尼采的扎拉图斯特拉是谁?》("Who Is Nietzsche's Zarathustra?"),此文收集在1954年出版的《讲座与论文集》(*Vorträge und Aufsätze*)中。这句引文源于尼采为《快乐的科学》准备的草稿,保留在尼采的《遗稿集》中,同时在海德格尔的《讲座与论文集》中找到,见海德格尔,《全集》(*Gesamtausgabe*), Frankfurt am Main: Vittorio Klostermann, 2000,卷七,页120。

　　我泪洒何处？何处可见我的心慈手软？哦,所有馈赠者的孤寂啊！哦,所有发光者的沉默啊！("夜歌",页187)

　　施特劳斯:我们也可以说,尼采强调残酷是哲学的本质,这是为了逃避复仇精神。最重要的是,尼采与毒蜘蛛或平等主义宣教者相反,尼采是毒蜘蛛的反对者,如果复仇精神在经验上将自身显示为平等主义革命精神,那么复仇精神也在其敌人那里表明了自身。用尼采的标准来衡量,他的学说是不充分的。尼采继续说,永恒复返学说依然含有一个谜,人们有两种方式来逃避这个谜。首先是,永恒复返学说是一种空幻的神秘主义;其次,这种学说与自然一样古老。唯一有趣的批判是,永恒复返学说是一种空幻的神秘主义。海德格尔则说,我们的时代教导我们,永恒复返学说不是一种空幻的神秘主义。为何是这个样子？"现代机器的本质是同一之物永恒复返的一种形式"——即现代技术。① 这是一种夸张,因为没有任何机器能永不停歇的运转。

　　基于这些表述,我们必须提出下述两个问题:(1)尼采提出永恒复返学说的动机是什么？(2)为何海德格尔或就整体而论为何存在主义没有考虑到这个问题？第二个问题与存在主义和尼采之间的差异的问题,本质上是同一个问题。那么,尼采提出永恒复返学说的动机是什么？我提醒你们注意下面这个细致的论证:意志类似于易朽性,意志总是与时间相伴,因此时间必须被这样构想,从而使得意志不受限于时间,即意志能够意欲过去。实现对过去的意欲的唯一方式是,过去的复返——永恒复返。现在,让我们把这个不断生成和易朽的世界称为自然世界。我们不得不说,尼采通过超越于自然世界的某种东西,通过意欲永恒复返,试图保留不断生成和朽坏的自然世界,目的是反对任何形式的堕落。

　　我们更切近地看看"论面貌和谜"这篇演讲中关于复仇的矛盾。这篇演讲以列举人的缺陷开始,一般来说就是人的碎片性特征。这一

————————

① 见海德格尔,《讲座与论文集》,前揭,页132,强调是原文所有。这本论文集还包括《追问技术》("The Question concerning Technology"),施特劳斯对这句引文的解释也涉及到这篇文章。

碎片性必须被克服。完整的人、完美的人就是超人。人的这种碎片性需要被拯救,[189]但不是通过人的完成来拯救,某种程度上人的碎片性被保留了下来。为何这是必然的?复仇精神首先是作为平等主义精神或说毒蜘蛛精神进入人们的视野的。与之相反,尼采断言人的不平等。但尼采的断言所依赖的基础是什么?终极地说,是基于自然。那么,在永恒复返与对自然秩序整体的关切之间有密切关系。

如何能做到这一点?在尼采断言永恒复返之前,永恒复返已经被意欲。永恒复返之所以被意欲,是因为自然意欲永恒复返。但为何自然也受到意欲?你们一定要记住,自然在尼采思想中成问题的位置。自然秩序是被给予人的,还是被人的意志所创造的?这是含混不清的。如果自然秩序是被给予的,意志会反抗。因此,自然秩序要想为人所接受,它就必须是被意欲的。传统上自然秩序是理论知识的对象。但现在自然秩序不再是理论知识的对象,而是创造性知识的对象。自然秩序某种程度上必须被理解为人的创造。

为何对自然的意欲会导致永恒复返?因为自然是先在的,本质上先于意志。依照尼采的最终理解,自然就是权力意志。因此,存在一种无限的自我超越的过程,自我超越成为权力意志的最高形式。但是,必定存在一个顶峰,因为对知识的意欲是对权力意志的修正,某种程度上对知识的意欲是最富精神性的权力意志——对知识的意欲要求一个顶峰。但如果存在一个顶峰,就必然会有一个坠落,这是权力意志的最低形式,我们可以称之为无生命的物质。对意义、对最高意义的意欲,是彻底的超越,最终被毫无意义的事物给击败。机运和无意义之物击败意义,因此最高之人也就没有任何必要意欲过去。尼采试图做的是将意志的最终失败转换成胜利。

第三种考虑是:所有的知识都是视角。由此导致下面的观点:最高的知识是与最全面的视角相关的知识。这些视角植根于意志,植根于思想者最深处的意志。思想者最深层的意志不仅仅是被意欲的,因为比自我或理性更深刻的是自己。这种意志就是命运,每一种善都是继承而来的。无条件的、最深层的意志事实上是有条件的。这如何能调和?这个问题的答案是永恒复返问题的答案之一。

要是不意欲坠落,就不可能意欲顶峰。要是不意欲碎片之人,就不能意欲完整之人。一旦人对自然和人性的征服完成,就会导向下面这个结果:[190]人会操纵包括自己的一切事物,这就是末人。面对这种情境,就有必要重新复归自然,对不受人操纵的自然的复归,对自然的恢复。也就是说,向自然的复归是依照对自然的征服过程来解释的。人对自然的征服必须征服自己。说得更简单些:在特定状态下,自然现在变成了政治政策的目的。人被驯化是现代文明的结果,但这种完全的驯化与人的最高可能性不协调。

因此,人作为还未被驯化的动物,必须变成政治政策的目的,亦即变成意志的目的。在索雷尔(Sorel)那里也可以发现这一点。① 对激情的关切可能会减弱,因此需要政治政策来鼓舞和强化激情。可以说,永恒复返学说是对处于这种状态中的事物的理论表达。然而,在之前的时代,激情受到自然、人的本性的保证,政治政策的目意在控制激情,如今自然必须被意欲,最全面的形式就是尼采的永恒复返学说。永恒复返之所以被意欲,是因为自然除了被理解为意志,就不能被理解了。

那么,尼采和存在主义的关系是怎样的? 海德格尔曾说过,尼采不是一个存在主义思想家,但同时海德格尔在谈到尼采的一段论述中说,某些人面对存在的深渊时嚎啕大哭过(someone cried out from the depth)。那么,一位悲叹深渊的哲学家在定义上就是一位存在主义者。亚里士多德从未这样做过。这两个自相矛盾的表述表明,尼采预备了存在主义,但他超越了存在主义,或者说他陷入了形而上学中。

尼采如何预备了存在主义? 所有意义的源泉都是主观的,亦即来自于特定的个体。决定性的真理是主观性的。一般来说,人类生活是一种视域形成的方案。这里所谓的主观不再是自我、理性,而是自己,

---

① George Eugene Sorel(1847-1922),法国思想家,以论工团主义和暴力的作闻名。此人结合了尼采和柏格森的哲学,提出了神话和暴力在历史过程中的创造性作用的理论,名著是《反思暴力》(*Reflections on Violence*,1914 年出版)。施特劳斯此处指的是索雷尔论神话的政治作用的作品,索雷尔关于神话的政治作用的作品影响了如墨索里尼(Benito Mussolini)之类人物的政治观念。[译注]索雷尔的名著《进步的幻想》(*Les Illusions du Progrès*),吕文江译,上海:上海人民出版社,2003 年/北京:中国社会科学出版社,2013。

是一直存在的人。诸多理论概念使人们远离了他们所爱着的世界,使得人们越发成为他们所爱着的世界的旁观者,诸多理论概念使得人无法成为真正的自己。只有经历而不是推理、假想对人来说才具有重要的意义。

但尼采意识到人的起源不能被放弃,这一意识不是存在主义。永恒复返学说中再次肯定了宇宙论问题。换句话说,用尼采的语言来说,不能放弃"无"的问题。海德格尔的答案似乎是,人的起源问题是一个神秘的、无法回答的问题。为了能像人一样生活,存在就意味着接受人的起源之神秘,[191]并且不会试图将人之起源的问题变成理论的主题。但问题在于这是否可行。这就是我们上次课程得出的问题。

现在让我们继续我们研读《扎拉图斯特拉如是说》卷三,如果我们有时间完成这一卷的话。

学生:……(所提问题听不清)

施特劳斯:有两种可能性。依据古典的观点,我们会变得更智慧,从而能智慧地生活。然而,如今这不再可能。这一点也可以重新表述如下:不管我们的价值是什么,我们都想要继续生活下去,我们都想获得我们渴望的东西。如今,涉及实现任何可能的目的的方法最好的知识形式由科学提供。因此,从任何视角来看,科学都是必需的,只要科学是可以获得的——当然是最完整最全面的科学。古老意义上的明智被科学取代。例如在之前的时代,婚姻由每个人明智的选择来决定。沿着科学的这条思路,明智的位置被一种婚姻科学给取代,这种科学会告诉每个人最合适的伴侣。原则上,这意味完全操纵每个人的可能性。难道一个人不是必然会问这是否是一件好事或这是否可能?如果在现代科学与末人之间有一种联系,我们必须问,促使朝向末人的力量是什么。

尼采的答案是,这就是自然。尼采正如柏拉图,相信美好社会是一个等级制社会,这种等级制对应着自然中的等级。但对自然的征服意味着对自然等级制的征服。我提醒你们注意拉斯韦尔先生关注的一个问题:一个超级共同体中的天才培育问题,这个问题会立即影响惯常所理解的等级制,其次是机器人的生产问题,也就是说这是一种新的自然等级制。所以,自然变得彻底成问题,因为对自然的征服意味着——用马克思话来说——统治自然。在任何时候没人可以正当地思考自然的限制,因为从理论角度讲,克服这些限制是可能的。人类力量的限制是什么? 古老意义上的自然就是这样一种限制。我们的方向在哪里? 康德说是理性法,但尼采排除了对理性的考虑,因为理性是派生性的,派生于整个人类。理性是有机体的功能。在此基础上如何得到一种自然法? [192]像孟德斯鸠和卢梭这类反对霍布斯和洛克的抽象学说的人,不认为这些抽象学说具有普遍适用性。用卢梭的话来说,自由不是自然的结果。自由共和国的概念可以在环地中海周围的地区找到,当然在欧洲人定居的西半球也可以找到这一概念,但是在东方的大帝国中不可能找到类似希腊的城邦,也不可能找到那种自由概念。所以,我们期望社会机体的这些原则可以被移植,也就是没有任何自然障碍地被移植。由于自然已经被降服,它是否已经变得彻底无意义了? 尼采需要自然……

　　尼采相信一种自然的差异,这种差异对应着一种严苛的秩序。但是,撇开他所有的夸张之词,他的意思本质上是这个古老的看法:存在一种自然秩序。现在我要问的是,从越来越强劲的征服自然的视角来看,这种自然秩序是否也要屈从于不断的修正自身? 比如,是否必须从两性的关系的视角来阻止不断地修正自然秩序? 如何能依照一种确定的原则来实现这一点? 这意味着,自然首次必须被意欲。

　　学生:海德格尔如何在不依赖自然的情况下依然保证哲学的重要性?

　　施特劳斯:对这个问题可以粗略地陈述如下:海德格尔将每一事物抛给了其能力(energy)的完成过程和受操纵的过程,并且以下述方式寻求解决的原则。他提出下面这个问题:人有何种本质能够超越人被操纵和受控制的可能性? 他通过区分存在者(beings)和存在(to be)来回答这个问题。某个存在者在一种特定的视角中可以被彻底操纵,但存在者不是存在。正如他自己的经历,存在极为难捉摸,也不可控制。因此,这一区分是决定性的。只要我们遗忘存在者和存在之间的区分,人就不可能有任何限制。

接下来我们继续研读《扎拉图斯特拉如是说》。尽管在"论拯救"的演讲中影射了永恒复返学说,"论面貌和谜"这篇演讲首次明确提出永恒复返学说。尼采直到后面"初愈者"的演讲中才再次提到这个主题。与此同时,他也转到了别的一些主题上。

"论违背意志的幸福"这篇演讲的意义如下:扎拉图斯特拉在这种神秘难测的面貌中已经找到了满足或幸福,但某种程度上这仅仅是违背意志的幸福的意义。扎拉图斯特拉还没有意欲永恒复返。[193]因此扎拉图斯特拉从门徒所在的幸福岛离去,继续漫游。接下来的这篇演讲,"日出之前"尤其重要。

朗读者[读文本]:

哦,我头顶的苍天啊,你这纯洁者!深沉者!你这光的深渊啊!我凝视你,因神圣的渴望而战栗!

把我抛进你的高处——这便是我的深渊!把我隐入你的纯洁——这便是我的无辜!

正如上帝的美丽将其遮掩:你也如此隐藏你的星辰。你不言语:就这样向我展示你的智慧。

今天,你因我而默默地从汹涌的海上升起,你的爱和羞愧,向我汹涌的灵魂说出启示。

你隐藏于自己的美中,婷婷而来,无声地向我诉说,在你的智慧显露你的意图。

哦,我怎会猜不透你灵魂中的所有羞愧呢!你先于太阳来我这里,我这最孤寂的人。("日出之前",页275)

施特劳斯:太阳还没有升起,星星不再闪烁,天空不可见,正如诸神不可见一般。上帝被自身的美遮掩,这种美也遮掩了天空。美存在于纯粹和深渊中。可能这就是尼采对美的定义,这不是一个坏的定义。日出之前,天空是光的深渊。此刻是黑夜,光会从这黑夜中升起,在当前的语境中,黑夜取代了深渊,美的深渊就是高度,我们必须前往的这个内在的世界超越于我们之上。

这里对"苍天"的呼唤与之前所说的大地相关,即与忠诚于大地相关。大地之心是黄金做的。扎拉图斯特拉为何希望超越苍天或飞离大地?这一点在扎拉图斯特拉对重力精神的评论中已经被准备好,在前面的演讲中代表重力精神的是一个侏儒。侏儒生活在大地之上。所有人都生活于大地之上。在《圣经》中,整全被称作天空、大地和这二者之间的东西。大地和天空就是限制。所有活物都是大地的孩子。大地只能凭借天空才能成为大地。那么,扎拉图斯特拉为何必须要超越苍天?接下来的演讲告诉我们,他需要天空,天空也需要他,他们拥有最重要的共同性,他称这种共同性为"无限的肯定"。现在我们翻到 277 页读倒数第 3 段以下。

朗读者[读义本]:

这是我的祝福:立于每一事物之上,犹如立于自己的天幕,如同它圆形的穹顶,如同它蔚蓝的钟和永恒的依靠:谁如此祝福,谁就有福了!

[194]因为一切事物的受洗之地,都是永恒之泉,在善恶的彼岸;善与恶,本身不过是中间的阴影,是潮湿的忧郁和浮云罢了。

真是,这是一种祝福,而非亵渎,设若我如此教人:"在一切事物之上,有偶然之天、无辜之天、或许之天和傲慢之天。"

"冯·或许"——这是世界上最古老的贵族,我把它归还给所有事物,令它们从"目的"的奴役下得到解放。

当我教人,说一切事物之上和其内,并不欲求"永恒的意志",这时,我就是把这种的自由和天空的明亮,置于一切事物之上,犹如放置蔚蓝的钟。(同上,页 277-278)

施特劳斯:这里有处双关语。Von Ohngefähr(冯·或许)是世界上最古老的贵族。扎拉图斯特拉模仿了天空。只有通过这种方式,人类才能忠诚于大地,才不会飞离大地朝向某个超天空的处所。只有如此,对大地的忠诚才有意义,从而,天空作为蔚蓝的钟位于大地之上才有意义。只有凭借对天空的模仿,大地才能变成真正的大地。人的主要位置,当然是天空和大地之间的位置,这先于任何科学。这一点与圣经宇宙论一致,在哲学上也得到亚里士多德宇宙论的确认。在现代,关于天空发生了什么?从哥白尼(Copernicus, 1473–1543)开始,当你用望远镜凝视天空,你就会获得一种观念;当你用更先进的望远镜凝视天空,你就会看到天空完全被碎裂为一个无边界的空间。

这种观念对地球影响极为深远——地球变成了众多星球中的一颗。人从此彻底遗失了自己的自然位置。关于人的整个学说必须完全重写,因为大地变成了众多星球中的一颗,天空变成了人可以生活的另外一种选择。人想要再次获得自然的位置并再次将地球作为自己的家园,某种程度上天空必须恢复其古典的高贵,尼采恢复天空的古典高贵的形式在后面的演讲中会出现。对尼采来说,这不仅是恢复人的自然位置的问题,在尼采看来这根本不是一种恢复,人在现代首次能彻底地将大地作为自己的家园,因为在前现代总是存在一种人无法忠于大地的原则,例如前现代的人要么忠于圣经的上帝,要么忠于荷马作品中生活于大地之上的不死的诸神。

尼采如何实现这种恢复从而保护苍天的穹顶?当然不是通过现代宇宙论。[195]对宇宙论的理解现在意味着万物没有任何目的。这是古老的反目的论的说法。万物没有终点,因为顶峰也不是终点,紧随顶峰的是下坠。人拥有目的,人为自己设置目的,但是人所能设置的最高目的却是没有目的的活着:仅仅活着,不过仍要求知。因此可以说,最高的创造性行为是求知……①

朗读者[读文本]:

当我教人:"所有事物之中,只有一样不可能——理性!"这时,我就用这种傲慢和愚蠢代替那种意志了。

---

① 更换磁带导致录音中断。

　　一点点理性，一粒智慧的种子，从一粒星辰撒播到另一星球——这酵母混合在万物之中：但却是因为愚蠢的缘故，智慧才会混合于万物！

　　一点点智慧虽然可能，但在所有的事物中，我都看出这种幸福的确定性：它们宁愿以"偶然"之足——舞蹈。

　　哦，我头顶的苍天，你，纯洁者啊！高远者啊！我觉得，你的纯洁便在于，不存在永恒的理性的蜘蛛和理性的蛛网。

　　——在我看来，你是诸神"偶然"的舞场，是一张供诸神使用的桌子，为诸神掷骰而设，为掷骰者而设！——（同上，页278）

　　施特劳斯：整全没有目的，也不存在支配整全的理性。这就是整全的难捉摸之处，是整全的神秘特征。

　　简要讨论一下接下来的演讲：首先，"论变小的道德"中扎拉图斯特拉已经被遗忘。在接下来的八篇演讲都处理人类事物。我们可以看到，从这篇演讲开始，好些演讲被划分成几部分。扎拉图斯特拉现在重新踏上了坚实的陆地，此处的陆地不同于卷二中的幸福岛，他在此发现一切事物都变小了，尤其是人变小了。扎拉图斯特拉在此处的演讲不是讲给他的门徒听，明显是另外一种公共演讲。"论变小的道德"是整部作品迄今为止第一篇公共演讲。我们读一下282页的内容。

　　朗读者[读文本]：

　　我穿过民众而行走，大开双眼：他们变小了，而且将越变越小——这是他们的幸福教诲和道德教诲使然。

　　他们在道德方面颇为知足——因为他们要的只是舒适。只有知足的道德，与舒适才相安无事。（"论变小的道德"，页282-283）

　　施特劳斯：你们看到，这里的民众还不是末人，但他们正走在朝向末人的路上。

[196] 朗读者 [读文本]：

> 可在小人那里，欺骗与谎言可谓车载斗量。他们当中，有些人心存意愿，但大部分人只是成为他人的意愿。有些人诚实，但大部分人却是糟糕的表演者。
>
> 他们中存在违背知识的表演者，有违背意志的表演者——，诚实的人总是罕见，诚实的表演者更是稀罕。（同上，页 283）

施特劳斯：尼采心中主要想的是所谓的以他人为导向（other-directed）的人。这些人是那些不能走自己道路只能模仿他人的人。他更进一步发展了这一点，这些人是些没有奉献、不会献身的人。这种精神状态虚伪地将自身呈现为顺从。

朗读者 [读文本]：

> 他们彼此相处时，圆滑、正派，并且友善，正如沙粒彼此相处一样圆滑、正派和友善。
>
> 知足地拥抱一个小幸福——他们称之为"顺从"！同时又乜斜着眼，知足地觑着另一个新的小幸福。
>
> 在大多数情况下，他们心底只有一个愿望：没有人伤害他们。所以，他们抢先对每个人行善。
>
> 这实为怯懦：尽管它已被称为"道德"。（同上，页 284）

施特劳斯：如果我们整体上读这篇演讲，你们就会看到对《圣经》的很多影射，尤其是对《新约》段落的影射。这篇演讲整体上具有末世论特征，并表达了对未来的超人的期待。

"橄榄山上"这篇演讲呈现了扎拉图斯特拉。"论离开"这篇演讲呈现了扎拉图斯特拉的模仿者，而不是扎拉图斯特拉的门徒。模仿扎拉图斯特拉的傻子生活在一座大城中。他对这座城市的判断与扎拉图斯特拉的判断一样，但有决定性的差异：他生活在蔑视中。

朗读者[读文本]：

这时，扎拉图斯特拉打断了满口白沫的傻子，并蒙住他的嘴。

"别讲啦！"扎拉图斯特拉喊到，"我早就讨厌你和你的同类了！

你为何久居泥潭，使你不得不变成青蛙和蟾蜍呢？

你的血管里不也流着败坏的、起泡沫的和泥潭之血，这才使你学会咒骂和不平吗？

你为何不悠游于树林？或耕耘土地？海洋里不是布满翠绿的岛屿么？

我蔑视你的蔑视；假如你在警告我，——为何不警告你自己呢？

……

你的傻话给我造成伤害，即使你在某些地方说得有理！即使扎拉图斯特拉的话一百倍有理：你也总是曲解我的话啊！"

[197]扎拉图斯特拉如是说；他凝望大城，叹息一声，陷入长久的沉默。最后，他如是说：

"我不仅讨厌这个傻子，也讨厌这座大城。无论何处，既不可能编号，也不可能变坏。

这座大城可悲啊！——我倒想点燃火炬，看见将它焚燃的火柱！

这火柱必然是伟大正午的前导。可是，它有自己的时刻和自己的命运。——

你呀，傻子，我要给你这一教诲，当作临别赠言：人在哪里不能再爱，他就应当——离开！——"（"论离开"，页296-297）

施特劳斯：接下来的演讲是，"论背叛者"。但尼采采用"背叛者"指的是那些回归宗教的人、背叛了自由精神的人——正如他在其他地方称呼的那样。

在"返乡"的演讲中，尼采谈到了孤寂，这种孤寂与在众人中被遗弃不同。在孤寂中你可以自由地谈论而无需考虑所有其他的情感和激情。现在我们读一下307页第5段以下。

朗读者[读文本]:

> 这里才是你的家园;你在这里可以畅所欲言,倾吐衷肠,没有什么东西会为你那深藏而执拗的情感而羞愧。
>
> 在这里,所有事物都亲热地听从你的话语,恭维你:因为它们想骑在你背上。在这里,你也骑上每一个寓言,奔向每个真理。("返乡")

施特劳斯:这是一个非常奇怪的句子:所有事物都像动物或孩童一样友好。所有事物意欲被扎拉图斯特拉提升,这些事物通过变得与扎拉图斯特拉相似而提升扎拉图斯特拉。这非常神秘,308页中间的部分再次提到了这个主题。

朗读者[读文本]:

> 因为在黑暗中,人们要比在光明中更为沉重地背负时间。
>
> 此间一切存在的语言和语言宝盒都向我大开:一切存在都想变成语言,一切生成都想向我学习说话。(同上,页308)

施特劳斯:存在和生成变成了词语和语言。这些词语包含在存在和生成中,另一方面存在和生成向扎拉图斯特拉学习说话。在孤寂中,存在者通过变得与扎拉图斯特拉相似而显得完全透明。我们在"论面貌和谜"中论述神秘的面貌那一节,已经看到相似性的关键特征。

接下来是更理智性的演讲,首先是"论三种恶行",[198]以及后面的"论新旧标牌"。我们读一下"论三种恶行"的开头。

朗读者[读文本]:

在梦中,在最后一个晨梦中,我今天立于一个海角——在世界彼岸,手持一杆秤,称量这个世界。

哦,朝霞来我这里太早:它的炽热将我唤醒,这个嫉妒者! 它总是嫉妒我晨梦的炽热。

它可被拥有时间的人测算,可被优秀的称量者称量,可被强劲的羽翼飞到,可被神圣的核桃子猜破:我的梦发觉世界就是这样:

我的梦是一艘勇敢的翻船,一半是船,一半是旋风,如蝴蝶般沉默,似珍稀鹰类般急迫:今天它怎会有称量世界的闲情逸致!

我的智慧,我那笑容可掬而又清醒的白昼智慧,它嘲讽了所有的"无限世界",难道是它对我的梦悄悄说话吗? 因为我的智慧说:"哪里有力量,数字就会成为哪里的女主人:她的力量更大。"

我的梦注视这个有限的世界,显得何等镇定自若,既不好奇,也不怀旧:既不畏惧,也不乞求:——

——像只圆苹果送到我的手……

——它还称不上是谜,还不足吓跑人类之爱,它也称不上是解答,还不足以使人类的智慧昏昏欲睡——有人在其背后恶语中伤的这个世界,今天对我却是一个人类的好东西!("论三种恶行",页 312-313)

施特劳斯:这个世界某种程度上必定是有限的。只有这样一个世界才是好的世界,是一个属人的世界。一方面这个世界不可能彻底是神秘难测的,另一方面这个世界只有成为神秘难测的,才是好的。世界的神秘难测这种特性决定善之为善(the goodness of the good)。可以被理解的世界会变得不重要、肤浅和没有吸引力,这意味着这个世界的谜最终是可以被猜透的。这个世界的神圣性源于大地的神圣和天空的神圣。这一切的基础是什么? 在永恒复返学说中,世界是一个面貌和谜,现在变成了梦。但是,那些希望和梦必须被解释。

这个我们所居住的世界是一个表面的世界,是一个属人的好的世界,我们这个世界与科学的真实世界相反,也与启示的死后世界相反。但是,如果只有科学的世界是唯一真实的世界,那么我们该如何面对这个真实的世界？真实的世界与纯粹的沉思精神的绝对视角相关,但这样一种精神不存在。[199]知识是精神的一种功能,因此最丰沛之人在他的想象中创造了最丰沛的世界,这种想象就是世界。由此我们能够理解"返乡"中关于事物之间的相似性(likeness)的表述。我们继续读。

朗读者[读文本]：

我于今晨称量这个世界,我是多么感谢我的晨梦啊！梦,这抚慰内心的梦呀,它作为一件人类的好东西来我这里！

我要在白昼做它所做的事情,效仿和学习它的至善:兹将三件至恶之事放在秤盘上,做一番人类的称量。——

谁学会祝福,也就学会诅咒:什么是世上三种最被人诅咒的事呢？我要把它们置于秤盘上称量。

性欲、统治欲、自私,①这三样东西迄今最受诅咒,声名最狼藉,而又最具欺骗性——我要好好对这三样做一番人类的称量。(同上,页313-314)

施特劳斯：Sex[性欲]不是一个好的翻译,我认为lust[欲望]更好一些。扎拉图斯特拉醒着时模仿了他的梦。扎拉图斯特拉要是没有事先对整全之善谜一般的面貌有所认识,他就不可能理解那些被断言为恶的善,尽管某种程度上整全是可以理解的。尼采关于此处的三种恶行的善所说的东西本身是可理解的。但在尼采看来,这不过是整全谜一般的面貌的一个结果。尼采所暗示的东西是:如果这个世界是无限的,这种新道德就没有基础。

朗读者[读文本]：

---

① [译按]施特劳斯所引英译是:Sex, the lust to rule, selfishness。

那好吧！这里是我的海角，那里是大海：它们向我翻腾涌来，发髻蓬乱，谄媚地涌来，这个百头怪物忠实而年迈，模样如狗，正是我的所爱。

那好吧！我在翻腾的大海上掌秤：我也选择一个旁观的见证人——就是你，隐士之树，你馥郁芳香，正是我的所爱！——（同上，页314）

施特劳斯：尼采的意思是，他对三种恶行的称量以人的缺席为前提，以大海和树木的缺席为前提，因为这是从超越人的视角出发，从超人的视角出发得出的结论。

朗读者［读文本］：

现在通过哪座桥梁可以走向未来呢？高者因何种强逼而变成了卑下的呢？什么令最高者依旧——向上生长呢？——（同上，页314）

［200］施特劳斯：这些问题指向超人，对三种恶行的证明指向一种未来的更高之人，而不是出于放纵或便利。

接下来的一篇演讲明显致力于天堂精神，这个主题之前已经讨论过。天堂精神或沉重精神需要支持、确定性、永恒的存在，这种精神植根于对死亡的恐惧。沉重精神的反面是轻松精神（lightness），轻松精神不恐惧任何东西。那么什么是轻松精神？

朗读者［读文本］：

真的，学会自爱并非是为今天和昨天而设的戒律。毋宁说，它是一切技艺中最精细、最技巧、最终的和最耐心的技艺。

对于拥有者而言，他的一切所有物都被严密的隐藏；在所有的宝窖里，自己的财宝总是最后才被掘出——这是沉重精神的创造。

（"论沉重的精神"，页 322）

施特劳斯：必须学会自爱，但这种爱的起点是根本不爱他物。我们所相信的善与恶，在自爱者看来，都不是我们自己的善与恶，而是被给予的。这一点还不足以反驳爱他人这一道德要求，因为某人自身的东西还不是自己本身，唯有自己本身才值得爱。

带着尼采的道德哲学观点，我们应该读一下 325 页中间的部分。

朗读者［读文本］：

我整个行程便是一路探索，一路询问——真的，人必须学会解答这种询问！这——就是我的品味！

——不好，也不坏，却是我的品味，对此，我既不害羞也不隐晦。

"这——就是我的道路——你们的道路何在？"这，就是我对那些向我"问路"之人的回答。因为这路——它并不存在！（同上）

施特劳斯：如果你们看看下一篇演讲"论新旧标牌"的开头，会发现有一个困难变得很明显。这些标牌上写的律法是道路——这里的道路不仅仅是这个人或那个人的道路，但尼采说，这样的道路根本不存在。

学生：所有的道路是否会导向一个目的？

施特劳斯：这可能是对这个问题的一种解决。但也可能是，这些标牌本质上是不完整的，要想让这些标牌变得完整——这是决定性的行为——则只能依赖个体。

"论新旧标牌"后面的一篇演讲是"初愈者"，[201] 这篇演讲是对永恒复返的最后论述。我们现在读一下"论新旧标牌"第二节开头。

朗读者［读文本］：

当我到了人类跟前，我发觉他们踞于古老的狂妄之上：他们似乎早已知晓，什么是人的善恶。

在他们，关于道德的一切言论都是陈词滥调，使人厌倦；意欲安睡的人，在就寝之前就谈谈"善""恶"。

我惊醒了他们的睡意，当我教导：关于什么是善，什么是恶，尚无人知晓——除了创造者！

——却是创造者，给人创立了目标，赋大地和未来以意义：只有他最早创造出，那什么是善，什么恶。（"论新旧标牌"，页328）

施特劳斯：这一陈述是不是敲响了警钟？所有人都宣称知道什么是善恶，但这不过是一种狂妄，事实上我们对善恶一无所知。答案指向苏格拉底。尼采以一种特殊的方式恢复了苏格拉底问题。苏格拉底以一种特殊的方式似乎找到了什么是善恶的答案。苏格拉底找到的关于善恶的知识被代代相传。尼采也明确地提出了这个问题，但它们之间的差异是什么？他说，还没有人知道善恶的知识，但尼采这样说暗示了这种知识是可知的。尼采恢复了这个问题，但以一种完全不同于苏格拉底的方式回答了这个问题。迄今为止，没有人知道什么是善恶，人们所相信是善恶的东西都是民众无意识的创造。

请大家想想卷一"论一千零一个目标"那篇演讲。善恶的概念不再可能，民众也不再是精神性的，上帝所启示的普遍善恶也不再可能。但是这种关于善恶知识的创造某种程度上也是知识，只有善恶的创造者知道这种知识。换句话说，这些关于善恶的知识不是单纯的假定。我们读一下329页第三段以下。

朗读者[读文本]：

真的，我像教人忏悔的说教者和傻了一样，对他们所有伟大和渺小的东西，都发出愤怒和责难的呼喊——他们最好的东西也那么渺小！他们的极恶的东西也那么渺小！——我如是取笑。

我智慧的渴望也发自内心地呼喊、大笑，这诞生于山上的智慧,一种真正野性的智慧! ——我那振翅呼啸的伟大渴望啊。

　　它常常在笑声里带着我扶摇直上,向着远方:我战栗高翔,如同一支箭矢,沉醉于太阳的狂喜:

　　——飞入未曾梦过的遥远未来;飞入炙热的南方,那里比任何教育者梦想的还要炙热:飞到诸神裸体而舞的地方,那里,他们以衣饰为耻:——

　　[202]——我用寓言说话,像诗人一样跛行讹言:真的,我还想当诗人呢,真难为情! ——("论新旧标牌",第二节,页328-329)

施特劳斯:你们看到,尼采所拥有的关于善恶的知识只能通过相似性来传达,这是一种诗性的知识,并且希腊意义上的诗主要是指制作。如你们在这篇演讲的结尾看到的,这是一种诗性的知识,因此也是一种不完美的知识。我们继续紧接着上面读。

朗读者[读文本]:

　　在那里,我认为,一切发生演变都是诸神的舞蹈,是诸神的恶作剧,世界解脱了羁绊,被放开,飞回到自身:——

　　——成为众多诸神永恒的逃避自我和重寻自我,成为众多诸神快乐的自我冲突、自我重新聆听,重属自我:——

　　在那里,我以为,所有的时间都在嘲笑幸福的现时瞬间,那里,自由就是一种必然性本身,与自由之刺幸福嬉戏:——

　　在那里,我又重新找到自己的宿敌和妖魔,即沉重的精神,还有它创造的一切:强迫、规章、艰难、结果、目的、意志、善与恶:——

　　那么,某种东西不是必然存么,令人能在其上舞蹈,并舞出其外? 为了轻者和最轻者之敌——鼹鼠和侏儒不是必然存么? ——(同上,页329-330)

施特劳斯:你们看到这里再次影射对永恒复返和对不完美的渴

望。正如在谜中呈现的,洞察永恒复返学说是新的标牌的基础,正如世界之梦是对三种恶行的辩护。在此你们看到了与苏格拉底最大的差异。苏格拉底对善与恶、人类事物的探究,先于他对整全的洞察。在尼采那里,与苏格拉底相反的东西才是真实的。这篇演讲接下来的内容显示,新的标牌只写到了一半(half-written)。原因在于,扎拉图斯特拉不得不谈论相似性,不得不成为一个诗人。另外,由于不存在道路,因此标牌不可能被彻底重写。这篇演讲的第二节是为每个人重新写的。这也是关于这篇长演讲的普遍说法。

现在我们转向这篇演讲最明白易懂的部分——第十节。

朗读者[读文本]:

“你不应抢劫! 你不应杀戮!”——人们曾把这类话当做神圣;人们在它面前屈膝,低头,脱鞋。

可我问你们:这个世界上,哪里有过比这类神圣话语更厉害的强盗和杀手呢?

[203]所有的生活中没有——抢劫和杀戮么? 这类话语若被当做神圣,真理本身不就——就被扼杀了吗?

或者,过去对一切生命持反对和劝阻态度的东西,都被称为神圣,这是否是死的说教呢? ——哦,我的弟兄们,替我砸烂这些陈腐的标牌! (同上,页336)

施特劳斯:显然,尼采的意思不是说我们应该开始抢劫和杀戮,他所思考的东西是:对抢劫和杀戮的简单禁止是否与对生命的本性和对人类生活本性的禁止一致? 当然,这是一个古老的问题。我只提醒你们想想马基雅维利和他的某些后继者。这个世界是如此构造的吗? ——在这个世界中要是不首先毁火他人,自我保存就不可能? 在洛克和卢梭那里,自我保存要求他人的存在,因为我们的生命更受到其他民族的威胁,因为和平状态是自我保存的要求。但洛克如此限制和平状态:只有不与我们自身的自我保存相冲突时,和平状态才可欲。

卢梭与之类似。一个人必须考虑他们总在言说的处境：战争并非冲突的根源，因为一个人必须区分正义和不义的战争，最根本的问题是物质匮乏。在所有人无法保存自身的极端匮乏的处境中，无条件禁止抢劫和杀戮有何后果？尼采会说，这样的禁令会导致人的堕落。人身上一切英勇的品质都会消失。

在这节演讲的结尾有一个与第七节演讲非常类似的对比，在那里尼采发展了这一观点：好人从不言说真理。好人是那些接受了标牌一半内容的人，好人将这一半的内容当作是正当的。这种好人要求对人之处境的盲目，在这一意义上好人从不言说真理。

朗读者［读文本］：

我对过去的一切同情在于，我看见：它们悉遭转交，——

——转交给每代人的仁慈、才智和迷狂，过去所来的一切都曲解为他们的桥梁！

一个大暴君、一个可笑的怪物可能会出现，他可能用仁慈和不仁强逼过去的一切：直到它们变成他的桥梁、先兆、先驱和公鸡啼鸣。

另一种危险，也是我的另一种同情确是：出身群氓的人，只能忆及祖父——只到祖父一代，时间就停止了。

［204］过去的一切就被这样移交：因为群氓有朝一日，群氓可能出来主宰，一切时代都将在浅水溺死。

哦，我的弟兄们，所以需要一种新的贵族，他是所有群氓和暴君的仇敌，他会在新标牌上新写上"高贵"一词。

这就需要许多高贵的人，有许多高贵的人，这样就有了贵族！或如我曾经在这一比喻中所言："有诸神，但没有上帝，这才是神道！"（同上，页337）

施特劳斯：我们之前已经读过这个段落，并试图与托克维尔辩护的民主问题联系起来。在前面的演讲中，尼采已经要求打破旧标牌，要求与过去决裂。他在他的教诲中解释了与过去决裂的含义——这预设了对过去的回忆，不是此处他谈论的对过去的弃绝。对过去的超越受到遗忘过去的威胁。忘记过去是一种再野蛮，也是两种新政制僭主制和民主制的结果。这种对新贵族的评论似乎是关于尼采的政治期望最清晰的表达。但这究竟是不是意指一种政治道路，是有疑问的。我们发现了下述表述：

> 这种运动是无条件的，是为了拉平人性，使之与蚂蚁的组织（structures of ants）类似……我的运动与这种运动相反，我的运动意指取消平等，意指创造高贵的、有力量的人。与我对立的运动是为了创造末人，我的运动是为了创造超人。我的目标不是将超人作为末人的主人，而是让两种人都应该存在，不过是要求这两种人尽可能得分开。我所创造的超人就像那些伊壁鸠鲁的诸神，毫不关心他人。①

这意味着与政治毫无关系。这不过增强了尼采学说的政治意义的成问题性。如果尼采意义上的新贵族不具有一种严格的政治意义，如果尼采攻击了我们时代任何政治组织的可能性，难道他不是应该负有巨大的政治责任吗？——尼采可能导致了一切文明的毁灭，例如德国在 30 年代的毁灭。

我们暂且不管这一点。下一次课我们将讨论"初愈者"的演讲，这是《扎拉图斯特拉如是说》最后一次清晰讨论永恒复返。

---

① 施特劳斯似乎自己翻译了这段引文，引文源自尼采的《遗稿集》。施特劳斯非常奇怪地将 Ameisen-Bauten 译为 structures of ants，更合理的当译成 anthills。此段引文的德文见尼采，《尼采考订版全集》，前揭，卷十，页 244。

第十三章　创造性沉思

——《扎拉图斯特拉如是说》卷三,章 13

[205]施特劳斯：关于自然正确(naturalright)或自然法的意见有很多。例如,有人认同新标牌上的概念,有的人认同柏拉图在《王制》中设置的政制的自然秩序。① 据说,尼采完全反对自然正确这个术语的第一种含义,然而尼采倾向于自然正确的第二种含义。第一种含义的文本位置是"论新旧标牌"的第十节(336 页),第二种含义的文本位置是同一篇演讲的第十一节(337 页),以及《敌基督者》的第 59 条格言。尼采在第十一节中犹犹豫豫地将他的自然等级制学说确定为一种客观的、真正的学说。②

现在读一下"论新旧标牌"第二节。

朗读者[读文本]：

当我到了人类跟前,我发觉他们踞于古老的狂妄之上：他们似乎早已知晓,什么是人的善恶。

在他们,关于道德的一切言论都是陈词滥调,使人厌倦;意欲安睡的人,在就寝之前就谈谈"善""恶"。

---

① 施特劳斯指的是《王制》卷二至卷五(368d-484a)苏格拉底与对话者创建正义城邦的部分。

② 这一讲一开始,施特劳斯向学生们说明了期末考试的方式,他提前告知了考试时需要论述的问题,好让学生们有充足的时间准备。

我惊醒了他们的睡意,当我教导:关于什么是善,什么是恶,尚无人知晓——除了创造者!

——却是创造者,给人创立了目标,赋大地和未来以意义,只有他最早创造出,那什么是善,什么是恶。("论新旧标牌",页328)

施特劳斯:现在你们看到,尼采说每个人都认为获得了什么是善恶的知识。[206]你们知道,尼采提出的这个问题,是苏格拉底提出的,苏格拉底用了一个与尼采类似的表达。尼采回到了苏格拉底问题。我们稍微思考一下这个问题。尼采那里有很多东西让我们想起苏格拉底。他们两人不仅像其他伟大的哲人一样是理论教师,他们两人也是希腊意义上的灵魂引导者。他们有多么令人厌恶,就有多么令人着迷。① 当我们聆听他们的言辞时,我们一定不能忘记他们的个体特征。那些纯粹理论性的教师,例如数学家们会说,必须彻底忘记他们本人。苏格拉底和尼采会描述他们自己,会谈论他们自身。只有卢梭具有类似的特征,并且卢梭拥有一种魅力,这种魅力类似于尼采的魅力,不过如今已经消逝。

苏格拉底也有这样一种魅力,迄今还没有消逝,当然尼采的魅力也没有消逝。你们可以将苏格拉底、尼采或卢梭这类哲人与另外一种谈论自身的哲人对比一下——与笛卡尔对比一下,笛卡尔在《谈谈方法》(*Discourse on Method*)给出了他的自传。笛卡尔的这本书不是完全谈论方法,笛卡尔将他自己的传记——某种程度上是一种虚构的传记——作为提出他的方法的一种策略。笛卡尔对于让我们对他本人着迷毫无兴趣。但是苏格拉底不写作,这应该归功于苏格拉底本人令人着迷的魅力,所以苏格拉底总是"个人性"的。② 苏格拉底从未向不知名的人说过话,他从未向他不认识的人说过话,然而每个写作的人都是向不知名的、他所不认识的人说话。

---

① 对照尼采,《偶像的黄昏》,"苏格拉底的问题",第8节。
② 参尼采,《偶像的黄昏》,"苏格拉底的问题",第8节。

　　历史上关于苏格拉底的作品不是苏格拉底自己写作的，而是柏拉图创作的。柏拉图呈现了苏格拉底的生活——他的劳作、他的事迹、他的行为——苏格拉底的生活是一种典范，但这种典范不是任何人都可以模仿的。苏格拉底有一个特殊的老师（柏拉图如此称呼），苏格拉底本人称之为他的精灵（daimonion）。依照苏格拉底的说法，他的精灵对他来说是真实的。作为对一个个体的行动的呈现，柏拉图的作品不纯粹是一种哲学作品，某种程度上是诗性的。我们绝不要忘记，有一种哲学思考方式是论文，在哲学论文中除了附带地出现人名外，不会出现特定的人名。

　　尼采的作品也是诗性的，不过与柏拉图作品的诗性特征完全不同。我只强调最明显的差异：尼采的作品不是戏剧式的，而是七弦琴式的（lyrical）。尼采的作品中很少有对话出现。我们后面马上要读的一节——"论伟大的渴望"的第三部分，我们发现扎拉图斯特拉与其灵魂进行了对话。柏拉图那里没有类似的情形。当然，柏拉图在《会饮》开头影射了苏格拉底与其灵魂的对话，[207]但柏拉图没有告诉我们，所以，柏拉图呈现的苏格拉底对话全部是苏格拉底与其他人的对话。无需说，只有与其他人的对话严格意义上才能通过戏剧表现出来——一个人与其灵魂的对话无法通过戏剧表现。

　　尼采为何要重提苏格拉底问题？这个问题要是得到恰当的理解，会得出下面这个推论。提问者某种程度上变成了论题：柏拉图对苏格拉底的刻画为何如此不同于尼采对尼采的刻画？尼采和扎拉图斯特拉之间的差异在这个语境中并不重要。对这些问题的完整回答要求对苏格拉底—柏拉图和尼采更为深刻、更为全面的理解。

　　我们暂且停一下，上面给出的评论对我们的当前的目的来说已经足够了。我们来看看，尼采对苏格拉底看法。我们仅限于尼采的第一部作品《肃剧诞生于音乐精神》（*The Birth of Tragedy out of the Spirit of Music*），在这部作品中苏格拉占据核心位置。这部早期作品的主题可以归纳为下面几点：曾经存在过的最高文明是希腊文明，希腊文明的顶峰是希腊肃剧。苏格拉底不理解肃剧，他甚至毁灭了肃剧。苏格拉底让诗歌屈从于城邦或哲学，因此他毫不重视肃剧。苏格拉底作品导致的结果是,普遍意义上的诗和特殊的肃剧成为诗学的主题,我们现存的关于诗学最著名的作品是亚里士多德的《诗术》(Poetics)。诗学变成了伦理学政治学的附属,甚至是逻辑学的一个部分;在中世纪,逻辑学被划分为好几个部分。例如,一种是处理修辞性真理的修辞术,另外一种是处理诗学真理的诗术。这表明诗学对哲学的彻底服从。比起直觉、划分和创造性而言,苏格拉底更偏爱思想和洞见的明晰、批判性意识、辩证法的精确。苏格拉底对知识的赞美意味着,整全是可理解的,整全的知识是对所有恶的拯救,德性是知识以及拥有德性的知识就是幸福。①

　　这是一种乐观主义,是一种基于理性判断的乐观主义。苏格拉底是理论人的原型、第一位祖先,理论人认为科学不是一种工作、不是一种职业,而是一种生活方式。因此,苏格拉底不仅是最成问题的古代现象,而且是"人类历史的转折点和旋涡"。②[208]苏格拉底是所有人的命运,是人的第一个命运,因为那时产生了理性主义,这种理性主义就源于苏格拉底。(尼采将理性主义视作西方的命运的观点,以一种较为有限的方式出现在韦伯的社会学研究中,只要你们阅读韦伯的社会学研究,就能看到这一点。)

　　现在,苏格拉底创立的这种传统遭到了现代科学和现代哲学的动摇,最明显的动摇发生在 19 世纪,即尼采的老师叔本华的思想……(有缺漏)叔本华的悲观主义也涉及到对理性的悲观态度。叔本华认为,理性或科学不再能揭示现实的真实特征,艺术——尤其是音乐才能解释现实的真实。叔本华的这一独特的论点是由现代科学为之预先准备好的:正是现代科学意欲揭示真实的世界,解释世界之所是,从而不可避免地导致真实世界与理论物理学所揭示的世界之间的区分——理论物理学所揭示的世界是我们所生活的这个世界,是人类的世界。

　　这一区分成为之后所有哲学研究的基础。这一区分与一种特定的现象密切相关,此处我仅列举一二——若是进行周密的分析的话就意

---

① 参尼采,《偶像的黄昏》,"苏格拉底的问题",第 4 节。
② 参尼采,《肃剧诞生于音乐精神》,第 15 节。

味着相对性(relativity)。18世纪出现了一门新的学科,当时名为美学(aesthetics)。传统上有一门学科叫诗学。你们都知道亚里士多德的《诗术》,诗学这门学科源远流长,关于如何作诗、如何评判诗历史上的文献汗牛充栋。不过,这门学科非常专业,与哲学无关。美之为美是哲学传统中的一个重大论题,但是与美学无关。美之为美是形而上学的一个论题,而不是美学的一个论题,理由很简单:传统认为美的首要含义是自然美要比人为的美更好。决定性的转折发生在1800年左右,在那个时刻涌现出下述看法:美真正的所在不是自然,而是艺术作品。

黑格尔的美学可能是这一转变最重要的文本。另外一个转变是——我仅提到但不做深度分析,这一转变与也是发生在18世纪的重要事件有关:心理学一直以灵魂的两分法为基础,即将灵魂分为认识性的部分和抉择性或意欲性部分。但是,在18世纪有人提出应当进行更细致的划分,将灵魂划分为认识、意志和感觉三部分。灵魂的感觉能力作为心理学一个完全独立的主题在18世纪出现与美学作为一门哲学性的艺术学科在18世纪出现有密切关系。

[209]所有这些为下述观点出现做好了准备:艺术要比科学更优越,艺术要比科学更贴近现实(reality)。现实与感觉(feeling)的联系要比与认知(perceiving)的联系更深。我们都是在这个传统中长大的,以至于到了这样一种程度——我们不是在与之平行的科学传统中长大的,因此我们都是散文诗人。尼采作为一个哲人在这个方面要走得更远。尼采试图将苏格拉底连根拔起,消除基于苏格拉底的一切,尼采的方式是深入理性哲学整个传统的根源,深入理性主义的根源。然而,尼采继续前进时,再次碰到了苏格拉底。我认为,这就是苏格拉底令尼采着迷这一奇怪的事实的秘密。

我给你们读一下《善恶的彼岸》第295条格言,这条格言表明了尼采与苏格拉底的亲缘关系,同时也表明了二人之间的根本差异:

> 心灵的天才,就如那位大隐者拥有的那样,那位善于诱惑的上帝,那位天生的良心猎手,他的声音会深入每个心灵的地狱,每句话里都有诱惑的思虑,每一瞥中都有诱惑的留痕,最绝的是,他懂

得如何显像——显示的不是他自己,而是对追随者的额外压力,迫使他们步步向其靠拢,越来越心悦诚服、不折不扣地紧随其后:

——心灵的天才,它教导所有大声喧哗和自鸣得意的人安静下来,侧耳细听,它磨平了粗糙的心灵,使其体验一种新的需求,——静静地躺下,如同一面明镜,反射出深邃的天空。

心灵的天才,它教导双手笨拙、惊慌失措的人在取物时要从容不迫,姿态优雅;它发掘深藏不露、已然被人遗忘的宝物,宣布厚厚的、污浊的冰层下是善良的滴泉和精神的甘露,它是一支探矿杖,能让长期埋没在无数烂泥黄沙里的每一粒金子脱离土牢,重见天日。

心灵的天才,它抚摸过的每个人都会变得充实富有,没有蒙恩,没有受惊,没有像获得外人财物时的那种幸福感和压抑感,而是自身变得更加充实了,比起以前来焕然一新了,在春风的吹拂和倾听下绽开了,也许变得不那么自信,变得柔软、脆弱、破碎了,但却充满了暂且无名的希望,充满了新的意志和涌流,充满了不满和逆流——但是,朋友们,我在做什么呢? 我在对你们谈论谁呢? 难道我忘乎所以了,竟然没在你们面前提及他的名字?

若非你们自己猜到了,谁是这个值得怀疑的、受到如此赞扬的精神和神灵。[210]就如一个从小浪迹天涯、流落异乡的人所经历的那样,我也邂逅了极为不无危险的奇人,但主要是我刚才谈到的那位,他不是别人,正是狄俄尼索斯,那位模棱两可、长于诱惑的神。

正如你们所知,我曾以最隐蔽的方式,带着最深沉的敬畏,将我的处女作献给了他——(我觉得我是最后一个向他供奉祭品的人:因为我还没有发现有谁理解了我当时的举动)。在之后的一段时间里,我对关于此神的哲学又有了许多、太多的了解,就如俗话所说的口口相传,——我,作为狄俄尼索斯神的关门弟子,也许总算可以给你们,朋友们,如果允许我这样做的话,介绍一下这种哲学了?

我压低嗓音,这也是应该的:因为这涉及到一些隐秘的、全新

的、陌生的、神奇的、惊人的东西。狄俄尼索斯是个哲人,众神也搞
哲学,这对我来说是件新鲜事,不能说不棘手,可能恰恰会在哲人
中间引起怀疑。①

我们思考一下最后一句话。诸神也追求智慧——诸神也进行哲学
思考。尼采此处涉及柏拉图《会饮》中的一个段落,在那里苏格拉底说
只有人类才搞哲学。由于哲学思考就意味着追求智慧,而诸神是智慧
的,因此诸神不会追求智慧,他们也不作哲学思考。② 这个奇怪的表达
意味着什么?如果诸神是智慧的,那么整全本身就是可理解的。智慧
是可能的,尽管人不一定能完全拥有关于整全的智慧。但是,如果诸神
也作哲学思考,如果诸神不智慧,那么整全本质上就是不可理解的。真
理的恰切形式必须以神秘的面貌出现,必须是富有激情的形象。也就
是说,真理显现的形式就是赐予人生命的真理,这一真理与科学那致命
的真理不同。

之前我们已经看到过这一点,但此处的艺术或曰诗艺根本上是不
充分的。在"论诗人"那篇演讲的结尾,尼采说,诗人们必须变成精神
的忏悔者,也就是说艺术必须变成人的科学,必须具备理智的诚实。因
此,此间的联系就是,赐予生命的真理不是简单地对抗科学那致命的真
理。如果从复仇精神和感激精神中解脱出来,科学的致命真理就能成
为赐予生命的真理。科学的致命真理意味着,只有生成没有存在。自
然一文不值,也毫无意义,在人和野兽之间没有任何本质差异。[211]
但是,这种致命的真理变成了赐予生命的真理,所以对永恒的肯定变成
了永恒复返。

不同的表述是:科学的致命真理、客观真理,与文本密切相关,并与
任何对文本的解释不同,精确的真理在任何情况下都不能被理想化。
另一方面,赐予生命的真理根本上是主观真理。权力意志就是将意义
和价值强加到无意义和无价值之物上去。客观真理被证明为是超克自

---

① [译注]尼采,《善恶的彼岸》,前揭,页276-277。
② 参柏拉图,《会饮》203e-204a。

身的权力意志,对自身内在活动的批判。但在这个过程之前的阶段中,将意义和价值强加于事物之上的权力意志,同时也是对未来的意欲,因为没有理想就不会有意义,没有对未来的展望就不会有意义。正如对未来的意欲,权力意志必然是对过去的否定,因此权力意志就不完全是肯定性的。完全肯定性的权力意志,这种纯粹进行肯定的意志就不再意欲任何事物,而是全然接受。超克自身——这种最高形式的权力意志就是全然接受整全。这意味着,整全在目的上是神圣的和非理性的。权力意志的顶峰就是接受。你们也可以这样说:创造的顶峰是沉思,或者说,真正的沉思就是创造。如果沉思的对象是自然,那么自然就只有凭借沉思性创造才可能——至少在自然这个词完全的意义上如此。这就是尼采教诲的内在矛盾。

再说一遍,理解尼采和传统根本差异的最简单的方式,就是对比尼采和苏格拉底—柏拉图。对苏格拉底—柏拉图来说,沉思的主题是理念,理念绝不可能是人的创造,因此人与理念具有一种联系——这是廊下派最本质的特征;因此人的爱欲渴求先在的事物(something pre-existent)。尼采用权力意志取代理念和爱欲,权力意志自身创造理念。因此,在尼采那里不可能有恰切的沉思,最类似于沉思的是创造性沉思。

论证如下:在求知者和求知对象之间必须有一种和谐,如果求知对象、客体、现实就是权力意志,亦即创造性,那么只有求知者的创造性才能与其求知对象和谐一致。沉思必须是创造性的沉思。因此,尼采的权力意志学说同时也是创造和对事物之所是的沉思。正如创造不可能与感激精神相容,这意味着不可能有确定性和证明,只有指向(pointing to)。[212]因此,所有人类活动,所有的知识都是对权力意志的一种修正。权力意志意味着超越,最高阶段是自我超越。自我超越的最高阶段是全然接受整全,接受事物之所是,最高意义上的接受包含在对永恒复返的假定之中。如果你正在意欲永恒复返,那么你就能全然接受一切事物。柏拉图—亚里士多德意义上的精神感知的永恒要想存在,某种程度上要求神秘的面貌,要求永恒复返。这就是尼采的教诲的顶峰。

让我试着更为详细地解释这一点,随后你们可以在讨论时再尝试解释这一点。我们再次从下面这个假设开始：现实就是权力意志，并且在人和野兽之间没有任何本质差异，严格意义上人没有自然本性。基于这个假设，永恒复返学说——这意味着主观地将意欲转变为接受——是唯一能获得事物之所是的知识的方式；此外，永恒复返学说是能确保自然存在的唯一方式，也就是说，获得事物之所是的知识不能被意欲，也不能被假定。但精确地说，因为接受是对权力意志的转换，权力意志就存在于接受中，存在于沉思中。沉思是创造性沉思。当然，我们今天相当熟悉这个术语。我碰巧想起《日瓦戈医生》（*Doctor Zhivago*）的作者帕斯捷尔纳克（Pasternak）的一部作品，①你们可能读过或者听说过这位作家对托尔斯泰（Tolstoy）的评论：

> 这位道德主义者、平等主义者、一种毫无恐惧或不带偏见地拥抱每一个人的正义体系的布道者，他的主要才能是一种使他不同于任何人的创造力，这已经接近悖谬的边缘了。
>
> 托尔斯泰终其一生在任何特定时刻都拥有一种看透事情的能力，在每个单独的时刻看到事情最终的结局，形成鲜明对比的是，我们只有在罕见的时刻，如在孩童时期，或全心全意享有幸福的巅峰时刻，或在取得重大精神胜利的时刻才能看到事情的结局。
>
> 托尔斯泰认为，要这样认识事物：眼睛必须受激情的引导，这是很必要的。因为正是热烈的激情照亮了我们认识的对象，强化了它的表面。
>
> 托尔斯泰一生都拥有这种对创造性沉思的激情。事实上，他能在对事物的第一印象中以一种新的方式看到一切，尽管这是头一次。他所看到之物的真实性不同于我们习以为常所看到的，他看到的在我们看来可能很陌生。但是，托尔斯泰并不寻求这种陌生性，[213]他不是将这种陌生作为一个目标来追求，他也不是将

---

① ［译注］帕斯捷尔纳克（1890-1960），苏联作家。施特劳斯在开设这们课不久前，帕斯捷尔纳克凭借小说《日瓦戈医生》获得 1958 年度的诺贝尔文学奖。

之作为一种文学手法运用在他的作品中。①

但是我认为，你们比我更熟悉这种美学式的分析，如果你们想理解尼采，就必须时刻想着这种观点。这种沉思意在成为创造性沉思，但不是这位诗人的这种创造性沉思，我们必须试着理解这一点。

现在，在我们继续读之前，我们先读一下之前已经读过的一个段落：

> 这是我的祝福：立于每一事物之上，犹如立于自己的天幕，如同它圆形的穹顶，如同它蔚蓝的钟和永恒的依靠：谁如此祝福，谁就有福了！（"日出之前"，页277）

让每一事物成为自身之所足，不会被扭曲，不用暴力强迫事物，这才是真正的认知。凭借科学方法对事物的任何构建和归纳，都无法让事物成为自身之所是。一般来说，知识是让任何事物完全成为自身之所是。但是，为何必须通过创造性才能做到这一点？为何不是简单地认知事物，真诚地面向事物之所是？扎拉图斯特拉为何要祝福每一事物，从而使得事物受他保护，仿佛他自己就是天空（the heaven）？这意味着什么？我们可以说，之所以需要扎拉图斯特拉，是因为天空还不足以实现目的。为什么？因为天空本身屈服于解释。你们也可以说，现代科学理论无法解决天空问题。

因此，一种特殊的人——权力意志的最高形式，必须完成天空不能完成的事情。为了让每一事物成为自身之所是，他必须隐匿每一事物，每一种存在。但对于尼采谈论的赋予事物以永恒的保障，这不充分。因为每一种存在都受境况的限制，所以只有凭借永恒复返学说，一种人的假定才完全可能。其终极原因超越于人类经验的领域。由于我们拥有应用科学，所以我们有一种依然严格保留在人类经验领域内的技艺，

---

① 施特劳斯读的这段引文源于 Boris Pasternak，《我记得：自传素描》（*I Remember: Sketch for an Autobiography*），trans. David Magarshack，New York：Pantheon，1959，页69。

而科学为了发现万物的原因超越人类经验的领域。[214]科学或形而上学假定了终极因。除非权力意志从假定超时间(trans-temporal)或超人类(trans-human)之物转向对永恒复返的意欲,否则这种对第一因的假定不可避免。只有凭借对永恒的意欲,万物才能完全成为自身之所是。这个问题也可以表述如下。我们马上会碰到后文的一个段落,尼采在那里说,如果事物不是自身的原因,就无法成为自身,所以必须寻求事物的原因,否则你们就无法超越事物,也无法在事物的原因中分解(dissolve)事物。只有万物凭借永恒复返就是自身的原因,事物成为自身才可能。

另外一种表述方式是:哲学作为最富精神性的权力意志意欲第一因,如尼采在《善恶的彼岸》第9条格言说的。这意味着,哲学是意义和价值的源泉,是人最根本的意志,在之前的时代,哲学要么是个体思想家最根本的意志,要么是民众的根本意志。除非我们拥有一种超越此种解释的绝对的中介体系,否则这种意志就是我们无法回溯的开端和前提。此外,总会有一种相对性(relativity),每一种解释体系都与别的解释体系一样合理,所以这种意志就是源泉和前提。

然而,绝不可能否认下面这一点:赋予事物意义的意志同时受种种条件的限制。例如,不是自我进行创造,而是自己进行创造,自己则是遗传的一个结果,是沿袭而来的,所以这一所谓的第一因就受自身原因的限制;其次,虽然意志朝向未来,但其基础是变形了的过去。过去是给定的、被强加的,而不是被意欲的。如果人类个体的意志意欲成为意义和价值的源泉,并且这种意志显然有一个原因,挽救这种观点的唯一方式就是,这种意志就是它自身的原因:永恒复返。

我们应该读一些《扎拉图斯特拉如是说》中最后一次描述永恒复返的段落。即“初愈者”这篇演讲。我首先给出一个解释,然后我们再转向问题,因为我不确定我是否已经足够清楚地解释下述问题:驱使尼采提出永恒复返学说的必然性,这一学说在他的时代即便不荒唐可笑,至少也自相矛盾。首先,我们读一下356页。

朗读者[读文本]:

扎拉图斯特拉返回洞穴后不久,一日清晨,他像疯子一样从睡榻上一跃而起,大喊大叫,声音吓人,[215]其表情似乎表明还有某人睡在床上,不肯起身;扎拉图斯特拉的嗓音雷动,令他的动物惊恐地跑来,而与他邻近的洞穴和隐身处,所有的小动物纷纷逃走了——或飞、或振翅、或爬、或跳,端赖它们有怎样的脚,怎样的翅膀。扎拉图斯特拉却说出这番话:("初愈者")

施特劳斯: 在继续之前,注意一下这里的象征意义。永恒复返学说是超人的条件,这意味着,永恒复返是超越次人(sub-human)、超越人的动物性的条件。

朗读者[读文本]:

起来,深不可测的思想啊,从我的深渊里起来吧! 我是你的雄鸡和拂晓,你这久睡不醒的蠕虫啊:起来! 起来! 我的啼鸣该把你唤醒了!

打开耳朵的锁链,听啊! 因为我要听听你的! 起来! 起来!这儿的雷霆足以让坟墓听到了!

抹去你眼中的睡意,抹去一切痴愚和盲目! 还要用你的眼睛听我说话:我的声音是医治天生盲人的良药。(同上,页357)

施特劳斯: 你们看到,深不可测的思想——永恒复返思想——在扎拉图斯特拉身上。永恒复返这种深不可测的思想应该服从扎拉图斯特拉,但扎拉图斯特拉也服从这一学说。我们可以说,这反应了下面这一情形:这一学说同时也是一种创造和沉思。演讲接下来的内容显示,扎拉图斯特拉无法忍受这种思想。当他失去意识时,他的动物、鹰和蛇很关心他。当他醒来时,他的动物又跟他说话。他的动物仅仅是与他说话而已。在他和他的动物之间有一座桥梁。当然,这不是真正的桥梁。这是一个形象,一种比喻,间接指向了人和野兽之间不可能有桥梁,且指向人与人之间缺乏桥梁。他在359页第二段以下发展了这一观点。

朗读者［读文本］：

　　——哦，我的动物，扎拉图斯特拉答道，你们就这样闲聊下去吧，让我听听！你们的闲聊使我神情气爽：哪里在闲聊，哪里的世界对我即如花园。

　　这里的谈话和声音多可爱啊：谈话和声音不就是永远分隔者之间的彩虹和表象之桥吗？

　　每个灵魂都有一个特殊的世界；对每个灵魂来说，任何别的灵魂都是一个彼岸世界。

　　在酷似之物间，表象最易行骗：因为最小的缝隙却是最难架桥。

　　［216］对于我——怎有一个我之外我呢？没有外我！但我们听到所有的声音，却把这忘记了；我们忘记了，这多么可爱呀！

　　事物不是都被赠给了名号和声音，人类不就靠事物而精神振奋么？说话是一种美丽的愚蠢：人一面说话，一面在万物之上舞蹈。

　　一切言语，一切声音的欺骗，这多么可爱呀！我们的爱随着声音在彩虹上舞蹈。——（同上）

施特劳斯：灵魂与灵魂之间没有桥梁。没有一个我之外的我。所有最高级的知识，在任何情况下都不可交流。没有一个我之外的我，仅有的交流充满迂回曲折，因为不同的人理解的完全不同。没有我之外的我，也没客观知识，因此就存在一种无限的中介和解释种类。所有的演讲都是虚构。事物之所是高深莫测，难以捉摸。因此，每一篇演说必须被轻松地发表，而非用精确的语言以沉重的精神的来发表。

朗读者［读文本］：

"哦,扎拉图斯特拉,"动物们接着说,"像我们一样思考的人认为,万物自己舞蹈:它们出来,彼此握手,欢笑,逃走——复又回来。

万物离去,万物复归;存在之轮永恒运转。万物亡逝,万物复生,存在之年永远奔走。

万物破碎,万物新合;在存在的同一屋宇永远自我构建。万物分离,万物复聚,存在之环永远保持自我。

存在开始于每个瞬间:'彼地'之球围着每个'此地'转动。到处都是中心。永恒之路蜿蜒曲折。"(同上,页359)

施特劳斯:换句话说,动物们在此处陈述了永恒复返学说。没有未来,然而对未来的渴望是人的本质要求,并且对尼采的超人思想来说极端重要。某种程度上尼采暗示,对于人而言回到下面这种观点是必要的:动物们不具备言辞或理性能力,如果它们能够言说,它们会接受永恒复返。动物们无需遭受任何苦难,就可以陈述永恒复返学说,并且永恒复返学说最彻底的形式是每一时刻都是虚无。中心无处不在,然而在历史的轨迹中,中心却并非无处不在:中心是正午,正午是终极真理的时刻,是权力意志的顶峰时刻,在这个时刻我们可以看到超人。[217]从自然的视角出发,不同时刻的周而复始没有差异。

但尼采必须保持人的视角,这种视角对尼采来说是一种历史视角。但是,必须在终极意义上以一种超历史的视角来看待尼采的这种视角,这就是永恒复返的意蕴所在。所以,换句话说,未来存在:存在向顶峰的运动,之后开始下降,然后永恒地复返。依照尼采的说法,这是确立历史和自然的统一的唯一一种方式。

动物们毫无困难、毫无痛苦地陈述了永恒复返学说。它们没有遭受任何苦难,因为它们是残忍的鹰和蛇,但人不残忍吗?我们读360页第4段。

朗读者[读文本]:

　　而你们——你们因此创作了一首古琴曲吗？现在，我躺在这里，咬和吐使我仍很疲倦，自我拯救令我仍在病中。

　　你们就坐视这一切吗？哦，我的动物们，你们也很残忍吗？像人一样，你们只想冷眼旁观我的巨痛吗？人是残酷至极的动物。

　　观看悲剧、斗牛和十字架酷刑，迄今仍是大地上最使人开心之事。当人发明了地狱，瞧，地狱便是人在大地上的天堂。（同上）

施特劳斯：人是最残忍的动物，但人还不够残忍。人不敢让自身遭受最艰难的事物——永恒复返学说。因为人之善的等级依赖于他的恶的等级，所以人还不够邪恶。这意味着什么？这经常发生在扎拉图斯特拉身上。你们记得，我们之前偶然谈到某些超越人类的东西作为超人的条件。此处的邪恶是什么意思？尼采并不真的建议，人为了变得更文明，必须发明某些更精巧、更野蛮的折磨手段。这并不是他的意思。此处的邪恶具有相对严格的意义。依照尼采的说法，"善和恶"首先指什么是习俗之物和什么是反习俗之物。"善和恶"首先是依照习俗来理解的。因此，首要的恶是背离传统或祖先；好人首先是指那些知道什么是善恶的人，因为他们生活于传统或习俗中。因此，既然超人要求与所有之前的传统彻底决裂，超人在这种最严格意义上就必须是邪恶的，这是恶最极端的形式。

　　[218]我们现在阅读361页第5段一下。

朗读者[读文本]：

　　倒不是因为，我曾被绑缚在这个刑讯木桩上，我才知道：人是恶的——而是，从未有人像我这样呼喊过：

　　"啊，人的极恶是渺小的！啊，人的至善页是渺小的！"

　　对人的极大厌恶——这令我窒息，它爬进我的咽喉：正如卜卦者的预言："一切皆同，什么都不值得，知识使人窒息。"

　　一种漫长的薄暮跛行到我的面前，一种极度倦怠和迷醉的悲哀，它打着呵欠对我说。

"你所厌倦的人,亦即小人,他们永远轮回。"——我的悲哀如是打着呵欠,拖着残腿,未能安眠。

在我看来,人类的大地变成了洞穴,胸膛坍塌,一切活人都成了腐尸、骨骸和霉烂的过去。

我的悲叹坐在所有的人类坟墓上,再难站立;我的悲叹和发问昼夜辈诉、哽咽、咬啮和哀泣:

——"唉,人类永远轮回! 小人也永远轮回!"

我曾见过赤裸裸的最伟大之人和最渺小之人:他们二者极为相似——最伟大的人也太人性了!

最伟大的也太渺小! ——这是我对人类的厌恶! 最渺小的也要永恒轮回! ——这是我对一切存在的厌恶!

唉,恶心! 恶心! 恶心啊! (同上,页 361-362)

施特劳斯:尼采在此一起思考了两个主题:对超人的需求、对一种能超越人之伟大的人的渴求;至此为止,人以及一切事物都不可避免地与这种思想紧密相关,因此也渴求人之作为人的永恒复返。自相矛盾的是,这就是尼采思想的本质。我们无法理解这整个观点——换句话说,超人的可能性依赖于超越这种恶心。人所能遭受的最大的痛苦是人获得最大幸福的条件。

我们接下来读的段落某种程度上总结了尼采在三篇关于永恒复返的演讲中——"论拯救"、"论返乡"和这一篇"初愈者"——的最终结论。我们接下来读 363 页倒数第 3 段和第 4 段。扎拉图斯特拉的动物们预言了他在死时会说的话,这不是扎拉图斯特拉自己说的。

[219]朗读者[读文本]:

"我现在就死,而且消逝",你将会说,"我瞬间化为一种虚无。灵魂、肉体一并死去。

然而,我被缠绕在其中的因果纽带,又将轮回——它将再造我! 我自属于永恒轮回的因果律。"(同上)

施特劳斯：你们看，这就是我之前提到的那个观点：凭借永恒复返，条件不再成为条件，相反，永恒复返成为一切事物的条件，这将变得可能。

我们现在需要尽力理解这一点。当我们观察万物的起源时，我们提到了进化，以及人在特定时刻凭借原因发现的其他事物，这些原因是自然科学试图发现的。然而，在人出现之后，人试图确定自己在世界中的位置，但人以极为不同的方式来实现这一目标。我谈到文化对这个世界的解释，我们在此比较一下客观知识——如自然科学、社会科学——与对世界的主观解释。我们举非洲某个部落的例子，这个部落对世界有一种特殊的理解，当然这种理解是错误的。我们对世界的理解更好：因为我们拥有科学，并且我们是从外部看待这些部落，我们像看待蚂蚁、鼹鼠或随便其他什么动物那样来分析他们的生活方式、他们的思想方式。这非常简单，我认为这就是普遍的科学方法。

但是当这种科学方法自身成问题时，一个巨大的困难出现了。我们假设，这种科学方法自身有一个困难，对这种方法的批判就会贯彻到底。正如我们某种程度上看到的，这种批判导致的结果就是，这种科学方法本身不过是一种世界观，并不必然比任何之前的世界观更真实。我在别的地方讨论过，为何这个反驳不仅仅是一个反驳，为何这个反驳必然变成科学的前提假设。非常简单：科学本身不也是一种人类现象吗？科学本身不可能凭空存在。科学难道不是人的历史进程的一部分？因此，既然科学属于历史的一部分，科学自身不就可以将其理解为历史的产物？如果严肃地对待这一观点，就意味着科学世界观是一类特殊人群的神话，在根本方面与别的神话毫无差异。当然，依据它自身的真理或确定性标准，这种神话要比其他神话更好、更优越，[220]但问题在于这些真理和确定性的标准是否真的正确。这种观点由于斯宾格勒的《西方的没落》已经广为流行，这部名著在很多方面影响了当今的思想。

若是接受这一观点，事物如何显现？意义的源泉是什么？每一种意义的源泉只能是个人的世界观、某个非洲部落的世界观、西方人的世界观，或无论什么理论，并且认为总是有一个这样的社会在某个阶段会认同个人之间的差异。例如,尼采的世界观不同于霍布斯的世界观。……那么每一种意义的终极源泉是什么?这一源泉只能是关于诸世界观的终极原则:用尼采的话来说就是思想家最根本的意志或你们可以接受的社会蓝图。但是显而易见的是,从常识角度讲,任何此类世界观、任何社会规划都不可能是意义的源泉。某种程度上,此类世界观和社会蓝图受种种条件限制,并且我们无法忽略这一事实。这就是尼采的构想。这如何可能?尼采必须首先处理下面这个问题:在确定每种解释皆是主观解释的前提下,如何确定其中一种主观解释要比其他解释更优越?说得简单些:尼采提出了这个谜的解决方法,即指引这一构想的精神是权力意志。

为何尼采的这种解决方案要比别的关于人的全面学说更好、更优越?我们已经相当详细地讨论过这个问题。尼采试图找到解决这个问题的方法。但让我们假设,尼采已经表明了终极解决方案的可能性,即权力意志。权力意志学说、这种关于解释的方案是真正的意义的源泉,并且明显受条件的限制。尼采受种种传统的限制,受他身体的限制。这种意义的源泉——在这一意义上它是终极条件——如何能够成为自身条件的条件?这个问题在字面上被永恒复返解决。扎拉图斯特拉自身属于永恒轮回的因果律,且只属于这种因果律。

接下来,我就卷三余下的部分补充一点解释。下一次课程我将讨论卷四一个非常普遍的理论。从主题上讲,卷四有两个部分,并且卷四的主题并不是很有趣,因为卷四的结尾发展了整全的神秘面貌。卷四表明扎拉图斯特拉如何影响他的时代最优秀的人——在超人到来之前的人。另外,[221]关于科学有一些特殊的评论,这一点我们后面会讨论。下面我就卷三的结尾稍作解释。这是非常难理解的几章。

扎拉图斯特拉的永恒复返学说以及他的整个学说,是他自己的一种创造,同时也是整全的一种神秘面貌、生命的一种神秘面貌。这导致下面这个问题:扎拉图斯特拉的自己与生命的关系是什么?自己也可以用一个古老的词来说,就是灵魂。问题首先在于扎拉图斯特拉和他的灵魂,这是"论伟大的渴望"这篇演讲的主题,接下来扎拉图斯特拉和生命是最后两篇演讲的主题。我要稍微评论一下这几篇演讲。

灵魂这个词在德语、希腊语和拉丁语中都是阴性,让人自然而然考虑到一个女人的灵魂,也就是说是使事物充满生气的东西。尼采明确的用女人来象征生命,在卷三最后一篇演讲"七个印章"中,永恒明确被称为一个女人。这是尼采用来暗示这个问题的象征手法:灵魂、生命、永恒是女性、是阴性的,与权力意志形成了强烈对比,而权力意志是男性原则。

尼采谈论的伟大的渴望是对永恒复返的渴望。扎拉图斯特拉对他自己的灵魂讲话,如你们在之前的演讲中看到的,严格意义上扎拉图斯特拉与自己灵魂的对话不可用语言表达;因此,在本来的意义上也不容易解释。我们现在读一下"论伟大的渴望"的开头。

朗读者[读文本]:

哦,我的灵魂呀,如同我教你说"曾经"和"从前"一样,我也教你说"今天",教你跳超越一切此地、彼地和远处的轮舞。

哦,我的灵魂呀,我把你从一切角落拯救出来,掸掉你身上的尘土、蜘蛛和昏暗之光。

哦,我的灵魂呀,我洗刷掉你身上的小耻辱和边角的道德,说服你赤身裸体立于太阳的明眸之前。("论伟大的渴望",页365)

施特劳斯:"哦,我的灵魂呀"这个表达式贯穿了整篇演讲。扎拉图斯特拉是他灵魂的教师,是他灵魂的拯救者,这意味着他超越了他的灵魂、成为了他灵魂的主人、高于他的灵魂。然而,在下一篇演讲论及扎拉图斯特拉与生命的关系时,这种情形反转了过来。扎拉图斯特拉跟随生命,也不是生命的主人。

我想对我们目前的目的以及此刻任何其他目的来说非常重要的是,我们应该以一种更为普遍的方式陈述这个问题。我在政治哲学的范围之内陈述这个问题。[222]在原初意义上,政治哲学关涉作为完美政制之基础的自然秩序。因此,政治哲学关涉政治社会的完美政制的自然秩序。这并不必然意味着,完美政制会具有普遍的适用性。这是非常次要的问题,也许政治共同体的完美政制并不总是可能的,只有在某些特定的条件下才可能。

在这个方面,在柏拉图、亚里士多德和现代理性主义之间有一个非常重要的差异。因为,现代理性主义试图实现一种普遍适用的社会秩序,但柏拉图和亚里士多德从未如此希求过。现代理性主义和古典政治哲学同等地与普遍相关,这也意味着那些独特的教师,如柏拉图作为一个个体,丝毫不重要,是一个偶然。严格来说,下面这一点也毫不重要:古典政治哲学是一位希腊人思考的结果。希腊人比其他民族在哲学上更为幸运,这与他们的哲学的主旨毫无干系。

这整个概念基于普遍与个体的根本区分。普遍曾经是权威。这就是为何哲学被认为优于诗歌、甚至优于历史的原因。在普遍和特殊之间、在普遍的概念和特殊的概念之间不大可能有一种断裂。举一个简单的例子来表明我关于普遍的首要性的意思:人之普遍的权利要比英国人的权利具有更高的位置。由于英国人赞同人之普遍的权利,所以英国人的权利就会受到尊重。这种趋向直到 18 世纪才在所有政治哲人中间流行开来。这种趋向的反转首先出现在对在法国大革命的反应中。对这种趋向的反对在历史上一直处于隐秘状态,直到法国大革命才变得公开。

我给你们读两句伯克(Edmund Burke)的话,伯克是反对法国大革命的领袖。"我们的政制",即英国的政制,是一种"从传统而来的政制"(prescriptive constitution)。"从传统而来"这个词的意思是英国政制的有效性归功于下面这个事实:英国政制在数百年里一直受到肯定。"我们政制的独有的权威在于它在我们的思想中已经根深蒂固。"英国的政制宣称且维护了英国人的自由,"这种自由尤其属于大不列颠王国的子民,与任何别的普遍的或优越的权利无关"。①

---

① 第一句引文源于伯克的《在议会关于共同代表权的演说》(*Speech on the Representation of the Commons in Parliament*),第一句引文源于《论法国大革命》(*Reflections on the French Revolution*),施特劳斯在《自然权利与历史》319 页也引用了这两句。关于这两句引文的文本位置,见《伯克全集》(*The Works of the Right Honourable Edmund Burke*),London:Bohn's British Classics,1885,卷六,页 146;卷二,页 306。

[223]在暴力政治斗争最激烈的时候,伯克的这些说法在19世纪具有强大的影响……让我们仅限于基本原则。如果从字面上接受伯克的说法,并依照这一说法行动,径直就指向了对立面:个别的首要性不在于个体的人而是在于个别社会的首要性,尤其是历史上的个别社会。普遍性是衍生性的。这个结论非常通俗,但是我们一般不会反思这些最基本的原则。柏拉图表达了一种希腊性,所以最根本的现象是希腊性,我们不得不使用一个恰切的名词来命名它这一事实就表明,希腊性是一种个别现象。希腊性是最根本的事实。柏拉图学说的普遍性在普遍性这个术语的意义上是衍生性的。

尼采的哲学是关于这一事实仅有的独特表述。尼采会说,柏拉图的哲学是最深刻、最独特的规划。要是宣称柏拉图的哲学就是对真理的呈现,就不可能理解柏拉图的哲学。我们之前频繁地讨论过这一点。困难可以简单地表述如下,我又回到了之前我给出的观点上:所有的人类思想皆是如此。这一断言产生了一个无法解决的困难。你们应该记得我的问题:如果我们有种种世界观,不管你们如何称呼这些世界观理念,它们都与一种特定的历史现象相关,这些世界观理念要么是一种文化、要么是一种文明,或要么属于一个民族或要么属于个体,总之可以用恰当的名称描述它们,我指的是任何价值体系,或者范畴体系,与历史处境密切相关。

这一关于诸世界观的整体观念及其推论,这整个推论过程都与相对性无关。我们最终被迫以普遍的术语做出断言,这个断言按照历史这个术语的首要意义不再是可理解的。这是19世纪和20世纪都不得不应对的问题。我们在其他地方谈到过这个问题的解决方式,亦即这个问题只能通过达到一个绝对时刻才能解决,因为每一种学说都与独特的历史处境相关,因此存在一种与绝对时刻相关的学说,这是黑格尔的解决办法。根本上讲,这也是马克思和尼采的解决办法。下面是另外一种解决办法(这不是尼采的解决办法):如果所有思想本质上都依赖于语言且与语言不可分割,且语言必然是一种个体的语言,是否能达到普遍本身?[224]普遍性通过个体、通过个体独特的语言能否被理解、被接近?

依照政治哲学原初的概念,政治哲学与哲学的原初概念紧密相关,并且哲学被理解为最全面的知识,这种知识与什么是永恒相关。同时,什么是永恒原则上总是同等地可理解。古典观点认为,永恒的秩序不是偶然地可理解,而是本质上就可理解。现代的观点与之相反:永恒秩序不可理解。如尼采说的,永恒秩序即便不是不可能,它也是猜想。作为最全面的思想的哲学仅仅与人的知识相关,而不是与现实相关。但是,人的知识必须被构想为是不断发展的,因为人的知识不断变化,例如今天的科学分析认为,在未来会有令人惊奇的变化发生。

换句话说,现代的结果——尤其是我们的时代,支持这样一种可能性。最全面的知识是一种对知识的分析,例如科学的分析,最全面的知识认为,最高的知识——科学知识,是不断变化的。我们相信,我们能在不断变化的视域这种概念之下生活,我们都是彻底的暂时存在者(provisionalist),直到遥远的未来都是如此。当然也不全是这样,对变化无常的视域的意识被理解为生生不息、不断变化。一切都在变化。没有任何人认为会有一种对科学方法的合理反驳。当人们再次变得迷信时,这种科学也可能瓦解。总之,这种科学在未来明显会衰败。对我们今天所理解的科学方法的合理反驳是不可能的。在这种意义上,不断变化或对不断变化的意识被理解为是不变的。

人无法忽视历史,无法忽视历史进程的首要性。尼采的全部哲学都是在尝试解决这个困难,并试图通过他的假设给出唯一的解决方法,即历史变化最深层的原因是权力意志,必须将自身转化成对变化的接受。以这种非常奇怪的方式,尼采试图恢复某些前现代的观点。[225]但尼采知道,只有将权力意志转变为对所有变化的接受,才能解决历史不断变化这个断言所导致的困难。因此,不是纯粹的沉思,而是创造性的沉思才能解决这个困难。

现在大家对这一点简短讨论一下。

学生:……(所提问题听不清)

施特劳斯:我试着陈述如下。如果你接受早期的观点……(听不清)

学生:……(听不清)

施特劳斯：这是不真实的……他们以尼采的方式回应虚无主义者。我不认为这有什么帮助。我认为，能以一种简单的方式表达如下：尼采表达的这种学说，或尼采的作为一个整体的学说都基于科学——一方面基于自然科学和历史科学，你们知道如进化论、历史进步之类的理论，另一方面基于我们称之为的神秘的面貌……人类的未来完全拒绝科学的支持，他们的整个学说都基于一种独特的神秘面貌。如此，巨大的困难就消失了。如此尼采学说会显得更为清晰，代价却是晦涩难解。

学生：……（所提问题听不清）

施特劳斯：是的，这就是要点。一种复杂的理念不过是遮蔽了虚无主义处境……（听不清）

学生：……（听不清）

施特劳斯：……（听不清）

学生：我们前面讨论的末人与超人之间的关系似乎有一个问题。末人是坏的，因为末人对一切心满意足，末人不怀疑什么，也不质疑什么，也没有进取之心。末人对什么都感到心满意足。然而尼采的超人，从终极意义上讲与末人有同样的特征。超人也不再怀疑与质疑。超人用伟大的肯定超越了智慧，正如扎拉图斯特拉在最后一节中静静地坐着和肯定（affirm）。我好奇的是，明显存在一种更高层次的肯定，一种更高的满足。那么，在超人和末人之间真的有差异吗？貌似超人和末人都生活在一个完美的世界中——他们都满足于自己所在的世界。

施特劳斯：超人与末人是否真的没有差异？——在否定过程的终点进行肯定与超越行动、超越自我之间没有程度的差异吗？

[226]学生：确实是有一种差异。但是为何我们希望否认在这个时刻不再有否定，不再有超越？为什么不应该将其视作一个持续的过程？——这个过程与追求静静地坐下来享受自由或幸福的状态完全不同。

施特劳斯：……末人与永恒复返毫无关系。尼采分享了整个宗教和哲学传统对永恒的关切，对尼采来说，永恒就是动物般的人、末人（末人像猪）与包括超人在内的真正的人之间的差异。对尼采来说，永恒只能存在于人成为超人的过程中。

学生：尼采意欲的并不是超人，他真正意欲的是成为超人的过程，我指的是一种朝向更高之人的永恒过程。他不意欲任何已经存在的人之状态，而是意欲成为更高之人的那个过程。

施特劳斯：当然，这是必然的。我认为比朝向超人更全面的方式是永恒复返。问题在于，为了回答你的问题，必须区分不同的步骤。首先，你的问题是，难道没有一种无限的过程？我认为，你的问题暗示的是这一点。一种无限的过程意味着无限的相对性，除非你们拥有目标或超越过程的理想。思考这一点是不可能的，因为关于无限进步的任何方案，只要它是这样一种方案，它就是终结。因此，在决定性方面，进程的终点是可以实现的。

从现代观点来看，终点是不可实现的，然而所有现代观点都确定会有一个高峰出现，换句话说，马克思认为存在一个历史时刻，可以从必然王国跳跃到自由王国，但这是一个完全得不到任何支持的论断。决定性的观点是，人类历史的整体特征直到从必然王国到自由王国的跳跃时刻才会显现出来。然而从严格意义上的后革命时刻来说，马克思的观点是不可能的。某种程度上，马克思的整个学说都不确定。我提醒你们注意那些不同于俄国的马克思主义者，如卢卡奇（George Lukacs），他用德语写作。卢卡奇试图在韦伯的影响下运用马克思主义。[227]卢卡奇试图运用韦伯的宗教社会学的著名方案，这看起来貌似合理。但卢卡奇的学说绝非马克思主义的学说。卢卡奇曾经说，我希望我的马克思主义学说是迄今为止最好的学说，而不是曾经最好的学说。①

这在实践上意味着什么？举个简单的例子。法国大革命的理论家是 18 世纪最进步的思想者。现在我们知道他们都是错的。但那个时候，他们是人们所拥有的最好的理论家。将这个例子用在马克思主义上：马克思主义是现在最好的学说，但 100 年后它也许会显示出种种缺

---

① 施特劳斯在《相对主义》一文中也陈述了这一点，见《古典政治理性主义的重生》，前揭，页 19-20。

陷。从一种实践的视角来看马克思主义,这种学说让我们经受了无限
的痛苦且犯下了残暴的恶行。回顾马克思主义运动的过程时,马克思
主义看起来就有很多缺陷。因此,马克思主义学说要么是终极真理,要
么不是。

你们能在次要的事情上取得无限的进步。例如,你们能够在机械
或技术方面取得无限的进步。但这不是问题所在。我们所预设的最全
面的知识,如果我们极度审慎的话,我们所有人都宣称认可这种知识,
我们当然也都拥有意见,在这个方面我们会时刻怀疑这种知识。这是
不可避免的。能够避免这一点唯一的方式不是通过现代思想,而是通
过苏格拉底和柏拉图。但这是一个很长的故事。

学生:您前面说,前现代观点的前提是自然是好的,如果我们能表
明某事物是自然的,那么此事物就是好的,但现代对此的反对使我们不
再能确定这一点,因为自然……在我看来,尼采的永恒复返学说是为了
表明,尽管某种意义上永恒复返指整全的一种神秘面貌,另一方面是指
自然难以回避……既然尼采接受了现代观点的前提,那么尼采不是必
然要肯定现代观点吗?但即便永恒复返是真理,也不意味着永恒复返
是好的。或许尼采会承认这一点,但我不确定。

[228]施特劳斯:尼采以他自己的方式回到了自然是好的这一断
言。当尼采说大地是整全的一半时,他是什么意思?……他从历史主
义开始,并且意识到了历史主义巨大的困境及其虚无主义后果,他尝试
超越历史主义并返回到自然,与此同时避免……

学生:回到致命真理、真实的和普遍的表述上来,它们不同于虚无
主义式的、尼采的否定性表述:是否任何关于客观性的宣称都不必然涉
及创造和制作?——例如,永恒复返学说——这一致命真理必须被创
造性的解释。

施特劳斯:……(听不清)

学生:那么这就是标准?或者他如何能说创造性解释是真实的,
而不是说虚无主义式的解释是真实的?我的意思是,尼采不得不给出
一种真实的表述。那么,他的标准是什么?

施特劳斯:你必须看到这个问题有各种层面,我试着给出一

种……"神秘的面貌"当然意味着对某些事情的真实经历,如果与真实的经历毫不相关,某人就可以说他毫不关心神秘面貌与真理的关系,毫不关心如何理解科学或科学家……

下次课程我将讨论《扎拉图斯特拉如是说》的卷四,我将只处理与科学相关的部分,这部分也是我们最关心的部分,然后你们可以进行最后一次讨论。

第十四章　复兴神圣的和终极的问题

——《扎拉图斯特拉如是说》,卷四

[229] 施特劳斯：我首先给出卷四的简要概述,然后我会再次总结《扎拉图斯特拉如是说》的整个论证,之后我们会进行讨论。

某种程度上,卷四是突降,是一种缓和。尼采的整个主旨——扎拉图斯特拉的教诲在前三卷已经完成,在卷四中尼采计划回到扎拉图斯特拉的问题以及当时的人身上。尼采在等待鱼儿上钩,等待人类变成鱼,等待那些还没有被征服的人,等待那些依然有可能超越的人。卷四中总共出现了九组人。第一位是卷四第二篇演讲中的预言者,他向扎拉图斯特拉哭喊更高之人、超人的不幸。紧接着预言者之后来到扎拉图斯特拉的洞穴的是两位国王,这两位国王对现代生活极端不满,他们也在寻求更高之人。

在第四篇演讲"水蛭"中,我们独特的问题出现了。首先我们读一下 407 页第 4 段以下。

朗读者[读文本]：

"我是精神的良知者,"被问的人答道:"对待精神方面的种种事务,除了我师从的扎拉图斯特拉,不容易有人比我更严谨、更紧密、更坚强。

与其对许多事情半知半解,还不如什么都不知道! 与其做一个拾人牙慧的智慧者,还不如做个独当一面的傻瓜,我——寻探根基：

这个根基或大或小，有什么关系？叫它泥淖还是天堂，有什么关系？一个巴掌大的根基对我就足够了：只要是真正的根基和土壤！

——巴掌大的根基：人就可以在上面立足。真正的知识良知之中，原来没有大事小事之分。"

[230]"这么说来，你也许是了解水蛭的行家了？"扎拉图斯特拉问，"你对水蛭做过寻探根基的研究了吧，你这有良知的人呀？"

"哦，扎拉图斯特拉，"被践踏的人答道，"那或许是个妖怪，我岂敢下去探究！

我是探究这种东西的大师和行家，即水蛭的大脑：——这便是我的世界！

这也是一个世界啊！恕我骄矜，在此领域尚无人与我比肩，所以我说'这里是我家'。

我研究水蛭的大脑，已经历多少时日，于是滑腻的真理不再从我的身边滑过！这里是我的王国！

——所以我抛弃了其余一切，其余一切对我都无关紧要；我的知识旁边，就是我那黑色的无知。"（"水蛭"）

施特劳斯：我们前面听说过这种精神的良知者。你们会认识到这一点。换句话说，这位被践踏的人就是自己的水蛭，正是因此这篇演讲才被称为"水蛭"。在尼采看来，在科学这个术语的最高意义上，水蛭意指追求科学的人。追求科学的人完全投身于真理和科学真理，他们完全出于真理自身的缘故追求真理，同时真理除了是真理、是丑陋的真理外，毫无吸引力和益处。追求真理的动力是理智的诚实。如尼采在其他地方说过的，某种程度上这种最高之人对19世纪的人来说是可能实现的。这种对科学的追求缺乏整体的视野、缺乏对整全的洞见，这种追求作为一种伟大的献身，不是一种特殊的献身，而是献出一切情感、献出心灵。

下述观点是一种古老的理论观念：对于选择献身于科学的人来说，

不管关于整全的知识多么令人沮丧,他们都不再质疑关于整全的知识。一般而言,哲学传统由一种唯心论传统构成,这个传统的教诲显然极富教育意义。还有另外一种反唯心论的传统,即古典的唯物论传统,这种传统对于教育显然无益,但这个传统将自身呈现为有益的:它将人从对迷信的恐惧中解放出来。

这个传统就是伊壁鸠鲁的传统。关于这一传统最伟大的文献是卢克莱修的诗作《物性论》。如果有人细致地阅读过卢克莱修,就会发现从恐惧中解脱出来的允诺不过是一种暂时的安慰。在某个方面,这一要求与 19 世纪对理智的诚实的要求形成了鲜明的对比。人必须懂得唯一真实的自由就在于看到真理本身也不可靠。但是,这与我们所爱恋的、对永恒的渴望毫无关系。[231]永恒之物是混沌和虚空,卢克莱修在其诗作开头就呈现了自然令人愉悦的一面:生成、爱欲。卢克莱修在其诗作开头就直奔维纳斯(Venus)这个主题。《物性论》的结尾是对瘟疫的描述:自然极端令人恐怖的一面。读者研读《物性论》之后得到的教诲是:要接受瘟疫和自然所有的恐怖,甚至是比雅典瘟疫更大的瘟疫,还有永恒的混沌和虚空。

但是尼采在此处描述的 19 世纪的科学意义,比起卢克莱修的诗作来说,更少科学的意味。19 世纪的科学毫无对整全的洞见。水蛭的大脑就是扎拉图斯特拉践踏之人的世界,他知道有关水蛭的一切。他是探究水蛭大脑的大师和行家,能够信手写下关于这个主题的任何著作,在这个领域无人能及。然而荒谬之处在于:这恰恰是 19 世纪科学研究的本质,总体而言确定性是不可能的。他拥有一个知识的小岛,其周围是黑色的无知。但是,这周围的黑色无知必定会影响他在知识小岛上的生活。这意味着,在这种献身中包含追求真理这种伟大的英雄主义。

当然,一个人某种程度上会从不同的角度看待这个问题,也可能肤浅地看待。我不知道你们是否记得刘易斯(Sinclair Lewis)的长篇小说《阿罗史密斯》(Arrowsmith),①在现代文学中,他是少有的将科学家呈

---

① [译注] Sinclair Lewis(1885-1951),美国第一位诺贝尔文学奖获得者(1930 年度)。《阿罗史密斯》是刘易斯的名著,施特劳斯接下来关于医生的评论正是对这部小说主人公的评论,小说主人公阿罗史密斯是一位医生。

现为成问题的人的作家。此外,你们知道真正的专家,例如一名医生完全让自己限于他所关注的问题,毫不在意不相关的事物。他的整个生命——尤其是他与女性的关系、与其他人的关系会深刻影响他的进步,这个人的生命完全献身于对真理的追求,这个人的生命也不再有人的意义。这个人必定是孤独的。

接下来我们回到科学的问题上来。尼采在这部分会再次关注这个主题。我们现在读"魔法师",这位魔法师将自己伪装成宗教性的。换句话说,与理智诚实之人相反,魔法师伪称遭受了上帝对他野蛮且残忍的打击。魔法师的痛苦在于,他不仅接受启迪性的、令人愉悦的、有救赎能力的知识,而且意识到宗教的恐怖;他向宗教的恐怖敞开心扉。魔法师强调了一个非常悠久的问题。我们读 417 页倒数第 2 段以下。

[232]朗读者[读文本]:

"哦,扎拉图斯特拉,我对此已感到厌倦,我的艺术令我恶心,我不伟大,我还假装什么呢! 可是,你也知道——我也寻求伟大者!

我想扮演一个伟大的人,并劝大多数人相信:可是撒这样的谎言,又是我力不能及。我为此而破碎。

哦,扎拉图斯特拉,我这里一切皆是谎言;但,我破碎了——我的破碎是真的啊!"

"这令你光荣,"扎拉图斯特拉黯然低语,一面朝旁侧俯视,"你寻求伟大,这是你的光荣,但也暴露了你自己。你并不伟大。

你这个恶劣的老魔法师,你对自己感到厌倦,并且说出:'我并不伟大',这便是你身上最美妙、最诚实的东西,也正是我对你的敬重所在。"("魔法师",页 417-418)

施特劳斯:换句话说,水蛭所扮演的角色就是魔法师所伪装的假宗教。魔法师丧失了自己的天真,并希望成为一个宗教人。尼采在他的作品中就这个问题讨论过瓦格纳。下一篇演讲中的更高之人是末代教皇。在"逊位"中,末代教皇寻找扎拉图斯特拉,寻找这位所有不信上帝者中最虔敬者。随后的演讲是"最丑陋的人",最丑陋的人是上帝的谋杀者。最丑陋者不害怕惩罚,而是害怕同情和怜悯,这种对同情和怜悯的恐惧是他犯下可怕罪行的动机。我们读一下 430 页第 2 段以下。

朗读者[读文本]:

你从身旁经过,默默无语;我看得真切,你脸红了:我因此认出你是扎拉图斯特拉。

任何其他人只是以目光和话语抛给我他的施舍和他的同情。然而对此——我当个乞丐还不够消受呢,这,你已猜出来了——

——对此,我过于丰富,在伟大、可怕、丑陋和不可言说诸方面过于丰富!哦,扎拉图斯特拉,你的羞惭使我荣幸!

我破费周折,才从同情的逼迫中走出——找到当今唯一如此教诲的人,"同情是强加于人的"——就是你啊,哦,扎拉图斯特拉!

——不管是一尊神还是人类的同情;同情总与羞愧抵牾。不愿帮忙比之于快步上前帮忙,其道德可能更高尚。("最丑陋的人",页 430)

施特劳斯:再读 432 页第 4 段以下。

[233]**朗读者**[读文本]:

可是他——必定死去:他用察看一切的眼睛看着——看着人类的深渊和根基,所有隐藏的耻辱和丑陋。

他的同情不知羞耻:他潜入我那最肮脏的角落。这个最好奇的、过于强求的、过于同情的人必定死去。

他总是看着我,我要对这个见证人进行报复——要不,我自己不再活着。

上帝看着一切,页看着人类:这个上帝必定死去！这样一个见证人活着,人类岂能忍受。(同上,页432)

施特劳斯:也可以按如下的方式陈述这种思想。如果仅有有一种完美的存在者,人必然就是不完美的,人在上帝面前赤裸裸地展现为不完美。人在上帝面前不可能骄傲。人这种存在不可能是内在的(inner)。这便是人反叛上帝的问题所在。这就是最丑陋之人的反叛行为,因为他的反叛是一种复仇行为,但是复仇贬低了他的反叛行为。但是依据尼采的看法,扎拉图斯特拉不是最丑陋的人,因为上帝自身就是一种复仇精神的结果,最丑陋之人的行为是对复仇精神的复仇。因此,最丑陋之人是扎拉图斯特拉教诲的一种不完美形式。

下一位更高之人是位自愿的乞丐。自愿的乞丐将母牛呈现为现代人的楷模。你们或许记得"论道德讲席"那篇演讲的开头,睡眠被展示为道德的目标,因此以一种隐晦的方式提及了母牛。"自愿的乞丐"这篇演讲是对扎拉图斯特拉返回自然的一种拙劣模仿,但对扎拉图斯特拉来说,母牛的位置被鹰和蛇取代。接着我们读到的是"影子"这篇演讲,影子意指扎拉图斯特拉的影子,即虚无主义者。我们读 ·下444页第1段以下。

朗读者[读文本]:

"没有什么真实,一切皆可":我对自己这样说。我把我的头和内心投入最冰冷的水中。唉,我如何常常裸立,仿佛只赤蟹！

唉,一切善、一切羞愧和一切对善人的信仰都跑到哪里去了！唉,我曾经拥有的种种虚伪的无辜,那善人及其高贵谎言的无辜到哪里去了！

真的,我太频繁地紧跟真理之脚:这时它用脚踢我的头。有时我想撒谎,瞧！这时我才遇到真理！

我明白的东西实在太多:现在这些已与我无关了。我爱的东西不复存活——我何必还要爱自己？

"我有兴趣就活着，要么干脆不活。"我希望这样，至圣者也希望这样。可是，唉，我怎么还会有——兴趣呢？

我还有———一个目标吗？还有一个港湾作我的帆船的目的地吗？

一阵好风吗？唉，只有知道驶向何方的人，才知道什么风好，是他的行船之风。

我还剩下什么呢？一颗疲惫而放肆的心；一种不安定的意志，噗噗振动的羽翼；一根折断的脊梁骨。

寻觅我的家乡：哦，扎拉图斯特拉，你知道，这寻觅便是我的不幸，它吞噬了我呀。

我的家乡——在何处？我打探，寻觅，寻觅，但遍寻无着。哦，永恒的每一处，哦，永恒的无处，哦，永恒的——徒劳！（"影子"，页444）

施特劳斯："影子"这篇演讲和下一篇"正午"是卷四的核心部分。"正午"这篇演讲紧跟着论虚无主义的部分，如你们看到的，对正午的讨论某种程度上也是在描述解决虚无主义的办法。[234]在正午时刻扎拉图斯特拉几乎要睡着了，因为世界在正午时刻变得至善至美。一种奇怪的宁静在正午时刻绵延。没有什么行动能超越意志的行动……也就是说，他坚持否定世界在正午时刻变得至善至美。他的意志不是被导向日常所谓的每一天的正午，尤其是每个夏天的正午，而是导向未来的伟大正午。这与下一篇演讲"欢迎"是一致的。

扎拉图斯特拉在他开始将世界看作至善至美的时刻，再次听到不幸者的哭声、更高之人的哭声。这一次哭声来自于扎拉图斯特拉的洞穴。这种哭声是扎拉图斯特拉全部客人的共同哭声，是这些更高之人的哭声。扎拉图斯特拉告诉他们，他正在等待比他们更高的人到来。扎拉图斯特拉洞穴中的这些高贵之人在这个时刻不是通向超人的桥梁。

紧接着就是"晚餐"这篇演讲，我们读一下461页第2段以下。

朗读者［读文本］：

"愉快起来吧，"扎拉图斯特拉回答他："正像我一样。保留自己的习俗吧，你这位卓越之士！嚼你的谷粒、喝你的水、赞美你的食物：只要它们给你带来快乐！

我，只是我同一类人的法律，我不是所有人的法律。但谁要从属于我，谁就必须骨骼强健，步履轻盈，——

——乐于战斗和节庆，不做忧伤的人，不为梦幻的凡夫，随时为最艰难之事儿准备，如同准备节庆，健康而完整。

最好的事属于我的同类和我，倘若人们不给我们，我们就夺取：最好的食物、最纯净的天空、最强劲的思想、最美的女人！"——（"晚餐"，页461）

施特劳斯：这会引发一个特殊的难题。你们还记得我们前面读到过的一个段落：道路不存在。在"论沉重的精神"这篇演讲的结尾扎拉图斯特拉说：

"这——就是我的道路——你们的道路何在？"这就是我对那些向我"问路"之人的回答。因为这路——它并不存在！（"论沉重的精神"，页325）

在"晚餐"这篇演讲中有一个不同的表述。扎拉图斯特拉不仅爱自己，而且爱他的同类。不过，他并不爱所有人。这一点应该与《扎拉图斯特拉如是说》这部作品的副标题联系起来思考：一本为所有人又不为任何人所写之书。扎拉图斯特拉并不爱所有人。但如何能认识到这一点？扎拉图斯特拉如何只是爱某类人，同时又爱所有人？我们该如何协调这一矛盾？

学生：……（听不清）

施特劳斯：是的，如果扎拉图斯特拉只是爱某类人，我们何以能说这种爱同时也是对所有人的爱？

[235]学生：……(听不清)

施特劳斯：是的，但尼采说，《扎拉图斯特拉如是说》某种程度上又面向所有人。那些不属于扎拉图斯特拉、无法接受他的爱的人，扎拉图斯特拉也给出了他们应该如何生活的建议。某些情形中，他给出的建议是自杀：这是为某些人给出的极端建议。

接下来的演讲"论更高的人们"是扎拉图斯特拉在晚餐中间的"席间漫谈"。但我们没有时间讨论这篇演讲。紧接着"论更高的人们"的三篇演讲对我们尤其重要："忧郁之歌"、"论科学"、"在荒漠的女儿们中间"。这三篇演讲构成了一个整体，"论科学"是核心。某种程度上，科学是核心问题，是扎拉图斯特拉的问题。

现在，我只提及最重要的几点。扎拉图斯特拉对他洞穴中的更高之人不满意。他从洞穴中逃到了外面，呼吸新鲜的空气。在扎拉图斯特拉离开的这段时间，年迈的魔法师唱起了他的忧郁之歌。这首忧郁之歌透露出一种彻底的绝望，并且出现了下面这一惯用表达。

朗读者[读文本]：

"你？真理的追求者吗？"——他们这样讽刺——
"不！只是个诗人罢了！"("忧郁之歌"，页480)

施特劳斯：再读483页中间以下。

朗读者[读文本]：

我也曾这样沉落，
从我的真理幻想中、
从我的白昼渴望中，
厌倦白昼，因光致病，
——向下沉落，向夜晚，向黑暗：
被一种真理

燃烧而感焦渴：

——你还记得么，你还记得么，热烈的心？

你曾多么渴望？——

但愿我遭放逐，

离开所有的真理

只是个傻瓜！

只是个诗人！（"忧郁之歌"，页483）

施特劳斯：对我们来说并不难理解何以如此，也容易理解为何某人能将此归于扎拉图斯特拉或尼采。你们想想客观真理和主观真理的问题——主观真理是受条件限制的真理——某种程度上主观真理与推理永远分离开来，因此只有……[236]这篇演讲是在扎拉图斯特拉不在时进行的。这位虚伪的、聪明的魔法师的忧郁之歌讨论了追求科学的人，即讨论了那位精神的良知者。但是，当精神的良知者在快要阐述完他的观点时，扎拉图斯特拉回到山洞，并回答了精神的良知者。精神的良知者是唯一一位完全没有被魔法师的歌唱感动的人，也就是说，被瓦格纳的歌唱感动的人，但你们也可以用别的与魔法师类似的人物来取代瓦格纳。

精神的良知者如何谈论他的科学：你们应该记得"水蛭"那篇演讲。你们知道，专家的大脑是排外的，只遵从理智的诚实这一原则，从而忽略了一切可能的希望和有益的教诲。"论科学"这篇演讲以一种不同的视角再次呈现了这个问题。

朗读者[读文本]：

"真的，在扎拉图斯特拉回家来到它的洞穴之前，我们在一起谈论和思考的都够多了，由此我知道：我们是有区别的。

你们和我，我们在这山上寻求不同的东西。我为寻求更多的安稳而来到扎拉图斯特拉身边。因为他依旧是最坚固的塔楼和意志——

——而现今一切都在摇晃,整个大地都在地震。可你们呢,我一看你们发出的目光,便几乎以为,你们寻求更多的不安稳。

——更多的恐惧、更多的危险和更多的地震。你们这些更高的人呀,我几乎以为,请原谅我的妄念吧,你们渴望——

——你们渴望最糟糕最危险的生活,这却是最令我恐惧的生活,你们渴望野兽的生活,渴望林莽、洞穴、陡峭的群山和使人迷途的深谷。

你们最称意的人,不是要把你们带出险境的向导,而是要把你们从一切道路上诱开的蛊惑者。但是,即使你们真有这些欲望,我还是认为这并不可能。("论科学",页485)

施特劳斯:你们能理解这一点吗?尽管看起来是真实的,对他来说却不可能。真实之物难道不是必然可能吗?尼采如何否定这种表面的荒谬?显而易见,尼采意指的不是逻辑上的不可能……

朗读者[读文本]:

因为恐惧——是人类原初的基本情感,所以从恐惧出发,可以解释一切,原初的罪恶和原初的道德。恐惧中也生出了我的道德,这便唤作:科学。

对猛兽的恐惧——这在人们的心中培育的最为久远,包括隐藏在自我身上并且十分可怕的野兽——扎拉图斯特拉称之为'内心的野兽'。

这种古老、长久的恐惧,最后精细起来,变成宗教,变为精神——我想,如今这便唤作:科学。"——("论科学",页485-486)

[237]**施特劳斯**:这是这位精神的良知者的视角,他认为科学是最私己的恐惧,不过科学不再恐惧野兽,而是恐惧理智的不确定性。科学的本质就是确定性,是对确定性、支持和控制的关注。这种科学似乎非常不同于我们原初所谓的由理智诚实的精神所激发的那种科学。这

种科学看起来是某种完全不同的东西。我们必须看看这一点是如何逐渐显现的。

现在我们看看扎拉图斯特拉的回答，从"良知者如是说"开始读。

朗读者[读文本]：

> 良知者如是说；扎拉图斯特拉刚回到山洞，听到并且猜出最后几句，便向良知者扔去一束玫瑰，并且因他的"真理"而发笑。"什么!"他嚷道，"我刚才听见什么了？真的，我觉得你就是个傻瓜，要不我就是：我要赶紧把你的'真理'颠倒过来，头颅朝下。
>
> 因为恐惧——是我们的一个例外情形。勇敢、冒险以及对不确定之物、对未曾尝试之物的兴趣——我以为，勇敢才是人的整个史前历史。
>
> 对于最狂野最勇猛的动物，他嫉妒并掠走它们所有的道德：这样他才能变为——人类。
>
> 这种勇敢最后精细起来，成为宗教，成为精神，这种带有鹰的翅膀和蛇的聪明的人类勇敢：我以为，当今它叫做——"（"论科学"，页486）

施特劳斯：你们看到，科学的本质是勇敢的精神、冒险的精神，与确定性毫不相干。扎拉图斯特拉没有给出答案，相反是参加晚宴的人们一起给出了答案：扎拉图斯特拉。扎拉图斯特拉取代了科学的位置。这意味着什么？科学是非个人性的，科学意在实现对所有人都有效的真理，意在实现普遍有效的真理。然而扎拉图斯特拉是一个个体。如果真理变成个体的化身从而区别于那种非个人性的科学，那么如何理解这种真理？然而，真理还不是完全个人性的……在真理最高意义上，这一晦涩的真理属于创造性沉思者这类个体，从而这种真理就是扎拉图斯特拉的真理，而不是真理本身。

扎拉图斯特拉想要再次离开山洞，但扎拉图斯特拉的影子，即虚无主义的化身——那位流浪者让他留了下来。下一篇演讲是"在荒漠的女儿们中间"。在魔法师歌唱他的忧郁之歌之时,扎拉图斯特拉在山洞外面。[238]精神的良知者演说时,扎拉图斯特拉在演说结尾部分回到山洞。在这篇虚无主义者的演说中,扎拉图斯特拉全程在场。这暗示了这三类人与扎拉图斯特拉的亲疏关系。我们不会读这篇演讲第二节的诗歌——如果它应该被称为一首诗的话,我们只读第二节开始的那行韵文。

朗读者[读文本]:

荒漠在扩张:心藏荒漠的是有祸的!("在荒漠的女儿们中间",页490)

施特劳斯:主题是战斗!荒漠的扩张意味着什么?尼采在此没有解释这一点,在别处也没有,但其意思到现在为止应该非常清楚。荒漠的扩张可能意味着什么?这令我很吃惊。毕竟,这是一首虚无主义者唱的歌。

学生:是这位虚无主义者的扩张。

施特劳斯:是的。这是虚无主义的扩张,是绝望的扩张,这种扩张伴随着某种幻想的扩张。人的毁灭正在逐渐扩张,但这种扩张只对那些严肃对待自己的人才是可怕的,对那些自满的人而言则不可怕。那些自满之人什么也不在意。这就是此处的主题。读493页中间往下的部分。

朗读者[读文本]:

我这个怀疑者却对此生
疑,由于我来
自欧洲,
它比所有年老的婚后妇人
疑心都重。

但愿上帝把这改正吧！

阿门！（同上，页493）

施特劳斯：再读495页底部以下。

朗读者［读文本］：

作为道德雄狮

在荒漠的女儿们面前咆哮吧！

——因为道德的咆哮，

你们，最可爱的少女们呀，

比所有欧洲人的热情和饥饿

［239］更重要！

而我站在这里，

作为欧洲人，

我不能做别的什么，上帝帮帮我吧！

阿门！（同上，页495-496）

施特劳斯：你们能看到最后一句所暗指的东西吗？

学生：……

施特劳斯：这两段有两处提到欧洲。欧洲是一块充斥着怀疑和道德义愤的大陆。这符合之前说过的。水蛭的理智诚实也是怀疑与道德义愤的混合体。道德主义者是诚实的。水蛭所怀疑的是对真理的高贵追求并不比别的追求更有吸引力。在"在荒漠的女儿们中间"这篇演讲中，这位失望的欧洲人置身于非洲的荒漠中，这块大陆没有怀疑、没有道德主义者。

这篇演讲的要点是，荒漠中有两位少女，这两位少女节没有道德义愤和怀疑。这两位少女穿着扇形的裙子，因此尼采描述了这两位少女的腿。但是，即便如此也难令人满意，因为有一条腿不见了。她是一位舞女，但是更切近的观察表明那条腿之所以消失，是因为她居住在荒漠中,一头雄狮将其吞噬了。换言之,这种能远离欧洲的疾病和欧洲的绝望的慰藉,仅仅由于一头狮子造成的不幸,也被取消。这位虚无主义者以一种绝望的精神呈现了他的绝望……荒漠的这两位女儿是对欧洲的讽刺,要想治愈欧洲的这些疾病,只能凭靠超人。

《扎拉图斯特拉如是说》至此绝不可能结束。接下来是"觉醒"和"驴节"两篇演讲。在扎拉图斯特拉离开洞穴后,所有更高之人将驴当作一位神来崇拜,当然他们也背离了自己的身份。这头驴的叫声说的是德文。驴的叫声在不同的语言中略有差异,在德语中是"y-ah",可以读成"Ja",意思是"是的"。所以,这头驴作为一位说"是"的动物,是对永恒复返"肯定"万物的一种喜剧式象征。

这就是《扎拉图斯特拉如是说》卷四的主要内容。我们这门课剩下的时间不多了,我认为就我们的目的而言,也没有必要再读后面的演讲。[240]现在,我首先就这门课给出整体的概述,然后我们进行讨论。

我在上次课上谈到了尼采与苏格拉底的关系,眼下我们只回忆一点。根本上,尼采对苏格拉底的反对扭转了苏格拉底的或柏拉图的如下观点:最高级的意识形式是精神对理念、对不变之物的感知。从苏格拉底到19世纪的整个理性主义都是在这一视域之内探究真理。尼采试图连根拔起苏格拉底式的理性主义及其一切形式,这意味着某种程度上回到前苏格拉底的哲学思想。前苏格拉底哲人是一大批先于苏格拉底的希腊哲人。这群希腊哲人中对尼采特别重要的是赫拉克利特。可以以一种简化的方式将尼采的学说陈述如下:为何尼采没有简单地接受赫拉克利特的教诲?……我们只能从残篇中了解赫拉克利特的思想。

但是,这不是尼采背离赫拉克利特的原因。我在之前的一个地方提到过这一点。尼采对赫拉克利特有两点保留:第一,赫拉克利特不信任感觉,但尼采说感觉不会欺骗我们;第二,赫拉克利特与其他希腊哲人一样不会历史地思考问题,他们缺乏历史意识。

综合一下这两点就是,赫拉克利特清晰地区分了真实世界和表象世界。表象世界是感觉可以感受到的世界,对表象世界的解释依照一种权威的意见,依照人创造的礼法、习俗来解释。与此相反,尼采断言表象世界——即必须凭借人的创造来解释的毫无价值的自然——就是真实的世界。尼采认为,真实的世界必须被废除。可以描述尼采的步骤如下:自然彻底被历史取代或至少被历史覆盖。这就是历史意识的含义。但尼采不能忘记自然,这就是尼采面临的巨大难题。

　　回到前面的表述。表象世界是必须通过人的创造来解释的毫无价值的自然,这一表象世界的才是真实的世界。由此出发才有了下面著名的表述:"要忠于大地",完全将大地、这个可以感觉到的世界作为自己的家园。除了人类这个世界之外,没有别的世界。这个我们所爱恋的世界、我们所栖居的世界会通向纯粹的虚无。人在追求自身的完满中经历到万物,[241]而不是通过认知或理解认识万物。万物就是创造性之人所经历到的东西。

　　接下来我要解释这一点,部分是重复我先前给出的评论。我们可以说,这个问题事关万物的本性。对事物的本性最清晰的分析是亚里士多德的分析,在此我只提及他最根本性的分析。每一事物都拥有一种特性(quality)。桌子是圆的,但圆本身不是一种事物,圆只是桌子的一种特性。桌子是圆这种特性的承担者,我们用传统的术语来说就是,实质(substance)。现在,问题所关涉的是桌子的各种特性的地位。某些人会说,桌子是圆的,且桌子是好的。依照亚里士多德的说法,圆和好这两种特性具有不同的地位。圆属于桌子,好本质上是某种与桌子不同的东西;显而易见,好只是对人而言,尤其是对特定的人而言。例如,某个桌子对孩童来说可能过高。

　　但还有一点我们绝不能忘记。例如,当我说一条狗,狗本身就是完整的、完美的,我的意思是狗自身就是其所是。狗的好与人没有关系。所以,并不是每一种"好"都与人相关。在事物本身中有一种善、有一种完美。例如,某条眼睛瞎了的狗,瞎狗被剥夺了狗的完美。瞎只属于这只特殊的狗,还有这只狗毛发的颜色都属于这只独特的狗,所以,狗特定的善、完善或美是那种纯粹的灵敏。

　　还有另外一种我们常常遗忘但绝不可遗忘的特性——某种程度上要感谢人类学——关于这种特性,我举个例子:圣牛(the sacred cow)。

圣牛是白色的,是母牛,是健康的牛,必须是十岁。这些特性都属于牛。但是,在涉及牛的用处时,我们一般说牛是好的时,想到的不是牛的身体状态以及它的整体,而是认为它在产奶方面很好。这是相对于人而言的……但是,印度人如何看待圣牛呢?亚里士多德会说,这与圣牛本身毫无关系。印度人对圣牛的看法基于一种礼法、一种习俗、一种戒律,这些不过是人的创造。就我们当前的目的来说,这无疑是关于事物的本性最详尽的古典学说。

但是现代早期彻底修正了这一学说并一直影响到今天,[242]这一修正区分了第一性和第二性。这意味着除了外延和体积,所有的特性都只是主观的。桌子本身不是圆的。桌子是圆的只与我们人类的感觉结构相关。但桌子自身的重量、大小是客观的。所以,这一区分某种程度上导致了对事物本性的拆解。事物的本性变成物质的一种组合,不管物质被如何分析,不外乎是分子、原子。但是在现代发展的过程中,出现了下面这一难题:事物的第一性以一种不同的方式也被证明为是主观性的——事物的第二性是通过感觉的方式被证明为是主观性的。

用当代的语言来说,事物中不同于感觉特性的特性是逻辑建构的结果,并且科学的一切内容,例如原子,都是逻辑建构的结果。由此,事物的本性完全消失了。相反,有效的推论是唯一非人为制造的特性就是单纯的感觉。感觉是确定的事实,但是我们通过解释获得的关于它们的理解仍然是人的逻辑建构。除非我们不再将能动性、人的创造性视作与事物的本性完全无关,否则事物的本性就会消失。

如果我们采取这一至关重要的步骤,我们就会得出下面这一结论:准确地说,最完满、最丰富的主观性赋予事物以本性。将事物仅仅看成可感觉的事物是非常贫乏的创造性和主观性,例如仅仅将桌子视为可感觉的事物。结果就是,诸如大地的可亲、江河的威严这类特性,所有我们用来描述事物的特性,尤其是诗人们用来描述事物的特性,与我们通过纯粹的认知获得的特性一样真实。如果存在与纯粹认知相关的主观性,那么在最充分意义上甚至无法解释为何我们应该将其视作一种最贫乏的主观性,而不是更丰富的主观性。

我们或许有能力完全恢复事物的本性，甚至超越亚里士多德。例如，亚里士多德会断然否定，那些以诗的方式描述的特性属于事物的本性。亚里士多德装模作样归于事物的东西——即，我们受事物影响，同时没有真正与之分离的东西——并不属于亚里士多德意义上的事物。但是一旦我们超越亚里士多德，我们就更为接近近代科学出现以前对事物本性的理解。但这条路径依然有一个绝对的限制。我们再也无法肯定牛的神圣性。[243]众所周知，牛能够以多种多样的方式影响我们的生活，但我们将牛视作神圣的这一点再也不能影响我们。

困难在于，历史问题仍然存在，人之创造在历史上多种多样——换句话说，历史世界的多样性不同于我们生活的这个世界，不同于所有人类所生活的这个世界。在印度人的世界中，牛是神圣的，它的神圣性归因于牛的白色或其他的特性，但在其他历史性世界中则不是这样。在尼采看来，所有的知识都是视角，视角的最高形式（至少是最有趣的形式）是历史的视角，即不同的历史世界以完全不同的方式构思万物。其结果就是历史相对主义，在没有什么是真实的这一意义上，历史相对主义就是虚无主义，因为在最高层面，历史相对主义认为没有什么是真实的。这种在最高层面真理的缺席为有限真理投上了阴影，并且常识会自然而然强化这一点。尼采所谈到的致命真理是一种主观真理。某种程度上，这就是尼采的出发点，这种虚无主义明显体现在历史相对主义中。所有价值、所有理解的范畴从历史角度看都是多样的，同时它们的有效性完全归因于人的创造行为，而不是它们自身。

我再次提醒你们记住这一简单的表达……读一下现代社会科学家或现代基督徒的著作——他们说，他们的立场与一种特定的人性论无关，因此不是相对的。但是，他们中间没有假定这一点，也没有人认为尼采那里假定了这一点。尼采试图通过一种新的创造克服虚无主义，但这种新的创造必须符合理智的诚实。理智的诚实曾经是必要的，但不是一个充分条件。理智的诚实意味着不否定虚无主义这一致命真理，而是在这一真理基础上进行创造。

尼采的一个办法是区分求知者和高贵者。客观真理是不完整的，但是无法忽视它。必须解释这一客观真理，并且根本上只有两种解释方式:要么是卑贱地解释,要么是高贵地解释。卑贱地解释意味着非创造性的,高贵地解释意味着创造性的。所以,卑贱的解释、非创造性的解释就是自己(the self)真正地沉溺于虚无主义中,而不管我们是否意识到了虚无主义。尼采的创造包含在权力意志学说和永恒复返学说中。权力意志这一复杂的学说首次作为最全面的真理视角进入视野,能够首次评价所有已知的视角。[244]尼采宣称他的视角适用于一切事物,他的视角比那些视野狭窄的视角高贵,因此是最全面的视角。

但尼采不放心他的权力意志学说,因此他不得不坚持他的学说就是终极论断,这意味着在决定性的方面他的学说不受时间的限制。在决定性方面,他的学说是终极论断,这种终结性就表现在下面这个断言中:"上帝已死"。在最重要的方面,人已经彻底改变。尼采的视角必定已然是终极视角,这一点也可以表述如下。权力意志学说首先是一种理解历史的尝试。权力意志学说是一种意在描述历史知识的原因的尝试、描述历史变化原因的尝试。历史变化的原因就在于人的创造性,我们暂时可以说权力意志首先是人的创造性。

因此,尼采的权力意志学说也是对人的创造性的自我意识,同时这一学说有充分的理由也是终极洞见。迄今为止,人创造了所有的观点、所有的存在,同时却不知晓这种创造行动。人们将这些东西视作给定的,视作客观的。但现在人们首次认识到,这些东西都是人的创造。所以尼采的创造就是人成为原因本身,人认识了他的所作所为,认识到他不单单是发现事物的差异,而且是将他的判断强加在事物之上。

由于这种自我意识是历史变化的原因,尼采的学说似乎纯粹是沉思性的,将创造性视作已经完成了的,这也是黑格尔学说的特点。黑格尔的学说并不意在成为创造性的,只是成为对创造的终极意识。尼采则说,对创造性的自我意识作为历史变化的原因,伴随着终极的创造行动。某种程度上,尼采把对创造性的自我意识理解为创造性本身。尼采用来表达真理的最好或最简单的方式就是,真理对他来说显得是神秘的面貌或创造性的沉思。尼采对哲学和诗歌的理解与卷四"忧郁之歌"中他所意识到的问题之间有种亲缘关系。即便"忧郁之歌"不是纯粹的诗,这首歌所表达的怀疑也与区别于诗歌的哲学真理毫无关系。

尼采偶尔才称自己为扎拉图斯特拉的诗人。

从第二步到第三步的转换——第一步是迄今为止最全面的视角；第二步是决定性的创造；第三步是神秘的面貌。从决定性的创造到神秘面貌的转换对应着从意志到接受的转换。意志属于创造，属于对未来、对历史的意欲。[245]接受属于永恒复返，并且这种对自然的再次肯定是内在地理解历史的方式。对自然的肯定是尼采倾向的目标。

这意味着从实践角度来看，由于人的限制，根本不存在一种无限返回自然的可能性，马克思就如此认为。存在绝对的界限，这界限会限制人就自然所能希求的东西，尤其是关于人自己的自然。一个例子就是尼采凭借两性之间的自然关系所理解的东西。最重要的是人的自然等级，这意味着人的自然等级对于所有人都是必要的，无论人多么不完美或低贱。根本不存在对整个人类的拯救，也不存在每个人的转变。另外，与马克思相反，尼采认为不存在自由王国，因为马克思意义上的自由王国意味着对每个人的改造，同时也意味着对每个人的拯救。

从这种观点看来，尼采着眼于现代性的发展，尤其是在欧洲的发展，从而要求恢复自然的等级制，如我们在《扎拉图斯特拉如是说》中看到的，其方案就是一种新的贵族制战胜正在蓬勃发展的民主制。尼采丝毫没有被霍亨索伦家族的君主制在德国的巨大权力所迷惑，例如《伦敦时报》(*Lundon Times*)在1898年写到——我碰巧知道那是在俾斯麦去世之后——不管未来多么不确定，有一件事确定无疑："俾斯麦的这件杰作会长存。"二十年后这件杰作被完全摧毁，或在实践上被彻底摧毁——顺便说，这是关于政治预见在实践上的后果的好例子。任何人都不应被各种预见所打动。

无论如何，尼采看到贵族制不会持续下去，最终社会主义会到来，他看到唯一的希望是一种新贵族，这种新贵族不再是民族性的，而是成为大地的统治者。超人的概念与这个政治问题紧密相关。用非常简练的语言来说，尼采关于超人的部分旨趣是设法寻找大地的统治者，寻求足够强大、足够强壮、足够善、足够恶的人成为大地的统治者。在涉及尼采学说的政治含义时，我们时刻要想到下面的事实。可以说，尼采导致了无神论在政治上的正确。直到尼采的时代，我认为这一简单的事情还没有被充分思考:无神论是政治性的。[246]真正的无神论是在共产主义者、社会主义者和极端民主运动中所展现出来的那种无神论。当时的政治正确是保守派,因此不管是真诚的还是虚伪的,这种政治正确都是有神论的。基督教与君主制的联盟是19世纪欧洲保守主义的程式。

那么,无神论的政治正确是如何出现的?在保守主义居主导地位的处境下,首位公开赞扬无神论的著名保守思想家是尼采的老师叔本华。但这相当有特点:叔本华是一位保守主义者,他的政治学说极为贫乏。叔本华的政治学说是尼采学说的一个粗糙版。叔本华是保守性的,这在实践上意味着1848年时——那年爆发了著名的民主革命,这一革命随后遭到了镇压——叔本华正居住在法兰克福,向一位奥地利的军队指挥官授课,为的是他可以更方便的攻击民主制,叔本华以此为傲。这是叔本华一生中仅有的一次政治行动。

但是叔本华在政治上毫不重要。尼采创造了政治激进主义,并且让这种激进主义严格区别于极端左派的政治激进主义,尤其是区别于共产主义者。任何时候都无法忽视或轻视的事实是,尼采的学说不可避免会堕落到法西斯主义。你们可以说,任何试图理解这一现象的人都不能求助于尼采本人的高贵者……

在给出这些评论时,我一直忠于尼采自身设立的解释原则,即《善恶的彼岸》格言6的开头,我给你们读一下:

> 我渐渐地发现,所有迄今为止出现过的伟大哲学究竟是什么。它是其创始人的自白,一种不自觉、未标明的回忆。也就是说,每种哲学中的道德(或非道德)意图构成了它本初的生命萌芽,然后这萌芽总能长成参天大树。确实,在解释某个哲人的哪怕最怪异的形而上学论断是如何产生时,有效(和聪明)的做法是首先问自己:它想(或他想——)以何种道德为目的?①

———————————

① [译注]参尼采,《善恶的彼岸》,前揭,页10。

尼采在《善恶的彼岸》格言211运用了"政治道德"的表达。所以政治的和道德的对尼采来说不可分割。因此,将尼采自身的解释原则运用到尼采身上,以一种绝对公正的方式来理解尼采,就必须考虑到尼采违反常情之处,且绝不可轻视这种解释:尼采的学说或者如你们说的尼采的形而上学在政治上的含义是什么?

不过,由于你们极其聪颖,你们试图依照心理学的术语来理解尼采的学说,尽管对于用心理学解释哲学学说流行开来,没有谁比尼采更应该负责任。并且你们知道这种心理学解释的特点:尼采是一个疾病缠身之人,他非常不幸地疾病缠身,且没有女人陪伴,这被视为影响他的沉思的一个背景……要想通过参照尼采的私人生活来理解某些非常费解的段落几乎不可能。

本来还有其他一些要点需要阐明,但是我只能将它们搁下。否则,我们就没有时间进行讨论了。有没有什么问题要问?

学生:……(所提问题听不清)

施特劳斯:扎拉图斯特拉更亲近他的动物(鹰和蛇)而不是人类,这意味着什么?这意味着他的动物已经永恒,也就是说他的动物已经是人应该变成的对象。这也意味着人成为真实的自己,换言之,就是通过接受永恒复返学说和新的高贵而成为真实的自己。尼采学说的目的与卢梭学说的目的有一种平行类似,我之前提到过这一点。卢梭要求返回自然状态,有时卢梭也运用关于这种返回自然状态的极端表达。当然,卢梭知道这样做会让人再次成为愚蠢的动物……卢梭的目的和尼采的目的都是从人性的堕落状态返回到自然。这是唯一讲得通的自相矛盾的表述。当然还有下面的问题:为什么不是别的动物?扎拉图斯特拉的动物为何是鹰和蛇,而不是牛或羊?……

学生:……(所提问题听不清)

施特劳斯:是的,它当然预设了……人与野兽之间有根本差异。[248]如果这个概念与其未来之人的问题比较,更受关切的是人作为一个种类的未来可能性。这是尼采学说众多矛盾的一个:一方面,否认人与野兽有差异;另一方面,又坚称人与野兽有根本差异。某种程度上,这一矛盾与否认理智的独立地位有关。理智作为人的一种独特能力……是衍生性的。如果理智是衍生的,那么衍生于何处？答案是衍生于非理性之物。

学生:……(所提问题听不请)

施特劳斯:在这一意义上,这就是尼采用权力意志所暗示的意思。权力意志意味着创造,创造当然……与变化密切相关。在此基础上,未来出现的的任何新东西都无法预测……

学生:……(所提问题听不清)

施特劳斯:这是一个很长的故事。若是存在一种创造性活动,人凭借这一活动才成为人,那么,在人之存在的基础上,我们就会有一系列的创造行动,尽管这些行动并不会必然成功……正是凭借创造行动,部落或民族才为自身创造了善的形象……更进一步是,创造性的个体取代创造的部落和民族,由此导致的重大后果就是民族……不再是最高的联合。整个人类被理解为……人的目标或理想现在成为普遍性的。依照这一解释,普遍国家的理想是可达到的,现在凭借人的这个普遍目标,民族不再是创造性的,这赋予了个体获取最大自由的可能性。因此,在后基督教时代或甚至在基督教世界,个体创造者变得极其重要……

学生:为何永恒复返学说之于尼采是必要的？

施特劳斯:很好,我们已经讨论过这一点。这是一个相当必要且合理的问题,但我不知道我是否能展开和真正回答这个问题……我会尽力简单地回答这个问题。尼采的权力意志学说和创造性思想随着我们对知识的理解而变化。知识意在认知事物之所是,不是将个人的意志强加在事物之上。且不管尼采就创造性活动所说的一切,尼采被迫综合知识这种可被接受的特征,因此尼采的创造性活动……有不同的阶段。[249]只有一个阶段可以被称之为创造、肯定、创造性沉思。如果存在的面貌神秘难测,将意志强加于事物似乎完全不可能。如果你们从尼采的假设出发,即最根本的现象是权力意志这个假设,对于理解这种现象,永恒复返就是必要的……是对权力意志学说的一种修正。

不过,这样一种修正的本质是,将意志强加于事物的权力意志也会反对自身,这意味着阻止将意志强加于事物。一种最彻底的接受、无限的接受意味着无限的"肯定"事物现在和过去之所是:即接受永恒复返。你们也可以从自然出发。

尼采的整个学说预设了自然存在——不仅指在一种无法言喻的意义上只能被人解释、阐明的物质,而且指人的自然等级,例如我之前提到的《敌基督》第57条格言。如果尼采从意志是最根本的现象这一前提出发,那么自然就不能被排除在外……

我需要提到另外一点:只有人这种存在才关注创造和意义,但人的视角多种多样。因此会导致下述结论:必定存在视角的等级,尼采当然会承认视角的等级也是人的自然等级的部分。这意味着权力意志学说以及这一学说所产生的一切——权力意志是解释和意义的源泉,是真正的解释和意义的源泉——实际上是扎拉图斯特拉的意志的结果。其他的一切事物都依赖于这一创造性行为。

但是常识告诉我们、也告诉尼采,"第一因"(我用一个尼采的表达)明显是其他某种东西所引起的。终极条件明显也受条件的限制。如何能够避免这一矛盾呢?如果作为一切条件的条件本身就是条件的产物,那么……我自己就是自己的原因。如果你们追溯到这一最根本的问题,你们就会知道,条件、理解和感知都是衍生性的。

很容易就可以将尼采的这个论点转化为不会自相矛盾的观点,只要将其视作最基本的真理,亦即将其视作一切知识的原因即可。那么,什么是知识?知识只能是人的机体的一种功能,且知识必须被理解为人的机体的一种功能。这意味着什么?知识是衍生性的,[250]知识只能按照它对于人的生活的功能来理解。一个曾经广受尊敬的颇为流行的观点是,人的生活需要科学,至少人为了活得好需要科学。今天这种观点几乎消失了。在当今看来,对科学的这种证明是不可能的,因为如果人为了活着或活得好需要科学,那么你们就拥有一种客观有效的价值判断:科学实际上是好的,也能被证明,因为人为了活着或活得好需要科学。但是你们都知道,今天的人们认为不可能有客观有效的价值判断,这意味着不可能证明人为了活着或获得好需要科学。那么,科学的含义是什么?回答这个问题的一种方式是:你能随心所欲地对科学进行任何建构。科学是一种基于程序规则的人类活动。科学具有一种功能,但这种功能完全取决于实际情形。这意味着根本无法回答科学之善的问题。

换句话说,我们唯一能处理的问题是科学建构有效性的标准问题、科学逻辑有效性的标准问题。关于思想立场、理论的心理学起源问题毫无重要性可言。这种解释在当今非常普遍,但绝不能说这是一个关于科学是什么的令人满意的解释。这种解释只对科学内部,即对科学在实验室的运用是充分的,但不足以解释为何人需要科学。非常奇怪,我们今天还在频繁使用"理性的至高权威"(sovereignty of reason)这个词。我之前看到过一本书,其标题就是《理性的至高权威》(Sovereignty of Reason),①如果理性或科学无法回答自身的意义问题,我们肯定想知道理性的至高权威究竟是什么意思。某人会说,这个难题无疑是尼采之后才产生的,正是尼采首先提出了这些问题……

学生:……(所提问题听不清)

施特劳斯:我不是很明白你的意思。如果我理解正确的话,你的问题中包含好几个问题。首先,我没法表明这种观点的起源,除非你的意思是:何种必然性使得尼采假定永恒复返,使得他给出这一假设?……但我认为下面是一个很必要的问题……无疑,这是不充分的,因为从权力意志出发,尼采别无选择只能教授永恒复返学说。尽管这是一个假设,但我们就能认为这个假设是头脑昏聩的结果吗?我想就这一点只给出一个评论,这会让像我这样的人感到满意。[251]尼采在《扎拉图斯特拉如是说》中阐明了永恒复返所具有神秘的面貌及其道德意义。但之后,尼采发现有必要去巴黎或维也纳研究物理学,目的是获得永恒复返学说的证据。当然这会受到那些推进尼采对理性的批判的人的谴责,但我认为只能从相反的立场来理解这一点。我认为你的问题中还有别的因素。

学生:我想问的是,尼采如何看待他的永恒复返学说,您某种程度上指出他无法证明权力意志是最根本的现象,即便他能够证明这一学说在自然中是必然的,且不会依赖于尼采的意志或扎拉图斯特拉的

---

① 施特劳斯指 Ernst Nagel,《理性王国》(Sovereign Reason),Chicago:Free Press,1954。

意志。

施特劳斯：是的,这确实是永恒复返学说的含混性所在。这一含混性使得永恒复返学说变得难以分辨究竟是意欲还是接受。还有另外一个困难与此相关。换句话说,这与另外一个我一直讨论的问题相关：在尼采的未来主义、他的历史意识、他对超人的关注与权力意志学说之间是否没有矛盾？——权力意志学说一方面基于永恒复返学说,另一方面基于永恒复返学说的超历史意义。我并不是非常确定。我的意思是尼采的这个说法在某些情况下是矛盾的,不过这并不是特别重要,至少我在下述看法中没有看出矛盾：人,不管是单独的个体,还是作为社会的一份子,在任何时候必定会对未来有所思考,至少人们私下会考虑未来。某种程度上,社会在形塑个人,因此必然存在某些思考人类未来的人。这是一个特定事实。然而,不再能看到纯粹的个体……在我看来,这与承认下述事实毫不冲突：不管未来社会多么完美,没有哪个社会会永远持续下去。如果任何完美社会皆有终结,我……甚至这个完美社会也会毁灭。

由此引出下面的问题。考虑一下整个人类的整个进程——人出现的开端和最后的人消失之后的终结,依照圣经的学说,[252]这个进程是一个单一的、独特的进程,但是从现代世俗意识看来,人类的进程这个概念不就是继承自圣经传统吗？尼采非常严肃地看待他对圣经传统的反驳。他说,难道我们一定不能质疑人类文明有一个独特进程这一教条的假设吗？当然,这并不必然意味着每个人的永恒复返……但尼采的永恒复返是不是比无限发展的人类进程这个概念更合理些……

学生：……

施特劳斯：在最一般的层面,人由于绝望就会变得冷酷、无耻……如果人开始对真实的自己失望、对获得真理的可能性感到失望,在最全面的层面上,这难道不是可能的吗？尼采在卷一"论山旁之树"那篇演讲中讨论了这种可能性,在那篇演讲中,那位青年谈到了诗,他的意志正处在跌落于渺小、无聊的危险之中。这完全可能。某种程度上,卷四中来到扎拉图斯特拉山洞的九个人,不同程度上都意识到现代生活处于危机之中,只不过他们还没有充分理解这一危机。

学生：……

施特劳斯：是的。尼采直白地反对这一点,从一开始……①

---

① 剩余的录音无法听清。

图书在版编目(CIP)数据

尼采如何克服历史主义/(美)施特劳斯讲疏;(美)维克利整理;马勇译.
--上海:华东师范大学出版社,2019
ISBN 978-7-5675-9108-0

I.①尼… II.①施…②维…③马… III.①尼采(Nietzsche,Friedrich Wilhelm 1844-1900)-哲学
思想-思想评论 IV.①B516.47

中国版本图书馆 CIP 数据核字(2019)第 068344 号

华东师范大学出版社六点分社

企划人 倪为国

施特劳斯讲学录

尼采如何克服历史主义——尼采《扎拉图斯特拉如是说》讲疏

讲 疏 者	(美)施特劳斯
整 理 者	(美)维克利
译 者	马 勇
责 任 编 辑	彭文曼
封 面 设 计	吴元瑛
出 版 发 行	华东师范大学出版社
社 址	上海市中山北路 3663 号 邮编 200062
网 址	www.ecnupress.com.cn
电 话	021-60821666 行政传真 021-62572105
客 服 电 话	021-62865537 门市(邮购)电话 021-62869887
地 址	上海市中山北路 3663 号华东师范大学校内先锋路口
网 店	http://hdsdcbs.tmall.com
印 刷 者	上海中华印刷有限公司
开 本	700×960 1/16
插 页	6
印 张	19.5
字 数	230 千字
版 次	2019 年 8 月第 1 版
印 次	2025 年 4 月第 2 次
书 号	ISBN 978-7-5675-9108-0/D.1184
定 价	98.00 元
出 版 人	王 焰

(如发现本版图书有印订质量问题,请寄回本社客服中心调换或电话 021-62865537 联系)

"施特劳斯讲学录"近期书目

修辞术与城邦：亚里士多德《修辞术》讲疏（何博超 译）

女人、阉奴与政制：《波斯人信札》讲疏（黄涛 译）

德性与自由：孟德斯鸠《论法的精神》讲疏（黄涛 译）

哲人的道德与自然：尼采《善恶的彼岸》讲疏（曹聪译）

修辞、政治与哲学：柏拉图《高尔吉亚》讲疏（1963年）（李致远 译）

西塞罗的政治哲学（于璐 译）

古典政治哲学引论：亚里士多德《政治学》讲疏（1965年）（娄林 译）

尼采如何克服历史主义：尼采《扎拉图斯特拉如是说》讲疏 （马勇 译）

尼采的沉重之思 （马勇 译）

卢梭导读 （曹聪 译）

论格劳秀斯的《战争与和平法》 （张云雷 译）

康德讲疏（1958） （黄涛 译）

康德政治哲学（1967） （张爽 译）

柏拉图《申辩》、《克力同》讲疏（1966） （罗晓颖 译）

柏拉图《高尔吉亚》讲疏（1957年）（王江涛 译）

柏拉图的《法义》（1959） （万昊 译）

柏拉图的《法义》（1971-1972）（朱云飞 译）

柏拉图《王制》讲疏（张文涛 译）

斯宾诺莎政治哲学（1959） （贺晴川 译）

维柯讲疏（1963）（戴晓光 译）

色诺芬讲稿（1963） （高挪英 译）

色诺芬讲稿（1969-1970） （李向利 译）

政治哲学引论（1965） （崔嵬 译）